千古人物

要留清白在人间

于谦

才春新 ◎ 著

中国书籍出版社
China Book Press

图书在版编目(CIP)数据

要留清白在人间：于谦 / 才春新著. -- 北京：中国书籍出版社, 2023.10

ISBN 978-7-5068-9403-6

Ⅰ.①要… Ⅱ.①才… Ⅲ.①于谦（1398-1457）—传记 Ⅳ.①K827=48

中国国家版本馆CIP数据核字（2023）第080196号

要留清白在人间：于谦

才春新　著

责任编辑	王志刚
责任印制	孙马飞　马　芝
封面设计	东方美迪
出版发行	中国书籍出版社
地　　址	北京市丰台区三路居路97号（邮编：100073）
电　　话	（010）52257143（总编室）　　（010）52257140（发行部）
电子邮箱	eo@chinabp.com.cn
经　　销	全国新华书店
印　　厂	北京睿和名扬印刷有限公司
开　　本	700毫米×1000毫米　1/16
印　　张	17.75
字　　数	213千字
版　　次	2023年10月第1版　2023年10月第1次印刷
书　　号	ISBN 978-7-5068-9403-6
定　　价	56.00元

版权所有　翻印必究

前　言

　　提起于谦，很多人都不陌生，我们常说的"两袖清风"一词就来源于与于谦相关的一个典故。

　　明朝正统年间出了个宦官叫王振，也被呼作"王伴伴"，因一直侍奉太子朱祁镇而得宠。待到朱祁镇即位之后，他被晋升为司礼监掌印太监。有了权势，这人便勾结内外官僚，开始作威作福。地方官员隔段时间要进京述职，进京时，这些官员都要给王振送礼，否则就会被刁难、打压甚至残害。久而久之，先迈王振这道门槛成了一条不成文的规矩。

　　凡事都有例外，这个例外就出现在于谦身上。于谦为人清正刚直，从不送礼。

　　头一次不送礼可能是不懂规矩，第二次就有人纳闷了，问于谦真的没带礼物？于谦回答说小地方哪有什么收入。有人告诉于谦，即使没有珠宝白银可送，哪怕是地方的土特产也行。有人出言附和，还把宽大袖子里面的手伸了伸晃了晃。于谦会意，笑说："我也有，我有两袖清风！"

　　后来，于谦还为此做了一首《入京诗》：

绢帕蘑菇与线香，本资民用反为殃。
清风两袖朝天去，免得闾阎话短长。

由此，"两袖清风"便代代流传开来，它有对阿谀奉承之人的嘲弄，更用来专指为官清廉。

与"两袖清风"一样为大多数人所熟知的，还有于谦的一首七言绝句：

千锤万凿出深山，烈火焚烧若等闲。
粉骨碎身浑不怕，要留清白在人间。

这首《石灰吟》，据说是于谦十几岁外出游历时偶得灵感。他走到一座石灰窑前，看见师傅们煅烧石灰，一堆堆青黑色的山石从大山里采出来，又经过熊熊烈火的焚烧，历经艰辛最后才变成白色的石灰。

一首小诗读来朴实无华、自然流畅。最难能可贵的是，它感染力极强，以物托志，诗中洋溢着一种大无畏的凛然正气。

《石灰吟》几乎妇孺皆知。古典文学家、诗人霍松林在《历代好诗诠评》中曾评说："这首作品就作品本身来说，有普遍意义和永恒意义，任何读者都可从中获得教益、吸取力量。"

于谦是明代名臣。他为官期间，一心为民，不畏权贵，敢于为民请命，为民谋福利，被呼作"于青天"。

于谦还是为世人所敬仰的一位民族英雄。他为社稷忠肝义胆，在国家生死存亡时刻，敢于挺身而出，挽大厦于将倾，被称为"救时宰相"。

这样的于谦是可亲可敬的，每一个人都愿意循着他一生的足迹走近他、了解他。

洪武三十一年（1398年），于谦生于浙江杭州府钱塘县（今浙江省杭州市上城区）太平坊于氏祖居。

于家是官宦世家。据于谦之子于冕《先肃愍公行状》记载：于谦八世祖为汾州节度使。七世祖为延津令。六世祖为定远大将军、沁水令。五世祖曾任朝列大夫、太常丞兼法物库使、累赠嘉议大夫、礼部尚书、轻车都尉、追封河南郡侯。曾祖于九思曾任中奉大夫、广东道宣慰使、督元帅，后拜杭州路总管，于家至此迁至杭州。祖父于成大明初曾任兵部主事与工部主事。只有于谦父亲于彦昭终身不仕，但也是隐居西湖的一位名士。

这样的家世为于谦提供了良好的成长环境。

于谦自小既聪慧又好读书，四五岁便开始求学生涯，擅长联对，每每妙趣横生，语出惊人。民间流传了很多于谦幼时对对子的趣闻趣事。

比如：有一次，于谦穿着一身红色的衣服，骑着马在街上走。有人出上联：红孩儿，骑黑马游街。于谦张口就答出：赤帝子，斩白蛇当道。这副对子不但对得工整，且含义脱俗，气势恢宏，由此可见他的才学与志向。

于谦八岁迈入学堂，老师见他仪表堂堂，就故意出题考他，结果于谦被私塾老师评价"长大非凡器也"。

于谦在学校不读死书，课本上的知识他大多能活学活用，不拘一格；同时，他还特别喜欢苏东坡、诸葛亮那样的人物，喜欢研究的还有兵法之类的东西。

于谦少小立志，有思想有抱负，这些多得益于父亲的教导，他和父亲一样都敬仰文天祥的气节。他们家收藏文天祥的画像，就像供奉祖先一样的虔诚。于谦还题赞词："殉国忘身，舍生取义，气吞寰宇，诚感天地。"他立志长大后成为文天祥一样以天下为己任的人。

永乐十年（1412年）于谦顺利考中秀才，而永乐十二年（1414年）于谦竟然乡试不第。不过于谦没有气馁，他"濡首下帷，足不出户"，更加发奋读书，这期间在阅读量与知识量上都达到了一个质的飞跃。

永乐十九年（1421年），于谦中进士，被任命为监察御史，开启了为官生涯。在宣德二年（1427年），于谦奉敕以监察御史之职巡按江西。这时的于谦锋芒初露，深受明宣宗朱瞻基和都察院右都御史顾佐的赏识，为日后仕途的发展打下基础。

宣德五年（1430年），于谦步入了他人生中的重要阶段，巡抚晋、豫，一去便是十八年。这十八年，于谦扎根基层，励精图治，推行轻税减负、惩治专横、清理积案、兴修水利、土地改制等举措，为百姓干实事干好事，深得民心。他为国为民撇家舍业，数次往返于太行山脉之间，历风霜雪雨，吃尽辛苦，赢得"于青天""于龙图"的美名。

纵观历史，每一个朝代都有为国为民的忠臣良将，同时也不乏祸国殃民的奸佞贼子。正统年间宦官王振当道，他一方面大肆敛财，作威作福；另一方面还把控朝政，结党营私，对内党同伐异，对外投机取巧，他的所为被瓦剌挑衅找到借口，最终招致瓦剌进犯。

正统十四年（1449年），瓦剌分四路进攻内地。王振蛊惑英宗御驾亲征，一是出师仓促，诸多条件不利；二是王振半路邀请皇帝绕道他的家乡，致使兵士疲于奔命，劳累不堪，又缺乏正确的作战指挥等等，导致土木堡惨败。土木堡一战英宗被俘，许多大臣死于乱军，四十万精锐将士近乎全军覆灭。

土木堡之变后，正统十四年（1449年）八月，也先率蒙古铁骑兵临城下，北京城人心惶惶，危在旦夕！

缺兵少粮，内忧外患，是战是降？战，处于劣势；降，山河破碎，百姓生灵涂炭。

此时，一位叫徐珵的官员竟然上书监国朱祁钰，说自己夜观天象，主张南迁，并得到少数人附和。

于谦站出来大喝："提议南迁的人应当斩！京师是天下根本，只要一动便大势去矣。忘了宋朝南渡的教训吗？"

于谦挺身而出，在皇太后的支持下升任兵部尚书，率众打响了轰轰烈烈的京师保卫战。

战争是残酷的，胜利靠的不仅是一腔热血，还要有强大的战斗力、周密的军事部署与谋略。

稳定内部。于谦首先铲除宦党，主要针对宦官王振之余党。铲除宦党就平了民愤，然后鉴于瓦剌用英宗做要挟，毅然拥郕王朱祁钰为帝，即明代宗，把英宗尊为太上皇，打出"社稷为重君为轻"的口号。

于谦担任指挥北京保卫战的重任之后，主要注重军事上的改革与部署。他大胆起用人才，比如石亨就是这时间委以总兵官的重任，结果在战中战功显著，后来成为朝廷重臣。于谦把三大营改制成十个团营，更利于作战。于谦团营的军制改革，备受后世推崇。

都说万事俱备只欠东风，而此时此刻，这里不缺东风，东风就是朝野上下同仇敌忾，誓死抵抗瓦剌入侵。

于谦仰仗天时地利，率众一举击退瓦剌大军。

北京保卫战胜利了！北京保卫战的胜利彰显了于谦卓越的军事才能，是于谦的主要成就。此战之后，于谦被人称为"救时宰相"，他把大明朝从崩溃的边缘拉回正常轨道，保住了大明江山，使风雨飘摇中的大明稳定下来；而最为重要的是，于谦忠肝义胆、英勇无畏，成为无数人心目中抗击外敌入侵的民族英雄，永远后世流芳。

天顺元年（1457年），于谦蒙不白之冤遇害，终年六十岁。"粉骨碎身浑不怕，要留清白在人间"成了他一生的写照。

作为一代名臣，于谦是明朝历史上一位举足轻重的人物，他一身正气、清正廉洁，他救民于水火，他挽大厦于将倾，为国为民都做出了突出贡献。

于谦与岳飞、张煌言被世人并称为"西湖三杰"。

纵观于谦的一生，他优秀的人格魅力、高尚的品质与不屈的风骨永远值得后人尊崇与敬仰。

目录 Contents

第一章　少小志高，别样风骨真品性…………… 1
   1. 生而不凡 ……………………………………… 1
   2. 联对无敌 ……………………………………… 5
   3. 诗词出尘 ……………………………………… 9
   4. 不拘一格 …………………………………… 14
   5. 求学威龙 …………………………………… 18
   6. 科考落榜 …………………………………… 22
   7. 扬帆起航 …………………………………… 26

第二章　步入仕途，锋芒初露受赏识………… 30
   1. 官拜御史 …………………………………… 30
   2. 头道奏疏 …………………………………… 34
   3. 招辑瑶僮 …………………………………… 38
   4. 举荐高才 …………………………………… 41
   5. 见乱不乱 …………………………………… 45
   6. 扈驾平叛 …………………………………… 49
   7. 宣宗赏识 …………………………………… 53

第三章　为民谋福，铁腕御史得人心 ······ 57

1. 微服私访 ······ 57
2. 王府遇险 ······ 61
3. 怒斩王兴 ······ 64
4. 不畏权贵 ······ 68
5. 断案有方 ······ 71
6. 清理积案 ······ 75
7. 整治私盐 ······ 79

第四章　两省巡抚，呕心沥血博美名 ······ 83

1. 顾佐赏识 ······ 83
2. 往来太行 ······ 87
3. 劝籴粮米 ······ 90
4. 多番减负 ······ 94
5. 向天祈雨 ······ 98
6. 强边方略 ······ 102
7. 思乡情切 ······ 106

第五章　内忧外患，一身刚烈立潮头 ······ 111

1. 交恶王振 ······ 111
2. 三杨庇护 ······ 114
3. 王振弄权 ······ 118
4. 三杨失势 ······ 122
5. 瓦剌崛起 ······ 125
6. 内忧外患 ······ 129
7. 智斗也先 ······ 132

第六章　土木之变，风云起兮观世界 ……… **137**

1. 瓦剌入侵 ……… **137**
2. 苦心劝谏 ……… **141**
3. 土木之变 ……… **145**
4. 问讯英宗 ……… **149**
5. 无赖也先 ……… **153**
6. 流亡之痛 ……… **156**
7. 分析时局 ……… **160**

第七章　保卫京师，挺身而出担重任 ……… **164**

1. 朝臣打架 ……… **164**
2. 扶立新君 ……… **168**
3. 战前准备 ……… **171**
4. 保卫北京 ……… **175**
5. 击退瓦剌 ……… **178**
6. 巩固外围 ……… **182**
7. 铲除喜宁 ……… **186**

第八章　夺门之变，风云再起北京城 ……… **190**

1. 亦喜亦忧 ……… **190**
2. 对话也先 ……… **194**
3. 迎驾归来 ……… **198**
4. 景帝易储 ……… **202**
5. 复储风波 ……… **206**
6. 南宫争霸 ……… **210**
7. 夺门之变 ……… **213**

第九章 浑然正气，一身清白留史册 ·················· **218**

    1. 直面危机 ························· 218

    2. 不白之冤 ························· 221

    3. 于谦遇害 ························· 225

    4. 石亨谋逆 ························· 229

    5. 曹钦造反 ························· 233

    6. 真相浮出 ························· 236

    7. 沉冤昭雪 ························· 240

第十章 高风亮节，优良品质传千古 ·················· **244**

    1. 与妻挚爱 ························· 244

    2. 教子有方 ························· 248

    3. 正气为民 ························· 252

    4. 忠心报国 ························· 256

    5. 清白留世 ························· 259

    6. 文学成就 ························· 263

    7. 军事奇才 ························· 267

第一章　少小志高，别样风骨真品性

1. 生而不凡

明太祖洪武三十一年（1398年），明朝开国皇帝朱元璋驾崩，举朝致哀。朱元璋虽然出身低微，但一生戎马，在元末天下大乱时参加农民起义军，历尽艰难建立了大明王朝。就在朱元璋驾崩这年，浙江杭州美丽的西子湖畔出生一个小男孩，令人意想不到的是，这个叫"于谦"的男孩，五十一年后力挽狂澜，把风雨飘摇中的明朝政权又向后延续了近二百年。

人们常说大凡帝王将相出生时，总会出现一些不同寻常的兆头。明太祖朱元璋诞生时，他的母亲陈二娘正在打谷场休息，迷迷糊糊中见有个罗汉金刚送来一粒神丹，虽然觉得好似梦中吞服，可醒来后隐隐口留余香。这时，陈二娘觉得自己有些腹痛，想如厕，可打谷场多有不便，匆忙进了打谷场一侧的皇觉寺。令她感到惊异的是，方才梦中的那个罗汉金刚，与寺中一尊供奉的佛像一模一样。不仅如此，许多人都远远地看见皇觉寺的上空金光闪烁，还以为是寺中着火了。结果，寺庙里传出了一阵响亮的婴儿啼哭，是朱元璋这位真龙天子降生于世。这当然是一传说，但历来被传得神乎其神，甚至在明代的编年体史书《明实录》①中也有记载。

洪武三十一年（1398年）五月十三日，浙江杭州府的天气反常，本来万里无云的天空，忽然刮起疾风，没一会儿，雨点就像是鼓点一阵紧似一阵，平素静如处子的西湖，顷刻间水量迅速飙升。这天，对钱塘县（今浙江省杭州市上城区）的老于家来说，却是一个添丁进口的好日子。一大早，于彦昭的妻子刘氏临产了。于彦昭很开心，一家人上上下下都在紧张地忙碌着。

于家在钱塘县算是大户人家。于彦昭的父辈往上数几代人都做过官，有汾州节度使、定远大将军、朝列大夫、礼部尚书等，在其祖父于九思任职杭州路总管时，于家由外地迁来杭州定居。于彦昭的父亲于成大在明初也做过兵部主事和工部主事，只有他厌倦宫廷内斗，这才携眷隐居。不过，于彦昭在当地，也算得上是一身仁义、满腹经纶的名士。

老于家的家教家风很好，于彦昭和他父亲于成大一样，都崇拜南宋末年的文天祥，拜服他"人生自古谁无死，留取丹心照汗青"的伟大气节，所以把文天祥的画像、牌位在家中祖先一样的供奉，十分虔诚。

人们常说，女人生产如同鬼门关前走一遭。听着产房里一声接一声的呼叫，于彦昭急得在房间里来回走动。大人急没用，孩子似乎并不急着出世，眼看已近午时，莫说别人，于彦昭都感觉有些疲倦了。

这是一侧的一间书房，书房壁立书橱，正中央一桌一椅，桌

---

① 明代历朝官修的编年体史书，共十三部，两千九百一十一卷，一千六百多万字，是有明一代史料的集大成者。

子上首悬挂着文天祥的画像。于彦昭推门走进来，想在椅子上歇歇脚儿，可不知不觉间就打起了盹儿。

迷迷糊糊时，于彦昭就觉得有一位穿着红色袍子的人来到面前。于彦昭正愣神儿，那人竟轻声说道："吾感汝父子侍奉之诚，顷即为汝之嗣矣。"

于彦昭急忙起身作揖，连说："不敢当，不敢当！"这时"咔嚓"一声雷鸣，接着一道闪电，于彦昭被惊醒，原来是做了一个梦。

于彦昭回想梦中的情形，令他吃惊的是，梦中之人的模样及穿着，分明与画像上的文丞相一般无二！正在这时，家人于妈笑呵呵地跑进来禀告："恭喜老爷，生了！生了！是个大胖小子！"

于彦昭"噌"地站起来，几大步冲向内室，嘴里连连说："太好了，太好了，哈哈，我有儿子了！"

于彦昭年近四十得子，真是喜不自禁。他探身，看到这孩子太可爱了。根本不像是刚出生的小毛孩，皮肤白皙，浓眉大眼，从脸盘轮廓上就能看出长得不错。没一会儿，孩子大眼睛转动，"哇"的一声，声音格外响亮。接生婆笑了，连说："这孩子与众不同，将来必有大出息。"

于彦昭又想起刚刚的一梦，恍恍惚惚中也不知是真是假。他摇头一笑，可能是自己睡得糊涂了，抑或是心里太拜服文丞相了，总觉得有些受之不安，他淡淡一笑，说这孩子就叫"于谦"吧。

不是说每有大人物出生，人们就好夸生而不凡，长相出众。明代史学家王世贞在《于太傅公传》里有记载，说："谦生而顾晳，美容止。"意思就说于谦小时候确实长得很帅，个子不小还白白净净，有容貌有仪态，真的很不一般。至于于谦乃文天祥转世实属传说。梦之真假自然无从考证，但关于这个说法，在于谦后世孙于继先的《先忠肃公年谱》中也有记载。

真真假假姑且不论。不过，在于彦昭为其取名为"谦"时，他的内心不仅仅有受之不安的谦让、谦逊，他还希望于谦长大之后，能像文天祥一样有作为，成为一个有思想有抱负，甚至是能以天下为己任的人。

于谦出身环境很好，官宦世家毕竟不同于乡野平常，同时于谦还有一位好父亲。于彦昭这位父亲很合格，对孩子疼爱有加，但不过分宠溺，比较注重孩子的培养和教育。

于谦接受教育比较早，或者说他的启蒙教育很早。于谦懂事的时候，于彦昭就经常给他讲各类名人故事，讲得最多的当然是文天祥的故事。他讲文天祥小时候如何嗜书如命、如何博览全书、天文地理又中医占卜全有涉猎，二十一岁便中了一甲第一名等等，这些对于谦自小发奋读书起到激励作用。

于谦大些的时候，于彦昭更是经常把于谦带在身边，他们一起背诵文天祥的《过零丁洋》《正气歌》……于彦昭还讲文天祥如何担起救国重任，如何抗击元兵，如何从容赴死，"留取丹心照汗青"，最终成为万人敬仰的民族英雄。这样的教育为于谦后来的人生走向，无形中埋下伏笔，起到了主导作用。

于彦昭的言传身教对于谦产生很大的影响。当然，所有成就也和于谦之后的个人努力分不开。

每一个父母都喜欢并疼爱自己的孩子，也都望子成龙、望女成凤。于谦的出生给于彦昭带来一个惊喜，这孩子似乎有些生而不凡，于彦昭也下定决心把他培养成有作为的栋梁之材，但于彦昭怎么也没想到，他这个儿子后来成为一代名臣，真就是被人称作"忠心义烈，与日月争光"（《明史》对于谦的评价）的天纵奇才。

2. 联对无敌

明初，对联已经很盛行。作为一种民俗文化，其喜闻乐见的形式深受世人喜爱。

明太祖朱元璋就非常喜欢对联。这位马上皇帝，在民间还有"对联天子"之雅称。据说朱元璋兴致来时，经常出一些对子让皇子皇孙、朝野大臣们来对，以考核他们的才学。

朱元璋和历朝君主一样，希望自己万寿无疆，但他也知道那是不可能的。在其苦心培养的接班人朱标死后，朱元璋的目光开始投向四子朱棣和皇太孙朱允炆。

有一次，朱元璋出上联：风吹马尾千条线。朱允炆对出下联：雨打羊毛一片毡。朱棣对出下联：日照龙鳞万点金。

这两个下联，从格式上，一眼看出都很工；从语气语义上，便高下立分。朱允炆的联立意不高，甚至还有些不雅；而朱棣的联则气势不凡。龙鳞、万点金，立意不俗，颇有帝王之风。果然，后来朱棣发动"靖难之役"，抢了朱允炆的皇位，是为明成祖。

这仅是关于对联的一则小故事，是否真有其事无从考证。但于此可以看出，一副对联不仅可以代表一个人的才华，更能表达心声，彰显其思想与抱负。

朱元璋对对联的喜爱，促进了对联这种民俗文化的发展。明朝，上至皇帝大臣，下到平常百姓，有很多妙趣横生的对子以及相关的奇闻趣事，被记录并流传至今。

杭州是历史名城，文化底蕴深厚，有很多文人雅士。在这里，对联几乎成了人人喜爱的一种文字游戏。

于谦自幼聪慧好学，四五岁便开始求学生涯。那时学的自然是四书五经，于谦不像别的孩子教一句背一句，学得快忘得快；于谦记性好，不说过目不忘，也是脑瓜异常灵活，每每口若悬河，令人称羡不已。最难得的是，于谦对诗词联对特别感兴趣，尤其是对联，一些简单的对联，不仅能做到对得格式工整，甚至熟练到张口就来的程度。

清明节前后，于谦随父亲于彦昭、叔父于彦明及家族一些亲戚一起去祭拜先祖。

在经过凤凰山的时候，于彦明就说了："于谦啊，都说你聪明，我出个上联你来对？"

于彦明说出来的联是：今日同上凤凰山。

于谦略一思考，便回联：他年独占麒麟阁①。

于彦明的出联不是太工，但于谦对得没毛病，凤凰与麒麟都不是俗物，算得上是珠联璧合，大家都满意地笑了，夸奖这孩子头脑反应快。

回来的路上，一行人经过一座高高的牌坊，牌坊上三个大字，写着："葵辛街"。于彦明说葵辛街是街名，三个字里有两个字属于支干，他让于谦对一个，要求也得有两字含天干或地支。

这个似乎有些难，于谦歪头想了想，大声说：子午谷②。

于彦明连连点头，夸奖说："此吾家之千里驹也！"于彦明还允诺，要亲手给于谦制作一小红圆领，作为奖赏。

于谦的聪慧赢来家人一致夸奖，都说这孩子不简单，盼他长

---

① 麒麟阁，汉朝阁名，供奉功臣。代指卓越的功勋或最高荣誉。

② 子午谷，地名。《三国演义》里诸葛亮曾经带兵经过。

大后成为于家的骄傲，于谦也信心满满。

　　转眼到了上学的年龄。这一天，一帮小孩子穿戴得整整齐齐被自家大人领到私塾。第一天进学堂，一个个东张西望，觉得什么都很新奇。在一帮小孩中间，老师很快发现于谦与众不同，他一脸平静，大模大样，器宇轩昂。

　　老师把于谦喊到面前，和颜悦色地问于谦：你认识不认识字啊？

　　于谦手一垂，胸脯一挺，点点头，意思是说当然认得了。

　　老师见几个小孩围着柱子玩耍，随口说：手攀屋柱团团转。看于谦是否能对出下联。

　　于谦张口即对：脚踏楼梯节节高。

　　老师一愣，又出一联：三跳跳落地。

　　于谦回答：一飞飞上天。

　　这回老师真是惊喜连连，看于谦那是越看越高兴。他捻着胡须脸上乐开了花，就跟捡到块宝似的。

　　古时候，碍于医疗的不发达，平常百姓家的孩子生了小病小灾，大人总会用一些小秘方，或者一些小手段私下里解决，甚至很多时候明知无用，也要这样寻一些心里安慰。

　　一次，于谦闹了轻微的眼病，于谦妈妈就按乡里的习俗，在于谦头上梳了两个髻。这两个髻梳得有特色，两个发结就尖尖地立在头顶。小孩子不管好看不好看，于妈妈梳完，于谦蹦蹦跶跶地去街上玩。

　　钱塘县不远有座山，山上有座庙，庙里有个和尚叫古兰春。这个古兰春与别的和尚不同，他喜欢四处游历，整天嘻嘻哈哈，一副游戏风尘的样子。

这天，古兰春悠闲地走在街上，一拐弯儿碰见了于谦。他歪着头看于谦，觉得这小孩有意思，两发髻梳得更有特点，一眯眼睛，他摇头晃脑地说：牛头喜得生龙角。

于谦一听不高兴了，心说什么牛头？什么龙角？即便是龙角生在我这牛头上，不也是嘲笑的意思吗？于是，于谦眼睛一瞪，手一叉，气呼呼地回了一联：狗嘴何曾吐象牙！

怼了和尚，于谦一溜烟儿似地跑回家。他远远地便大声喊："母亲，这发髻不好看，你快给我重新梳一下。"

于妈妈不以为然，笑呵呵地说哪里不好看了？那不梳两个，咱梳三个。于谦头上被妈妈梳了三个小髻，又蹦蹦跶跶地上街了。

古兰春并没走远。于谦跑出来后，他一见又笑了，慢声慢语地说：三角如鼓架。

这回轮到于谦一愣，心说这也不是什么好话，于谦看看和尚，嘴角一弯，说：一秃似擂槌！

和尚摸摸自己光秃秃的大脑袋，一阵绝望，心说比不过这个小孩啊！于是他仔仔细细打量于谦，越看越觉得不一般。后来古兰春回到寺中，偶然和人谈到于谦的时候，他说："此子救时之相[1]也。"无巧不巧，后来于谦成人后真就应了"救时之相"的箴语。

还有一次，于谦穿着红衣骑马上街，衣服颜色亮丽，马儿通体黑色，引人注目。一邻居看见，就笑着说：红孩儿，骑黑马游街。

于谦想了想，脱口回答：赤帝子[2]，斩白蛇当道。

上下联都很有趣，有红有黑，色彩分明。但于谦这下联可是

---

[1] 救时，匡救时弊。救时之相可以理解为关键时刻起到重要作用的宰相。
[2] 赤帝子，赤帝之子，指汉高祖刘邦。

有典故：相传秦始皇三十四年，汉高祖刘邦在南山得一宝剑，名曰赤霄，后来他凭此剑于大泽乡斩白蛇，开始了传奇的帝王一生。

这联对得不但工，且有股子豪气！哪里像是一个八岁孩子的智商？一时间于谦的名气在乡里不胫而走。这人说于谦聪明，那人说于谦厉害，于谦成了大家眼里的神童。

钱塘县有一位官员来访。走进于谦家中，见院子里环境幽雅，有花有草，一树杏花含苞待放、似开不开，就出联：庭前花始放。

于谦迎出来，对下联：阁下李先生。

这位官员一愣，暗想："你怎么知道我姓李呢？"

官员哈哈一笑，对于谦解释：此上联指杏花，你看你家门前这么多好看的杏花。言外之意是说于谦理解有误，这个下联对得不确切。

于谦不慌不忙，笑着回复他："阁下"是指楼阁之下，"李先生"是指李树花比杏树花开得早。

官员脸一红，才知道这"神童"果然名不虚传。

3. 诗词出尘

于谦好读书。书读得多了，就有了知识储备量，就开阔了视野，就有了更大的格局。

明朝盛行八股文[①]，比如考秀才就考八股文。所谓股，其实就

---

① 八股文，明清科举考试的一种文体。八个部分都有固定格式，不允许自由发挥。

是对偶。所以当时对联盛行，一来是它的形式喜闻乐见；二来也是文人学子的必修课。那时差不多人人都学联，但根据个人的心智，对联对得优劣自然不尽相同。

于谦对的联好，是因为他的联不但词性工工整整，主要的还是语句大气，语义不俗，每每蕴含着远大的志向。因此，他的佳对流传下来很多。

一位巡按大人出巡来到钱塘县，听闻于谦联对得好，有意考核，便把于谦叫来对答。他们途经一座古寺，看见殿中大佛，大人便出联：三尊大佛，坐狮坐象坐莲花。

于谦不慌不忙，徐徐答联：一介书生，攀龙攀凤攀桂子。

攀龙攀凤自不必说，攀桂子就如同折桂。很多人熟知吴刚伐桂的故事，在民间，桂树被赋予了美好的象征。古时候科举考试大多在秋天，折取天上的桂枝，就相当于一飞冲天拔取头筹了。于谦身为一介书生，心中也有美好的期盼，也希望能攀桂，也希望自己能考中进士博得好前程。

有趣的是，随行有两个军士，他们听见大人出联，觉得很有意思，当然自己胸无点墨，一脑袋糨糊，就支起耳朵准备听于谦如何应答。

偏偏这时候，外面有人吵吵嚷嚷，大人就命他二人出去问个话。本就是听差之人，再不情愿也没办法，只能出去麻利地办事，然后颠颠地往回跑。

待二人返回时，于谦已经从里面走了出来。两人禁不住心中好奇，忙追问才子是如何答对的？

于谦狡黠一笑，说我对的是：两个小军，偷狗偷鸡偷苋菜。

两人有些晕，翻翻眼睛，似乎也觉得哪儿不对劲，但又说不出问题在哪,这也是联啊,无可奈何。

这虽说是流传下来的一段趣事,真假无从考证,但由此可以看出,两个答案的谬之千里,不同的立意,就有不同的效果,能形成不同水平的作品。

联与诗词不分家。古时候的诗词多是格律诗,有严格的格式约束。对联和诗词都一样,虽在格式上受限制,但一样凭借不同的立意表达作者不同的思想境界。于谦的诗多是咏物诗,他的诗就如同他的对联一样出手不凡。

于谦有一首诗叫《咏煤炭》,是这样写的:

凿开混沌得乌金,蓄藏阳和意最深。
爝火燃回春浩浩,烘炉照破夜沉沉。
鼎彝元赖生成力,铁石犹存死后心。
但愿苍生俱温饱,不辞辛苦出山林。

诗的意思是:凿开混沌地层获得煤炭,煤炭蕴藏无尽的热力,心里藏着的情意也是最深沉的。那些钟鼎彝器的制作都靠原力生成,铁石虽然死去,仍然保持忠心耿耿。希望天下人都能吃饱穿暖,纵然辛苦,煤炭还是无怨无悔地走出大山。这首诗从歌咏煤炭的舍己为人,能够看出诗人的志向,那也是历尽千辛,不改为民谋福利的远大志向。

于谦一生写了许多诗作,最著名的当然是他十几岁下了的《石灰吟》。有人说写这首诗时,于谦十二岁。后来又有人推证,说是于谦考中秀才之后,乡试不第,所以外出游历,这首诗应该是于谦十七岁时所写。于谦在永乐十年(1412年)考中秀才,乡试不第对他打击很大，之后他更加发奋读书。那么，"千锤万凿出深山"就是说纵然有严峻地考验，也不气馁，从容面对，也要有所作为。于谦此时此刻见景生情写出《石灰吟》，从写作背景上看，与十七岁这个时间段应该是吻合的。

于谦外出游历，信步来到一座山前，看见工人师傅正在烧制石灰。"千锤万凿"才把青幽幽的石头采下，再从大山里一块块地运来，再经过熊熊烈火的焚烧，最终变成洁白的、有更多用处的石灰。这个过程多么的不容易，人们也是费劲辛苦。心有所感，于谦写出了这首不朽名作：

千锤万凿出深山，烈火焚烧若等闲。
粉骨碎身浑不怕，要留清白在人间。

这首《石灰吟》，用简单易懂的语言描述石灰的烧制过程，就是写石灰这样的一物，就是写它是如何从石头，变成石灰的这样一个过程。而信口吟来分明感到写的是一个人，他经历千辛万苦，哪怕是粉身碎骨，也不改志向，有着把清白留在人世间的崇高人格。

这样以物托志的表达，字里行间充溢着磅礴的凛然正气，哪里像是出自一个十几岁的少年之手？

自古而今，好的咏物诗数不胜数，也有很多是出自孩童之手的名作。

初唐时期的骆宾王，他的《咏鹅》诗这样写道：

鹅，鹅，鹅，曲颈向天歌。
白毛浮绿水，红掌拨清波。

这是骆宾王七岁时的咏物诗。一首诗把颜色、声音、动态完美的结合成一副活灵活现的画图，大白鹅仿佛就在眼前。骆宾王不愧是才子神童。这首咏物诗，也流传极广。

北宋年间出了位名相叫寇准，他的《咏华山》一诗是这样写的：

只有天在上，更无山与齐。
举头红日近，回首白云低。

这也是寇准七岁时的作品，咏华山，寥寥四句咏出了华山的雄峻，亦是脍炙人口。

虽说两个神童只有七岁，而于谦已经是十几岁的翩翩少年，但从同样流传极广上看，两者又存在不同。

骆宾王和寇准的诗就是直接咏物，而于谦的诗则不然。或许于谦的诗没有骆宾王的诗读来清新飘逸，也或许没有寇丞相的诗读来特别夸张，而他的诗平实中以物托志，咏出了他为人磊落的胸襟，还有无论经过怎样严峻的考验，那种从容不迫的气度。

事实上，若干年后，大明朝时局动荡，土木堡惨败，宋英宗被俘，数十万将士战死沙场，也先率蒙古铁骑直逼北京城，于谦以一介文人之身披甲上阵，金戈铁马率众挽救大明王朝于危难之际，于谦为国为民披肝沥胆、鞠躬尽瘁，最后却蒙不白之冤身死，真正是粉骨碎身之后，唯留下一世清白。

少年时期的一首《石灰吟》，越红尘岁月，成了于谦一生最真实的写照。千百年来，每每读来，依旧令无数人热血奔涌。

于谦的诗在风格上，语言朴实，却蕴含大义，这与于谦对文天祥的崇拜有直接关系。于谦受父亲影响，把文天祥立做自己的榜样，给自己定了奋斗目标，立志成为文天祥一样的人。

于谦把文天祥的画像常年悬挂在座位旁，还写了一首赞词：

呜呼文山，遭宋之际。殉国忘身，舍生取义。气吞寰宇，诚感天地。陵谷变迁，世殊事异。坐卧小阁，困于羁系。正色直辞，久而愈厉。难欺者心，可谓者天。宁正而毙，弗苟而全。南向再拜，含笑九泉。孤忠大节，万古攸传。载瞻遗像，清风凛然。

这篇赞词反映了于谦的志愿和抱负。他对文天祥忠烈事迹耳熟能详，仰慕他"留取丹心照汗青"的民族气节，从小立下很高的自我期许，为他未来成为民族英雄打下坚实的基础。

写诗不是文人雅士的专属，若说每人都能写诗也不为过，而诗词的优劣以什么做评判？于谦十几岁的诗就能流传千古，自然有他不同凡响的一面。

于谦写诗，不单单为写诗而写诗，而是借诗抒发自己的抱负。诗的风格，在语言上朴实无华，流畅自然；在寓意上，寓意深远，灵动出尘。

4. 不拘一格

无论是街坊邻居、还是私塾老师，或者是一些官府名流，只要给出上联，于谦能无一例外地对出下联，且工工整整，无论平仄还是词性都挑不出毛病。至于诗词，于谦十几岁写出的诗就已经很不俗。这些是不是就意味着于谦是个天才？其实，于谦自幼聪慧只是一个方面，主要的还是因为他勤学会学。

从来勤学者不少，但会学者未必很多。

为了一朝成名，很多人付出无数艰辛，他们选择"两耳不闻窗外事，一心只读圣贤书"，结果变得既教条又迂腐。

话说有这样一位书生，他平常在家里什么家务事都不做，整天捧着书本苦读。家里人也支持他，尽量给他腾出更多的时间学习。

这一天，书生家里来了一位远房亲戚，恰巧媳妇回了娘家，老父亲便命他去街上称点肉，简单做顿饭招待客人。书生满口答应，心说这有何难？不会可以学嘛，于是，他称了肉，还虚心跟卖肉师傅请教了做法，认认真真地写了张方子，准备回家后照单操作。

书生拎着肉往回走，没想到半路上被一只狗盯上了。因为天儿热，路过一条小河时，他把肉放在一旁，弯腰去捧水。这时，狗有了可乘之机，叼起肉就跑。赶紧追吧，可书生偏偏不慌不忙，从袖管里拿出做肉的方子，说："叼走肉有何用，你没有方子，看你怎么吃？"

荒唐吗？这虽说只是流传的一则笑话，但读书读到这般痴傻的书呆子未必没有。在这类人心里，凡事照本宣科，一点不会变通，一点不能逾越，有这样既可笑又可悲的事情发生，也不足为奇。

古时研学的是四书五经，儒家特别注重礼法。据说，于谦的乡邻就有一个特别有礼貌的书生，他很勤学，喜欢把"之乎者也"挂在嘴边，尽显学子的文质彬彬。

一天，书生的父亲去犁地，不小心被牛抵伤了腰。当时还没觉得有多严重，但回来后竟卧床不起，于是命书生赶紧去街上请医生。

书生很懂礼数，不直接迈步进门，他先敲门，院内的医生并不认识他，就问门外是何人？

书生没说自己是谁，而是摇头晃脑地说：贱脚踏贵地，无事不麻烦。

医生一愣，忙问怎么了，你有什么事啊？

这位又拿腔拿调地说：犁牛之子新窃角，将吾高堂抵一角，来请医生去用药，可乎？

医生才听明白，这是有人受伤了，心说受伤你就说受伤，干吗文绉绉地，我不会？一赌气，也拿腔拿调地说：先走乎，后到乎，若不来时再叫乎！

书生一听不但没生气，还寻思医生好文采啊，让我回家等便回家等吧，他自顾自地回家等候去了。

书生到了家，书生的父亲已经疼得满头大汗，可医生还没到。书生又"之乎者也"地一顿解释，气得他父亲直接砸了他一夜壶。

恰巧于谦和一帮孩子路过，都被书生逗笑了，火烧眉毛了，还文绉绉呢，大家学着书生的语气嘻嘻哈哈地调笑：跑跑乎，窜窜乎……

荀子说："人无礼则不生，事无礼则不成，国无礼则不宁。"（出自《荀子·修身》）。意思是说，做人不讲礼不能生存，做事不讲礼没有成就，国家不讲礼也会不得安宁。书生牢记书本上的教诲，这是对的。但如此这般，实在有些过于迂腐。

事实上，即便在今天，也有很大一部人，他们认为老师说得都对，老师怎么教我就应该怎么做。做一个非常听话的好学生，无可厚非吧？这便涉及一个"会学"问题。

这天，于谦正在上课，于谦的父亲来到学堂。老师为和于谦的父亲交流，就让孩子们课间休息。孩子们有的一窝蜂儿地跑出教室去玩耍，有的看见来了大人，很好奇地伸长脖子，似乎又想听听他们说的是什么，总之学堂里不经常来生人，他们觉得很新鲜很稀奇。

于谦和父亲打过招呼，见老师和父亲一直说着话，便坐下继续读书。这时，老师正在夸奖于谦，说于谦日常的各种表现，还说这孩子很聪明等等。偶然间老师回头看向于谦，发现于谦根本没留心他们的谈话，一个人自顾自地在座位上看书。老师心说："这孩子咋没有好奇心呢？不想听我和他父亲谈什么？"

其实老师很满意于谦的做法，就想故意难为他一下。于是，老师假装很生气的样子，背着手走到于谦面前，非常严肃地说："于谦，子坐父立，礼乎？"

就这句话，可是提出一个很严肃、很尖锐的问题。中华自古是礼仪之邦，特别注重礼节。古时的孩子大多知礼守礼，上学就读《弟子规》，一个个把《弟子规》背得滚瓜烂熟。《弟子规》中说："长者立，幼勿坐。长者坐，命乃坐。"意思是说：长辈站着呢，小辈就不能坐，等长辈坐下了，让你坐下你才能坐。

这是古时的礼数，所以老师这是责怪于谦：我和你父亲在说话，你父亲站着呢，你怎么还坐着？这是什么行为，这是不懂礼数！

大帽子扣上了，若是别的孩子可能就吓坏了，或者吓得语无伦次，或者吓得赶紧承认错误，向老师道歉。于谦没有，于谦不慌不忙地站了起来，说："嫂溺叔援，权也。"

老师问：子坐父立，礼乎？于谦则回答：嫂溺叔援，权也。这可不是一般的一问一答，于谦简单的一句答语，老师当然知道这句话的出处。

当时儒家思想盛行。儒家不光有孔圣人，后来还有一个把儒家思想维护并发展的"亚圣人"，即孟子。孟子更讲究礼法，据说他的学生曾问他，礼法说男女授受不亲，是不是说任何时候都不能有肌肤接触？孟子就回答也要看情况，比如说嫂子掉进水里，小叔子伸手去救她，这时候的肌肤之亲就没关系。孟子的"权也"，是告诉大家，凡事也有权宜之计，遇到特殊情况可以特殊对待，总不能碍于礼法见死不救吧？

于谦引用这个例子，非常精准地回答了老师的问题。孟子都这么说，老师自然也挑不出于谦的毛病。

于谦用这句话，也相当于在说，你们大人说话我小孩不参与，我的任务是读书，借机多读点书也是权宜之计，不能算有违礼法。

老师教于谦"长者立，幼勿坐"，于谦就没有一味地听老师话，你们站着说话的时候，我就必须站在一旁恭候，别的事一律不做？

从这个事例能够看出，于谦从小有思想，他不拘泥于上纲上线的条条框框。万事哪有一成不变的，不是说要求怎样做，必须就得这样执行，总有特例。

于谦这种不拘一格的学习方式，对他之后性格的形成起到了关键作用，也是值得推广和学习的。

5. 求学威龙

于谦不光是一个学习成绩优异的好学生，同时，还表现出很多与别人不同的特立行为。

学生时代是一个人品性形成的重要阶段。在学校，不仅能学到专业的文化知识，还能学会很多做人做事的道理。所以，学校不局限于书本学习，也有各种活动安排。

明朝时，学校有一个非常重要的活动日，即丁祭日。丁祭指的是每年农历二月份和八月份去孔子庙祭孔。都是孔圣人的弟子，重儒尊孔必不可少。为表对这个活动的重视，每临这天，各地教育部门的领导都会亲临学校。

钱塘县主抓教育的督学签事平时为人有些刻薄，不怎么受大家欢迎。这年二月的一天，于谦的学校举行丁祭。督学签事亲自站在后排监督，在活动结束的时候，孩子们转身退场，督学就由后排变成最前排。这时候，有调皮的孩子见他后面紧挨着一方水池，就起了捉弄之心。大家一哄而起，向前拥向前挤，结果"扑通"一声水花四溅，这位督学一个站立不稳就摔进水池！

毕竟是督学，众人见惹了祸便一哄而散。池子里面水虽不深，但初春二月尚风寒料峭，这位督学几经扑腾也没爬上来。于谦看不过去，迈开大长腿，伸出大长胳膊，奋力把督学拉了上来。

好心不是每时都有好报。此时这位督学怒发冲冠，抓不到主犯，就把一腔怨气撒在于谦身上。也不顾及形象了，用手指着于谦，喊道："你们这些孩子太过放肆，胆大妄为，要造反吗？一定要追查，所有肇事者一律严办！"于谦被当作共犯，这下摊上事了。

于谦没有被他的汹汹气势吓倒，反而义正词严地反驳，他说："噪公者走，掖公者留，此易晓也。今不罪噪公者，而罪援公者，其为之何？"

意思是说：把你推下去的人走了，把你拉上来的人留下来，这不是摆在面前的一件很明显的事吗?这你都看不出来?你怎么回事?不追究把你推下去的人,却来怪罪我,哪有这种道理?

督学签事反被于谦的气势压住,愣愣地看着于谦,他没想到一个学生敢如此大声和他理论。想想似乎也是这么回事,自己也没看见这孩子推,那拨捣乱的孩子已经一哄而散地跑开了,这位督学知道确实自己理亏,也不敢继续为难于谦,最终尴尬地走开。

这就是于谦的性格,管什么督学不督学,只要是自己占理的事绝不退让。老师说得不对,于谦便查证,然后摆出自己的观点;督学说的不对,于谦也敢于据理力争,他不接受无端的指责,也不会忍受别人的脸色。

一位钦差大人来视察。这位大人颇有些官威。地方上、学校里大大小小一干人等身前身后小心翼翼地伺候着,皆担心一个不周到,被挑出点是非。首先是老师汇报,然后还要随机抽取学生做汇报,以检查学校教育教学成果。无巧不巧,于谦被选中。

其实,于谦被选中是好事。因为于谦学习好,所谓"名师出高徒",于谦若讲得好,必定会给学校给老师争光。但有熟悉于谦的老师也私下里担心,生怕于谦不满大人的苛刻,弄出点什么出格的事。

果不其然。于谦上台"扑通"一声就跪下了。把众人弄得一愣,这是怎么了?没人让你跪着讲啊?

巡按大人忙问因何下跪?于谦高声说:"所讲是太祖皇帝的《大诰》篇①,不敢不跪。"

大人一听有道理,那你愿意跪着就跪着讲吧。没想到的是,

---

① 大诰篇,明太祖朱元璋亲自指导指定的一部刑事法规。

这位语不惊人死不休。于谦慢条斯理地说："各官皆宜跪！"意思说，不光我跪，大家都得一起跪！

众人一听傻眼了。可于谦跪那等着呢，宣讲太祖的法典《大诰》篇，你不跪着，那不是对本朝太祖皇帝不敬吗？那可是砍头的大罪，说"我不跪"这样的话谁敢啊？没办法，巡按大人"扑通"跪了，然后众人"扑通通"都跟着跪了，转眼间就跪了一地。

偏偏于谦洋洋洒洒，把大诰篇又是宣读，又是解析，又是心得体会，一阵长篇大论侃侃而谈。待他讲完，巡按大人的腿直打战，几人联手才勉强把他搀扶起来。

巡按大人再没了不可一世的官威，也不吹胡子了，也不瞪眼了，灰溜溜地掉头就走，吃了个哑巴亏。

从此以后，于谦在校园里声名鹊起。他不光是学霸，还是一般人惹不起的学霸。

于谦这个学生确实与众不同，如果用一个颇有新意的词形容他，可以把于谦说成是"求学威龙"。"威龙"，字面意思是发威的巨龙。引申指有能力有威望的人。

一个在校学生，对巡按大人做出震惊常人的事，不怕有什么不好的后果吗？或者从某种角度来看，你会质疑于谦是个捣乱生吧？其实不然，这恰恰说明于谦凡事敢于据理力争，有主见也有胆识。

一个十几岁的大孩子，这样的特性是如何形成的？于谦这种品行的形成，有人将之归结于教育学的一个现象，叫皮格马利翁效应。

皮格马利翁效应源于古希腊的一个美丽的神话：说一个叫皮格马利翁的年轻王子，无可救药地爱上了一尊雕像，这当然不可思议，石头像毕竟不同于真人。可偏偏在他日复一日的陪伴、凝视以及期望下，奇迹出现了。石像中的人最终满血复活，成为他漂亮的新娘，圆了年轻王子心中的梦。

这个神话启示人们：没有什么可以代替一个人心中的信念，只要心中有了期许，凡事都有可能心想事成。

于谦正是自幼定下"以文天祥为榜样"这一远大目标，这扎根于他心底的目标，成了一种心理暗示，成了一种自我期许，也成就了于谦的人生价值。

在教育学上，这就标志着：于谦走上了自我教育阶段，虽然年纪不大，却已经迈向了一个成熟的人生阶段。

所以说，少小确立正确的人生观、价值观很重要。有出息的孩子不光要学习好，还要有明确的奋斗目标，以及为实现这一目标的不懈努力。这样的孩子看在大家的眼里，一般就很有个性，当然这里的个性，指的应该是好的方面的特立行为。

6. 科考落榜

十年寒窗读书苦，一朝成名天下扬。谁不想金榜题名？于谦也想金榜题名，他有《忆老婢》一诗，其中有这样几句话："我惜少年时，垂髫发如漆。锐意取功名，辛苦事纸笔。"

永乐十年（1412年），于谦十五岁，顺利考取童生员，也就是秀才。秀才就是有优异才学的人。考取了秀才，在地方上就有了一定的身份，也有了一些特权，比如说免差役、见知县不用跪拜、知县也不能随便对其用刑等等。但中了秀才，还仅限于有了读书人的身份。

考中秀才的学子一般都会往上考,秀才是院试成绩优异者,之后还有乡试、会试、殿试。起码要通过乡试,乡试中举了,就可以做官了,才真正有了功名,所以乡试很关键。

于谦无论是在学堂、在乡里,还是在钱塘县的一些名流眼中,他的才学得到一致公认,十几岁就已经很有名气。就在大家认为他可以一飞冲天、大显身手的时候,于谦乡试不第,也就是说他落榜了!

落榜对于一向顺风顺水的于谦来说,无疑是一个不小的打击。旧时的神童已经慢慢长大,前路漫漫,今后何去何从?

人生的路上,每一个人都会面临十字路口,都会历经几番彷徨,都会面临必须做出的选择。不同的人也会选择不同的路。落榜后有的人会继续苦读书,面壁寒窗吃尽辛苦,最终金榜题名;有的人则会放弃,比如做个教书育人的秀才老师,谋个生计平庸度日,这样的人也不少。

于谦曾经少小无敌,曾经才华横溢,怎么还落榜了?其实,世上哪有百分百的天才,哪有绝对的神童?比如,王安石著名的《伤仲永》,就讲了一个神童的可悲的故事:

> 金溪民方仲永,世隶耕。仲永生五年,未尝识书具,忽啼求之。父异焉,借旁近与之,即书诗四句,并自为其名。其诗以养父母、收族为意,传一乡秀才观之。自是指物作诗立就,其文理皆有可观者。邑人奇之,稍稍宾客其父,或以钱币乞之。父利其然也,日扳仲永环谒邑人,不使学……又七年,还自扬州,复到舅家问焉。曰:"泯然众人矣。"

方仲永五岁时就能写诗,且文采出众,是难得一见的神童,但后来呢?如此天资被发现之后,他父亲没有及时送其入学培养,反把他当成了摇钱树,每天带着他走亲访友去表演才能,后来"泯然众人矣"。多么可悲又多么可惜。所以,成功是必须要付出足够汗水的。

于谦知道这个道理。尽管秀才那也是考生的前一百,也是很不错的成绩,但终究是自己功夫不到位,他下决心更加发奋读书。

于谦听人说在西湖吴山有一座三茅观[①],三茅观中住着一位有名的先生,便想得到这位名师的指导,于是和家里商量,要一个人离家去三茅观寄读。

三茅观是一处道教圣地,是秦汉时期得道成仙的三茅真君的供奉地。三茅真君老大叫茅盈,老二叫茅固,老三叫茅衷,都是符箓派的代表人物。

传说,宋高宗有一次路过这里,在渡江时忽然狂风大作,眼看面临船毁人亡,他惊慌失措,希望得到神灵帮助。有一文士就说这处有三茅真君,有求必应!高宗连忙诚心祈祷。果然,恍惚看见三道身影闪过。须臾,江面上风平浪静。于是,宋高宗拜谢三茅真君,扩建三茅观。三茅观从此盛名远播,到明朝时在江浙一带影响很广。

这样的一个好去处,于谦去静心求学,家里人自然不反对。但,三茅观离于谦家路途遥远,并且最令人头疼的是,去三茅观要经过星宿阁,这"星宿阁"令人闻名色变。因为有人盛传星宿阁闹鬼,

---

[①] 三茅观,原名三茅堂,位于杭州吴山天风之南,是符箓派道教圣地,祀三茅真君。

不安生！所以大家惶惶然，很多人避而远之。

此时的于谦去意已决。他不信邪，坚持说这天底下谁见过鬼？即便真有也不怕！

于谦爬上吴山，来到星宿阁时，已经是傍晚时分。这里山路荒凉，呼呼的风声以及树影斑驳、野鸟鸣啾，气氛确是够吓人的。

于谦"吱呀"一声推开门，迈步就进了星宿阁的一间老舍。他左右打量，虽说屋内布置简陋，但还有一张床可供休息。他扑打扑打床上的灰尘，行囊一展，没多大工夫就呼呼地睡上了。

有人说，于谦这位后来的于少保，自带一身正气，可以驱魔避鬼！且不论此话真假，反正于谦当时胆子很大，荒山野阁之中睡得很安稳。

后来，于谦觉得星宿阁清净，只要上山还必须要下榻星宿阁，并且星宿阁再也不闹鬼了，那闹鬼的传闻也销声匿迹。

于谦在三茅观苦心读书。有时他整天"濡首下帷，足不越户"，有时他也在附近游历。三茅观历经岁月的侵袭，毁于战火，只留下一片残垣断壁。如今，人们修整三茅观遗址，将其改建成三茅观遗址公园，成为吴山景区的一部分，面向游人开放。景点修建了于谦读书像，还挂出了于谦的《石灰吟》等诗作，是一处文化气息非常浓厚的游览佳地。

在三茅观求学，于谦的收获很大，这一时期，于谦已经从初出茅庐的弱冠少年，成长为端庄稳重的翩翩美公子。

功夫不负有心人。永乐十五年（1417年），于谦考中廪生时，取得了所有考生第一名的好成绩。于谦更加坚信，遇到挫折遇到困难不可怕，要气不馁，要志更坚。只要有信心，只要有毅力，就一定能迎来柳暗花明。

科考落榜，短暂的打击之后，勇敢的于谦走向成熟，向着人生的目标迈出更加坚实的脚步。

7. 扬帆起航

于谦以第一名的成绩被录取为廪生后，并没有懈怠，反倒更加信心百倍，希望自己能一鼓作气再创佳绩。

于谦喜欢读先秦两汉的典籍，喜欢苏东坡的文章，同时热切关注"何以兴，何以亡，何以治，何以乱"，思想更趋成熟。读书使人进步，这一时期，于谦的阅读量、知识量都在快速递增。

《皇明大政记》[①]卷十七中记载："少读书，手不释卷，过目辄成诵。"于谦对书籍的喜爱程度不仅仅停留在手不释卷，他还写了许多心得。

> 书卷多情似故人，晨昏忧乐每相亲。
> 眼前直下三千字，胸次全无一点尘。
> 活水源流随处满，东风花柳逐时新。
> 金鞍玉勒寻芳客，未信我庐别有春。

这是于谦写的《观书》。诗之意思是说：他把书籍当成自己的老朋友，每天从早到晚在一起，愁苦与共。读书时也是专心致

---

① 《黄明大政记》，明朝编年体史书，作者雷礼等，共二十五卷。

志无杂念，特认真。接下来他写了读书的好处，就像有活水注入，就像东风拂柳一样精神奕奕。最后又说那些王孙公子们喜欢到处寻春踏春，岂不知书中就有大好春光。

《观书》写出了于谦对书籍的喜爱，达到了亲密无间的程度，就像是老朋友一样，无论是开心还是愁苦，皆与书为伴，共朝夕不离不弃。"眼前直下三千字"虽略有夸张，但那是一种速度，一种投入，也形象地描述了诗人对知识的如饥似渴。这样的读书方式带来"活水源流随处满，东风花柳逐时新"。源头活水滚滚而来，知识的甘泉潺潺流淌，滋润着心田一片春暖花开、万象更新。这就是读书带给于谦的感受，这一切岂是那些游手好闲者能领略的？

知识就是力量，只有用丰厚的知识武装，才有面对一切的底气。从古至今，大凡有所建树的人物，无一不是少小喜读书，且树立远大抱负的。于谦就是以文天祥等前辈做榜样，立志以天下为己任。

对于读书的重要性，于谦深有感触。他认同王安石的"男儿少壮不树立，挟此穷老将安归"。他在后来对自己后辈的教诲中，也提到"莫负青春取自残"，多番告诫督促子女，一定要珍惜青春时光，努力读书。

自古苏杭乃人间胜境。不光是风景优美的历史名城，更是文人荟萃的地方，于谦学习之余也开始外出游历，增长见闻。其时，他就曾经到过山东，那时的山东经过移民、战乱、征兵等一系列运动冲击，百姓生活多劫，让于谦第一次有了社会实践体验，有了对民生的了解与体恤，这些都为他日后政治上的改良思想打下基础。

明朝的科举共分以下几个级别的筛选。首先是由州县主持选拔的院试，录取的就是秀才；然后是乡试，相当于省一级的选拔，录取的就是举人，第一名叫做解元；然后是会试，就是全国考试了，合格的是贡生，第一名叫会员；最后是殿试，也就是说最终的名次要由皇帝亲自裁定。皇帝裁定分三甲，一甲三名，依次是状元、榜眼、探花；二甲赐进士出身；三甲赐同进士出身，这时候中举就有了真正的功名，最低也能做个八品县丞了。

永乐十八年（1420年），又是乡试大比之年。于谦已经是满腹经纶的翩翩美公子，这次他终于脱颖而出顺利中举。那么，下一场就是参加次年的会试，也就是进京赶考，会试殿试才是鲤鱼跳龙门，一跃成龙的辉煌时刻。

永乐十九年（1421年），在明朝的历史上有一大事件就是迁都。最初明太祖朱元璋定都南京，当时叫应天府[①]。

"天下财富出于东南，而金陵[②]为其会"这句话足以说明南京的富庶，这样的一块江南宝地不正适合做京师吗？永乐皇帝朱棣为什么还要迁都北京呢？

首先，当年朱元璋败元迫使元顺帝北逃，蒙古就一直是明朝的最大威胁，所以从军事角度上来说，北方是军事重地，迁都北京，有"天子守国门"，更利于国家的安定统一，意义非凡。

其次，永乐皇帝也就是当年的燕王朱棣，北京才是朱棣的龙兴之地，是他的"大本营"。礼部尚书也曾进言："自昔帝王或起布衣平定天下，或由外藩入承大统，而于肇迹之地皆有升崇，

[①] 应天府：南京在明朝时期的名称，为明朝前期首都。应天，有"上应天意"之意。

[②] 金陵，南京的别称，公元前333年，楚威王熊商于石头城筑金陵邑，金陵之名源于此。

切见北平布政司实皇上承运兴王之地，宜尊太祖皇帝中都之制，立为京都。"

再有，"幽燕自昔称雄，左环沧海，右拥太行，难襟河济，北枕居庸。"这句话是说北京的地理位置可进蒙古、可进东北、可入华北，且有居庸关、山海关等险要之地为天然屏障，易守难攻，地理位置优越。

朱棣为人手段狠辣，但也一生戎马，开辟了历史上少见的"永乐盛世"。自登基以来，也心系国与民，是有着很大志向的一位大帝。他力排众议，由南京迁都北京，无论是在政治上、军事上以及经济上，都是一个很大的展望。朱棣希望通过这样的重大举措，加强自己的统治，让他手中的大明江山朝着更加稳固的方向发展。所以，迁都北京，朱棣还要一展自己远大的抱负。

永乐十八年（1420年），于谦乡试中举恰值朱棣完成北京都城的建造。永乐十九年（1421年），于谦进京赴考，正值明朝刚刚迁都北京。京师初定，百废待兴，正是万象维新之际，朱棣需要大批的有志之士投身京师的维护与建设，而于谦也欲一展满腹才华，实现自己报效国家的宏图大志。于是，新年伊始，于谦便整理行囊，由京杭大运河乘船一路北上。

"拔剑舞中庭，浩歌振林岳，丈夫意如此，不学腐儒酸。"这是于谦在《处世若醉梦》一诗中的几句话，此时的于谦意气风发，他怀着一腔壮志，告别江南水乡，向着风云际会的北京城，向着更广阔的世界，扬帆起航。

第二章 步入仕途，锋芒初露受赏识

1. 官拜御史

永乐十九年（1421年）二月，全国各地才子云集北京城。三场大比之后，于谦会试列榜第一名！一时间引起众多关注。几位监考官对于谦的答卷非常满意，对于谦的才华非常欣赏。众学子也都对这位高居榜首的"钱塘才子"服气，一个个赞不绝口。大家纷纷猜测，于谦在接下来的殿试中也能一飞冲天，并得到皇帝重用。

永乐十九年（1421年）三月。这天，奉天殿内落针可闻。一干学子显得格外紧张，面对皇帝和众监考官，少数人还能保持平静，更多人或两股战战或额头沁汗，皆正襟危坐聆听大学士杨士奇诵念："帝王之治天下，必有要道，粤自尧、舜，至于文、武，圣圣相传，曰执中、曰建中、曰建极。千万世，帝王莫不守此以为天下治。"

一篇策论从三皇五帝追溯，接下来再从皇帝自身进行发挥："朕自莅祚以来，夙夜祗承，亦惟取法于唐虞三代，然而治效未臻其极者，何欤？意所谓中级之外，抑别有其欤？且古今论只之盛者，于舜则曰无为，于武王则曰垂拱……其备陈之，无泛无略，朕将亲览焉。"

题目宣读完毕，接下来就是，要求众学子自行理解发挥，在考卷上写下自己的见解。

按主题书写一篇策论其实并不难，于谦洋洋洒洒很快写就一篇。放下笔，他抬起头向左右看了又看，发现很多人或不停疾书或凝思苦想。这时，低头再看看自己的答卷，于谦忽然心潮起伏。

这篇文章若是放在三年前，其文采飞扬，应该是一份满意的答卷。此刻则不然，于谦的内心开始天人交战。

永乐十六年（1418年），于谦奉父母之命媒妁之言，娶庶吉士董镛之女董海欣为妻。董父满腹才华，性情耿直。因为忤逆权贵，后来降为山东永丰县令。董氏善女红、通诗书，是孝子贤妻。

永乐十七年（1419年），于谦和董氏往山东省亲，途中所见所闻给于谦带来极大的震撼。

于谦没想到山东到处一片荒凉，千里人烟稀少，随处可见衣衫褴褛为生计而发愁的百姓。究其原因，一是因为"靖难之役"，山东所受的影响还在；二是因为永乐初期发动对蒙古的战争，战争对山东一带造成的伤害还在；三是因为明朝的迁都，迁都需要运输物资，所以官府开始征集民工修筑京杭大运河。京杭大运河的修筑对南北经济的流通与发展起到了积极作用，也给无数民工增加劳苦。基于以上三种因素，使得山东地界苦难重重。望着满目疮痍，于谦的心里不由得涌现一段话：

峰峦如聚，波涛如怒，山河表里潼关路。

望西都，意踌躇。

伤心秦汉经行处，宫阙万间都做了土。

兴，百姓苦；亡，百姓苦。

这首《山坡羊·潼关怀古》是张养浩[①]一部散曲，最能代表于谦那时那刻的心情。

考前也有几位亲近之人告诫于谦，一定不要意气用事，写文章要懂得迎合当政者的喜好。可在于谦内心深处，骨子里的正直是不能轻易改变的。文天祥是他自幼的榜样，即便身死也以天下为己任，那么自己如此不直言正见对得起谁？能给国家带来好处吗？能给水深火热中的百姓带来好处吗？良心能安吗？愧对自己的志向啊！

一念及此，于谦毅然撕毁先前的答卷，饱蘸浓墨写下"富国强兵休养生息之道"几个大字。然后，于谦提出自己治国安邦的对策，包括如何令天下太平？如何休养生息，减轻租税，如何以农为先？甚至在最后的《宽严相济篇》中，他直指永乐的惩罚制度，对其"暴戾"进行品评。

于谦一气呵成，清晰有力的一篇策论诞生了。

他觉得只有这样才对得起自己的内心。自己的建议也好规划也罢，对国家的建设发展都是有利的。

答卷交上去后，剩下的就是静待佳音，于谦也希望自己的主张被重视被采纳，也希望自己能一展宏图。

于谦内心是痛快了，殊不知有人气坏了，当然是永乐皇帝！朱

---

① 张养浩，山东省济南人，元代名臣、著名政治家、文学家。代表作品有《三事忠告》、散曲《山坡羊·潼关怀古》等。

棣的怒火被于谦成功点燃。在历史上，朱棣不是个简单人物，戎马一生，称帝之后他亲征蒙古、下安南、下西洋、编撰《永乐大典》等等，都是很有作为的成功之举，其文治武功直追太祖，所以他是一位很强势的在位者。这样强势的皇帝是要面子的，他想的是：我都做了这么多的事，还不够厉害吗？你不赞扬我的丰功伟绩，竟然还敢抨击我？

朱棣怒了，心说尽管于谦的文采好，尽管文笔犀利，有才华是有才华，但敢说朕的坏话，斩之！

以杨士奇为首的一干大臣苦苦求情，频频劝说皇帝，说"良药苦口"，又说"忠言逆耳"，不要使国家失去一位有胆有识的栋梁之材。

殿试录取分三甲。一甲三名，叫作进士及第，又叫作"三鼎甲"，依次是状元、榜眼、探花；二甲数名，占录取人数三分之一，叫作进士出身；三甲数名，占录取人数的三分之二，叫同进士出身。

这一日，太和殿前人头攒动。有众官排列，有学子听宣，大家都支起耳朵听着太和殿的传唱，声透行云。一甲、二甲，一直到三甲九十二名终于听到了于谦的名字！

众人惊诧。会试的魁首，大家心目中的"钱塘才子"，你于谦不是状元，不是榜眼，不是探花都行，你进个前十名总行吧？结果从第一名直线降到最后一名！这落差可够大的。为什么？有知情人透出重要的四个字：策语伤时。

永乐十九年（1421年），于谦中同进士，被任命为在京监察御史。监察御史隶属于都察院，虽然只是个七品官，但是权力不小，可以纠察百司，一些大事小情巡查直言，甚至可以代皇帝巡狩，立断。

于谦虽有状元的才华，却未进内阁，只官拜御史。但，于谦没有抱怨，没有积郁，而是脚踏实地、认认真真地开启了他的为官生涯。

2. 头道奏疏

于谦走马上任的第一个工作单位是京城的都察院。

《明史·职官志》中有记载：都察院设左、右都御史，正二品；左、右副都御史，正三品；左、右佥都御史，正四品。下设十三道监察御史共一百余人。都察院的权力很大，监察范围很广，可以弹劾百官；遇到重大案件，朝廷推出的三司会审，就是刑部、都察院和大理寺。

于谦赴任，早早地来到都察院报道。其实，都察院里很多同事已听闻于谦，知他是一位满腹经纶的才子，也是背地里被他们叫"于大胆"的人。于谦刚入一进，就被众人围住。攀谈片刻，有人把于谦领入二进，带他去拜见右佥都御史黄现。

黄现按照惯例，首先向于谦详细讲授御史的职责。御史主要职责，就是监察百官的不法行为，然后进行实名或者匿名弹劾。它的职权范围，分对内和对外。对内：监察御史对其协管的两京直隶衙门，有权查其文卷；巡查奸弊，巡视光禄寺、仓房、内库；巡视皇城、王城，凡是有奸弊，听其依法受理送问；监临乡试会及武举；轮值登闻鼓。对外：代天子巡狩，所按藩服大臣、府州县官都在巡查范围之内，可以专奏，大事报皇帝及内阁，小事可以立断。还有往各处清理军役，还有提督学校职责、巡盐职责、巡漕职责、巡官职责等等，职权很大。

督查御史实际上就是"言官"①，是朝廷的耳目。朝廷设立言官为的是广开言路，便于上下沟通。所以，皇帝给予这个职位很大的特权。

为表有所作为，都察院要求新人到任半年之内必须呈交一份奏疏，通过自己的考察，对某些人或事提出弹劾或建议。黄现知道于谦的耿直，希望于谦的头道奏疏不流于形式主义，希望他呈交的第一份答卷能出类拔萃。

于谦是雷厉风行之人，说不必半年，只需三天，便能递交第一份奏疏。一干同事听说于谦许下三天之诺，皆满怀好奇的翘首以待。

有调查才有发言权。这次，于谦带着于翼出发了。这二人一文一武，于谦一身文雅，自幼喜文；于翼一身虎力，自幼好武。

于翼跟在于谦身边，明为跑腿，实则照顾和保护于谦，两人情同兄弟。于翼喊于谦少爷，于谦喊于翼大哥。二人游走京城大街小巷，走走停停，貌似闲心游逛，实则考察民风民情。他们出入酒楼、茶肆或者戏园子等地，入乡随俗，喝酒、吃茶、听曲，和众人打成一片。

迈步走进一酒肆，二人刚刚坐下，目光很快被一桌人吸引。桌前三五人天南海北，聊到都察院、督查御史时，尽是一些近于阿谀奉承的好话。这时，有一大汉执杯酒、眯着眼就过来了，他很是不服，醉醺醺说："督察也好御史也罢，反正说错了也无罪，

---

① 言官，监官和谏官，并称台谏，统称言官，有监督和上谏之职责，明代时权力很大。

管别人死活？"

于谦诧异，起身问这位兄台何来怨气？这人上下打量于谦，见于谦一身挺拔，剑眉星目，颇为不凡，嘿嘿两声，便不再言语。

喝酒的几个人色变，于谦待细问，几人不愿多言，只说是醉话，然后一哄而散。

于谦又走访几处，隐约觉得众人对御史既敬又畏，没人敢得罪或多有阿谀谄媚，更有甚者，有为官者频频拉拢，从而形成派系，更有为名或为利朋比为奸者，忘却了自己的职责。有多少人还能把职责工作做到实处呢？

实地深入考察了两日。第三日，于谦一头扎进经历司，找出近半年的奏疏开始翻阅。结果，于谦发现很多人的奏疏都流于形式，很少有直言利弊，大胆进谏或提出有实质意义上的改良之策。

日暮黄昏，于谦坐在案前笔走龙蛇，郑重写下《请停风闻奏事权疏》一疏，决心上呈。

"风闻"即是传闻。风闻奏事，即指根据传闻进行举报，不用拿出真凭实据，也可以不署名。这风闻奏事从字面意义上讲似乎有些荒谬，却正是朝廷给予御史的特权！于谦通过这两日的实际考察，深深感到它存在的最大弊端。

于谦的奏疏直接针对这一现象而成。申述其弊端时，还引用了宋代王安石的话进行佐证，王安石曾说："许风闻言事者，不问其言所从来，又不责言之必实。若他人言不实，既得诬告及上书诈不实之罪。谏官、御史则虽失实，亦不加罪，此是许风闻言事。然掌握谏言、参劾大权的科道官员常常成为竞争拉拢的对象，以实现党同伐异、攻击政敌的目的。这种以敌人之是为非。以敌人之非为是的作风，会让朝廷真假难辨，让信息失真、失灵，上下壅蔽的现象危害朝廷的长治久安。"

故此，于谦强烈要求圣上取消御史风闻奏事的特权，以免为小人利用。

新官上任三把火。谁也没想到的是，于谦上任御史却直接把第一把火烧向都察院！于谦，这位别人口中的"于大胆"确实胆子够大，但他把奏疏递交时也是心慌慌然。身为御史剥夺御史的特权，刚刚上任就砸都察院的牌子，能有好果子吃？

于谦的奏疏确实在都察院掀起轩然大波，可谓浪高三尺。一干御史有疑惑不解，有咬牙切齿，甚至有私下咒骂连连。

于谦浑然不惧，他说："国家设立督查御史及科道官员，以建白为专责，所以达下情而去壅蔽，职任至重。然言官果能拳法秉公，实心尽职，令闾阎疾苦得上闻、官吏贪邪得厘剔？倘若革除风闻奏事，于国于家与天下百姓均有利而无弊，我于谦为大明计、为天下计，还天下以太平，还百姓以富足，有何不可，有何不能？"

值得庆幸的是于谦遇到了一位好领导，即他的直接上司都察院右都御史顾佐。顾佐是一位清正廉洁、耿直不阿的好官，他被于谦为国为民的大义激起满腔豪情，下令都察院把司马光选言官三条刻成铁牌，并立于中庭，命众人来往日日诵读。

顾佐多次携于谦奏疏面圣，顶住众多压力，最终促成皇上下达"据实以闻不得风闻奏事"的旨意。

于谦新官上任，用耿直与胆略坚实地迈出了为官生涯中的第一步。

3. 招辑瑶僮

于谦初为御史便开始崭露头角,因工作干练,不到两个月,便被朝廷委以重任。

永乐二十一年(1423年),于谦奉旨前往广东,主要任务是考察官军之功过,并招辑瑶僮。

广东地处我国最南端。岭南有獠,獠人又称僚人,是古代中国南方的蛮人①。文献《通考舆地考》中记载:"自岭而南,当唐虞三代蛮夷之国。"明初,粤西的僚人与南下的瑶人杂居,史书上称为瑶僮。

明初,洪武大帝其间瑶僮归服,但后来因天高皇帝远、经济落后等诸多原因时有叛乱,朝廷屡派官军镇压,但一直局势动荡,矛盾越加尖锐。如何解决与改善,成为令朝廷头疼的大问题。于谦这次奉旨出使广东,下决心一探究竟,为国分忧。

一行人弃船登岸之后,于谦脱去官服换上便装,他决定悄悄微服私访,要亲自掌握第一手信息资料。

瑶僮之地虽说偏僻,而如此荒凉的程度还是令于谦惊疑。从清晨走到日上三竿,再到日影西斜,一路上四围寂寂,连个人影都没碰到。何以大白天如此冷清呢?于谦带着于翼走进前面一个村岩,抬头看见两位老人。于谦连忙上前,没想到老者看见他们特别惊慌,转身就跑。五大三粗的于翼着急了,高声喝阻。老人更慌了,跑出几步就吓得跪地哀求,口中直呼饶命!

---

① 蛮人,古指未开化的南方少数民族。蛮:粗野、凶恶,不通情理。

于谦吓了一跳，三步并两步上前，连说老瑶莫怕莫怕，一再解释自己二人不是官兵，只是过往的客商。

见于谦和颜悦色，老人才颤巍巍站起来，但还是半信半疑。心说，哪里来的客商？这兵荒马乱，哪有什么生意可做？

于谦谎称去年有两个伙伴来此卖货，一直没有音信。因家人惦念，如今得知官军又平定这里，才过来打探消息。

老人听罢长长叹口气。说出实情：莫说是两个人，怕是一两百人也是没有命在了。

于谦露出心有不甘的样子，和老人解释说，那两个伙伴都是老老实实的生意人，不会惹事，没准不会丢了性命吧？

老人苦笑，说这里的官兵哪管你是什么人？常常不知从哪里冲出一队人马，见人就杀，见财就抢。不管好人歹人，一律说成是叛乱的贼子，杀了反倒能立功领赏，朝廷如何知道其中细情。

老人见于谦不像恶人，遂邀进家中留宿。老瑶家徒四壁，只有老瑶老妪二人。问及子女，老瑶不语，老妪则伤心得啼哭不止。

原来二老膝下有三个儿子、三房媳妇。那晚，一家人在一起煎豆腐，吃酒，正热热闹闹地说笑，没想到一阵炮响，一队官军闯入，进来不问缘由挥刀便砍，儿子、儿媳都被杀害，看二老实在年迈才饶过一命。

于谦听罢既气愤又悲伤不已，急忙出言安慰。片刻后，于谦问出内心疑惑：这里有山有水，按说只要勤劳，也应该度日不愁，何苦层出叛乱，以至招来官军的镇压？

听到于谦如此说，老人竟然有些激动，言语之中明显略带责备。说瑶僮自然也不愿意无端生事、自取灭亡。他们也想靠耕田种地各自营生、平安度日，即便有人因缺盐缺米，偶尔做些鸡鸣狗盗之事，也不会随随便便就起来造反。况且，世界之大，哪里没有这样的小人？派官军抓住匪首或者从犯惩处即可，何至于这样不分好坏，连累无辜。

再和老人细细攀谈，事态严重程度令于谦大大震惊。

獠人部落多贼寇，确有落草的贼子常常出来抢掠，骚扰平常百姓。本来，他们只算得上龟缩一角小打小闹的贼众，只因受作乱的影响，才招来官军镇压。这些乌合之众哪里是官军的对手？他们用的刀子、棍棒，或者苦竹、枪寻、弩弓、药箭等物，而官军用的火铳、火炮、钢刀、铁箭等锋利的兵器，这样的差距如何对抗？于是，他们便和獠人勾结在一起对抗官军。官军剿匪本无可厚非，可恨的是官军不仅斩杀贼首贼子，连平常百姓也一起斩杀，然后瞒报请功。因此，这里的瑶僮受双重灾难，苦不堪言。

第二日，于谦留下些银两，告别老瑶一家。不料前行数里，又见一老瑶。可能是于谦的相貌与气质都很不俗，这老瑶又把他二人误作官兵，大呼饶命。难免又是一番解释，于谦说自己二人不过是过往客商，是来此地寻人的，这才免了一些误会。

这位老瑶说起村岩之中的现状，和之前那人说得一般不差。于谦听后不免嗟叹。又前行，所过几处一样的人烟稀少，一样的兵荒马乱，随处都有妄杀横行存在。

于谦心里愤恨不已。朝廷只知道官军在外征战剿匪多有不易，哪里知道他们还有人贪功妄杀成性，以至于令百姓终日惶惶，更私下里对官军多存怨恨？

于谦急急回到船中，换回官服，前往军中抵任。

各路官军将士齐齐出来迎接。于谦带来皇上犒赏三军的旨意，也对一路上探听的"官军为非作歹、邀功妄杀"的罪行，给以严厉斥责。他按着花名册一一点将,然后清查将士立功以及枉杀情况,真正有功者重赏,查妄杀多的不赏,妄杀少的次赏。于谦所为令官兵畏服,皆说于御史秉公做事,真正严明、公正,皆是心服口服。

于谦让官兵召集瑶僮,晓以大义。讲明朝廷并不是全部镇压,镇压的只是作乱者,对无辜百姓一定会善待,鼓励他们安分守己、安心农耕。

一切安排妥当之后,于谦回京复命。他备陈瑶疏[①],详细汇报了瑶僮的现状,为他们的苦情申述。同时,也不遮不掩地汇报了军中存在的邀功妄杀现象。皇上与众臣听后皆唏嘘,即敕广东将臣:"自后抚驭得宜,严禁邀功妄杀。"

于谦广东之行后,湖广、川、贵等地官军贪功妄杀现象大大减少,同时瑶、壮民的生活也得到了极大的改善。这些于谦最是功不可没,许多瑶僮感泣不已,于谦所为受到朝廷内外的一致称赞。

4. 举荐高才

怀着满腔的抱负,于谦期望自己大有作为,能在御史的工作岗位上为民代言、为国分忧。

永乐二十二年(1424年),明成祖朱棣驾崩。明仁宗继位,改元洪熙。洪熙帝执政之后,着手纂修前太祖、太宗实录,发出诏书:"或在朝,或在野,不拘缙绅、儒流、耆硕之人,但晓典故,

---

① 备陈瑶疏,详细地向皇上陈述瑶僮情况的文章。

博览古今、练达时事者，有司当即奏，徵聘到京。"仁宗可谓思贤若渴，他直言不论是住京城的，也不管是居山野的；不管是当官的、为学的，或者是年老年少的，只要你通晓典故、有才学、懂时事的，都可以举荐进京修国史。机会难得，于谦首先想到了好友高德旸。

高德旸，字孟升，号节庵，钱塘人，于谦故友。于谦是江南才子，在他的身边也聚集了很多少年英俊，比如高德旸、王大用、王尚质、李潜、刘士亨等等，都是于谦身边曾经和于谦一起求学的饱学之士。其中，于谦最为欣赏的就是高德旸。高德旸不仅满腹才学、诗词清丽，为人更是廉洁，是于谦的挚交。

永乐十八年（1420年），于谦中高科，同馆的高德旸亦中魁。这自然是大喜事，家里鞭炮齐鸣祝贺，同时亲朋好友、左右邻里、甚至有不常往来者，也都争相前来道喜。光是祝贺也就罢了，常有主动前来送礼的，颇有趋炎附势之嫌。于谦对此有些排斥，而高德旸更是不随俗风，他性格独特，拒绝宴请，拒绝贺礼，甘守一方清净。

乡试中举，接下来就是参加会试殿试，会试殿试高中，不但有高官可做，也有厚禄可拿，自然就是出人头地了。然而，在一干好友相约共赴京城的时候，高德旸却选择避而不出了。这么好的成绩，怎么选择退隐，不继续考学了呢？于谦三番两次前去拜访，决心拉他一同赴考，结果高德旸题诗于屏风之上：

> 今秋侥幸步云街，明岁南宫选继开。
> 勉强俯成场屋志，自惭愧乏庙廊才。
> 随时暂尔栖蓬荜，抚景灰心谒帝台。
> 即此认为终老计，亲朋何用苦疑猜。

诗的大概意思是说：我今朝侥幸中举，明年的考试马上就要开始了，自认为没有匡扶社稷的大才能，所以才甘心栖身蓬荜，终老一生，亲朋好友不用猜疑也不用劝我了。

高德旸不见别人，但不能不见于谦这个好朋友。于谦不放弃，一见面他便苦苦相劝："兄读万卷书，久抱经纶，不干仕进，则所学皆成虚耳。"

高德旸开始以身体多疾不思进取为由，后来被于谦逼得急了，才隐晦地说出不愿接触官场之炎凉，于谦遂不敢再强。

一别数载，于谦心里一直惦念高德旸，总觉得高君一生所学弃之可惜，总觉得自己也有蔽贤之罪。所以，仁宗的诏书下达时，于谦分外欣喜，心说可找到保荐好友的机会了，遂迫不及待地举荐高德旸。他修书上奏，得到仁宗"即敕礼部官征取到京"的旨意，马不停蹄地去见在京的杭州府通判朱耀，嘱他带敕书征聘高德旸进京。

西湖锁澜桥畔，景丽风清，依依翠柳、一片竹林掩映简朴小筑。朱通判会同杭州府县一同到访。抬头看见牌门上的题咏：

五年筑室傍西陵，槐柳为墙竹作屏。
最喜门庭无苛客，每逢时夕有嘉宾。
南阳诸葛三椽屋，西蜀杨雄半亩亭。
今日更无尘事扰，抚琴才罢阅诸经。

这首诗与刘禹锡的《陋室铭》有异曲同工之妙，"南阳诸葛庐，西蜀子云亭，何陋之有？"朱耀一行读罢，都知道高德旸仰慕淡泊名利、潜心修学的雅士，是一位不慕富贵、喜欢安贫乐道的高人，恐怕难以征聘。

果然，高德旸百般推脱，说："不肖匪才，素无学术，遁迹西陵。不料今圣上过听于侍御之荐，有劳诸公祖光顾草庐。恐此行有辜负圣恩，实难应聘。"

朱通判以及一干府县竭力奉劝：一来圣上思贤若渴；二来如今杨荣等高官亲自出面作台辅，此一盛事；三来于谦力荐。朱通判推心置腹，言说："高君抱经济之才，当展经纶之志，何自韬隐坚却如此？上辜负朝廷之隆聘，下亦负良友特疏之美意？"高德旸见推脱不过，勉强允聘。

高德旸到京之后，便升为宗人府经历[①]。高德旸一入京，就像明珠去尘，一身学识大放光芒。他见识广、见解独到、议论合宜，深得总裁大学士刘穆之、杨士奇，以及礼部尚书蹇义等人的赏识，并提升为副总裁，大赞其有经国运猷，安邦之策略。高德旸更诗词清丽，京城盛传于谦与高德旸的诗词，皆说二人一诗一词都很金贵，有珍藏之价值。

好友进京，于谦喜不自禁。二人一有闲暇就聚在一起，吟诗作赋，谈论政事，每每高德旸的见解令于谦茅塞顿开，于谦以保荐好友进京为幸。

纂修国史很快完成，朝廷对一干编辑全部升职，高德旸也升任编修。但高德旸坚决不就职，多次请求回归故乡。得到皇上恩准之后，高德旸非常开心，兴致勃勃地来与于谦告别。

于谦强烈挽留。高德旸一走，于谦等于失去一个可以推心置

---

① 经历，官职。明朝时在都察院、通政使司、布政使司、按察使司等都设置经历，执掌出纳文书。

腹的好友，不光没人与他一起风雅，更没人一起与他谈论政事格局，于谦岂愿放他离开？于是拉着高德旸彻夜畅谈。但高德旸去心已决，一大早便悄悄离去，与于谦留诗：

兴在思鲈不可留，盐滩孤月照羊裘。
昨宵已定将来事，今日难羁欲去谋。
报国丹心君自得，栖岩素志我何求？
谨将治世安民策，付与金兰细玩筹。

高德旸毅然决然地辞官了。其实，于谦心下里也慕其严陵之志，高风亮节，不慕荣利。于谦与高德旸挚交，高德旸的离去令于谦百般不舍，但也没有因此冷却一腔的报国热忱。

在于谦的心中，忠心报国，为国奔忙，为民请命，始终是不渝的信念。

5. 见乱不乱

永乐皇帝朱棣生有三子，即长子洪熙帝朱高炽，次子汉王朱高煦，三子赵王朱高燧。

朱棣出身戎马，在他还是燕王的时候，就偏喜二儿子，因为朱高煦喜武，长得身高体壮，能骑善射，又膂力过人，数百斤的大鼎亦轻松举起。他大儿子朱高炽当然也不错，熟读历史经书，生性孝敬仁厚，就是长得过于肥胖，私下里他总觉得不如朱高煦英武。

建文元年（1399年），朱棣挥师南下，发动政变之战，史称"靖难之役①"。靖难之役历时四年，期间朱高炽坐镇北平，朱高煦随父亲朱棣出征。作战中，朱高煦表现极为勇猛。白沟之战，朱高煦斩杀朝廷军大都督，解朱棣之困。东昌之战，大将张玉战死，眼看朱棣有性命之忧，朱高煦率精兵赶到，救了朱棣性命，因此被封为"天策上将军"。朱高煦觉得自己勇猛无比，此后便有些恃宠而骄了。

建文四年（1402年），朱高煦又一次立功时，朱棣拍着他的肩膀说："吾病矣，汝努力，世子多疾。"意思是说：我已经有些累了，儿子你要多努力，况且世子身体不好，也许以后就指望你呢！朱棣的一句感叹，无意中埋下了祸根。朱高煦听到这话后，内心迅速膨胀，从此产生了将来争太子的想法。后来，朱高煦经常谮毁朱高炽，制造事端。

永乐二年（1404年），朱棣登基之后，朱高炽因仁厚而被册立为东宫；而朱高煦却因狠戾被册封为汉王，并敕镇国云南。云南偏远，而且远离权力中心，朱高煦感觉对自己不公平，不免委屈地哭诉道："子有何罪？置于万里之遥。"朱高煦拒封去云南，朱棣当然不高兴。这时，朱高炽为他求情，才得以暂留京师。但朱高煦并不领朱高炽的情。

一次，太子、汉王、赵王等一同拜谒皇陵。太子因身体肥胖，只能由左右搀扶着前行，却也不小心险些跌倒，这时，朱高煦直接说："前人失跌，后人知警。"字面上的意思是，前面的人跌

---

① 靖难之役，又称靖难之变，发生在建文元年到建文四年之间，最后燕王朱棣取代建文帝成为明代的第三位皇帝。

倒了,后面的人就知道戒备。实际上众人心照不宣,他意思是说你摔倒了,地位不保,那么后面还有我盯着呢!朱高煦很放肆,没想到当时皇太孙朱瞻基说了:"更有后人知警也。"意思说还有我呢,轮不到你。朱高煦大惊。

朱高炽为人性情仁厚,颇有君子之风,但一干武将不是很喜欢他,朱棣也曾经有易储之心,遭到以大学士解缙[①]为首的一干文臣的极力反对。解缙说:"皇太子仁孝,天下归附,若弃之立次,必起争端。"从此,朱高煦记恨解缙。可怜被赞为"义节千秋壮,文章百代尊"的一代才子,最后被陷害冻死在大雪之下,唯留他主持编撰的《永乐大典》被称为世界最大百科全书。同时,有监国黄淮、大理寺寺丞汤宗、宗人府经历高德抃、中允李贯、赞善王汝玉、翰林院编修朱纮、御史李志刚等多人连坐。

此后,朱高煦更加妄为。永乐十三年(1415年),朱棣改封汉王去青州,朱高煦又辞。朱棣大怒,严惩其手下,汉王依旧不知收敛。永乐十五年(1417年),朱高煦在府中私募军士三千余人,不隶籍兵部。这些兵士更加胡为,仗着汉王的庇护,在外烧杀抢掠,无端欺负弱小,甚至有被公然肢解投江者,更有地方朝廷命官被害。内阁杨士奇直接面圣,他说:"汉王封云南不去,封青州不行,执意留守南京,望陛下早定其所,以图永世之利。"

此时,朱棣又听闻朱高煦私造兵器、收养死士,并招纳亡命之徒,操练水军等等,其心已经昭然若揭。朱棣大怒,奈何朱高炽心善,念及兄弟情深,屡屡求情,汉王被贬山东乐安,朱棣的

---

① 解缙,字大绅,江西人。明代大臣、文学家。犹擅长狂草,与徐渭、杨慎并称为明代三大才子。

目的就是一旦有变，也能够方便就近处理。朱高煦更加不悦，私下里抓紧策划叛反。

天有不测风云，朱棣在第四次出征蒙古时染病，驾崩榆木川。侍驾的海公公与杨荣秘密潜回面见皇太孙朱瞻基。朱瞻基非常优秀，能文能武，杀伐果断，堪称皇室第一人，被称为"传世之孙"。朱棣驾崩这可是一件惊天大事，一旦弄不好就可能引发内乱，即便朱瞻基再沉着，也慌神了。他秘密召见主政的"三杨"，杨士奇又秘密举荐于谦。

于谦见乱不乱，给朱瞻基提出七条建议：第一，用锡纸制成棺椁，秘密接永乐帝进京；第二，禀报太子，待永乐帝返京时亲迎，公开宣布遗诏；第三，封锁北京九门，没有太子太孙令牌禁止出入；第四，密切注意汉王的山东、河南异动；第五，封锁汉王世子朱瞻圻现居的北京汉王府；第六，严密监视京城淇国公与驸马府邸；第七，密令山东河南所有兵马不经太子允许不可妄动，否则按叛逆处置。主方向定了，于谦又与朱瞻基秘密前往榆木川安排大军回朝。

朱高煦企图叛乱很久了，也知道这一切有些反常，但京城的儿子送不出消息。大将王斌怂恿汉王直接出兵京城，朱高煦最终因为胆怯，错失良机。

永乐二十二年（1424年）八月初十日，榆木川的军队由英国公张辅[①]率领，秘密护卫永乐帝棺椁返京。第二天一早，朱高炽、朱瞻基等人一身缟素宣布永乐帝驾崩。朱高炽继位，即明仁宗，

---

① 张辅，字文弼，河南开封人。明朝初年名将、重臣，后来是与三杨同等地位的辅政大臣。

改元洪熙。同年十月立朱瞻基为皇太子。

  明成祖朱棣离世，大明朝面临内忧外患。在外，瓦剌异动频起，西蒙古脱欢部迅速崛起，气焰嚣张，危及边关；在内，汉王大肆招兵买马，叛乱之心不死。此时，朱瞻基与杨士奇、于谦等为国事日夜分心。对外，他们采取挑起脱欢与黄金部落制衡之策；对内，更加着手推行富国强兵之道，同时，洪熙元年（1425年）四月，朱高炽敕朱高垗到凤阳守灵。

  世事难料。正在一切往好的方向发展时，五月，明仁宗驾崩。又是风云突起。在这样的情势下，杨士奇、于谦等还能见乱不乱，稳定时局吗？

6. 扈驾平叛

  洪熙元年（1425年）五月，明仁宗驾崩，皇太子朱瞻基继位。朱高煦虽然不满，也只能背地里搞些小动作。他在朱瞻基由南京回北京奔丧的途中设伏，但没有成功，只能眼睁睁地看着朱瞻基登基，改元宣德，是为宣宗。

  宣宗给汉王封爵，朱高煦浮于表面，也给宣宗上利国安民的奏疏。宣宗深表感谢，还当着满朝文武的面坦言，说他皇祖在世时，曾说这个叔叔恐有异心，让他和父亲多加防备，而父亲待这个叔叔非常好，如今看来，精诚所至，叔叔已经没有别的想法了。没想到此话不过一月，汉王朱高煦便谋反了。

  朱高煦联合王斌、朱恒、盛坚、侯海等逆谋，又暗约督指挥靳荣反济南，四下里发放弓刀到河间等卫所，夺取旁郡。同时，偷偷派遣枚青进京约张辅为内应。他没想到的是，英国公张辅见了密约直接拿下枚青，奏明宣宗。宣宗大怒，说："朕至亲只有二叔。今至亲如此，他藩何如？国法安在？"

宣德元年（1426年）八月，朱高煦私设五军都督府：命指挥使王斌领前军，韦达领左军，盛坚领右军，朱暄领后军，分别派几个儿子朱瞻垐、朱瞻域、朱瞻埣、朱瞻墿作各路监军，自己率领中军。五大都督府招兵买马，演习操练、夺取边郡，声势浩大。

宣宗接到举报，派侯泰前去敕书问罪。朱高煦倨傲见诏不拜，声称没有自己当年"靖难之役"中立下汗马功劳，何来今日平安盛世？说永乐帝不辨是非，听信诬告才把他封居山东；说洪熙小恩小惠，并非对自己真好；再就是寻找借口说宣宗有违背先祖，给方孝孺等一干文臣昭雪封爵等等过错，还诬陷朝中大臣夏原吉等是奸佞，扬言宣宗不把他们逮捕下狱自己便举兵北上，以靖国难。要说朱高煦确实勇武，朝中武将也没有几个能敌的。所以才敢大言不惭地说："本王凭此一剑，可横行天下矣！"

朱高煦这是公然反了。宣宗下令阳武侯薛禄率兵征讨，杨荣力谏，连说不可。想当年，建文帝的心腹大将李景隆在靖难之役中，就曾率五十万大军北伐。李景隆也是名将，熟读兵书，一身武艺，建文帝"捧毂推轮①"委以重任，结果一向英勇无敌的大将军连连失利，最后无奈竟然开城门迎降，害得建文帝坐失江山。这是前车之鉴。阳武侯自然也是战功卓著的名将，但派遣阳武侯征讨，

---

① 捧毂推轮，扶着车毂推车前进，是古代帝王任命将帅时的隆重礼节。出自《七国春秋平话》。

一旦失利，后果便不堪设想。

宣德元年（1426年）九月，留广宁伯刘瑞守内城，定国公徐昌、彭城伯张昶守皇城，安乡伯张安守护内外城。同时，又命丰城伯李贤、侍郎郭进督管军饷，郑王瞻埈、襄王瞻墡留守北京。再命武安侯郑亨、都督山云、尚书黄福同守辅京师。宣宗朱瞻基亲率少师蹇义、少傅杨士奇、少保夏原吉、少傅杨荣、尚书胡濙、通正杨善、都御史陈山、顾佐、督查御史于谦、王翱等扈从御驾亲征。这般阵容可谓盛大豪华。

御驾亲征要的就是声势，一来表明征讨的决心，皇帝都来了，自然鼓舞人心，令人振奋；二来给敌人施压，一鼓作气平定反叛。至于如何取胜是具体的作战方案了。

出了都门，走到一半路的时候，宣宗就开始询问左右的智囊团："卿等试度汉王计将安出？"

朱瞻基说大家都猜猜，御驾亲征了，那么汉王会出什么计谋？大家众说纷纭，其中少傅杨荣提醒宣宗，说汉王可能攻打济南，然后把济南作为他的老巢来对抗，这个不能不防。少保夏原吉分析，说汉王也许会趋近南京，恐怕现在已经率军南去。

朱瞻基却不认同，他认为：一来济南虽近，但易守难攻，汉王或许有所倚仗，况且如今大军压境，他也没时间攻击济南；二来汉王的势力以及家眷都在乐安，他也未必舍得放弃。到底哪个推断正确呢？

朱瞻基的判断首先得到于谦的赞同。于谦根据以往汉王行事，判断汉王的性子，料他看似虚夸狡诈，实际懦弱胆怯，遇事常常狐疑不定，丝毫不果断。从目前的形势来看，未闻汉王出兵直取南京，也能看出他的懦弱无能。

第二章 步入仕途，锋芒初露受赏识

— 51 —

于谦还分析,朱高煦应该是觉得朝中将帅无以为敌,所以敢叛逆。朱高煦没想到宣宗会御驾亲征,所以他目前应该还龟缩城中。于谦主张大军快速出击,迅速围城,一定能在乐安将朱高煦擒下。

情况和于谦分析的丝毫不差。最开始汉王得报,说是阳武侯薛禄领兵,朱高煦大呼"我何惧哉,此易为退耳!"说我不怕他,很容易打退他。可是后来听说朱瞻基亲自来了,他就不言语了。御驾亲征自然令他惶惶。

朱高煦的左右也有能臣,出计策让他赶紧起兵南京,一旦攻陷占领南京,再号令文武,便大事成矣!如此守在这里,一旦大军围城,就成了瓮中之鳖,极为不利。结果,正如于谦猜测,汉王心怯,做事不能立断。

行军打仗就是这样,不同的作战思想决定不同的作战方案,只有定下正确的作战方案,才能取得战争的胜利,这是关键。于谦的首肯,给了宣宗很大的自信,他决心直取乐安,遂命令三军"一齐蓐食①,倍道兼行"。

兵贵神速。大军前行忽遇莽林,有人劝宣宗放慢速度,遇到林莽恐有埋伏。也有人劝谏,这样百里趋战,乃是兵家之忌。这些话都是历来战事的经验之谈,应该非常有道理,否则很可能造成严重后果。此时,朱瞻基就认同自己和于谦的判断,汉王方汹汹未定之时,未必有空设伏,遂催军急进。果然不遇埋伏,一路上所遇到的兵民,皆神色惶惶避入乐安城。

很快,宣宗大军直抵乐安城北,把汉王围在城中。城中有炮

---

① 蓐食,还没起身,就在草席上匆匆吃点东西,指早餐时间很早。出自《左传·文公七年》。

石打下,而宣宗大军神机铳炮攻城,炮声隆隆,杀声阵阵,声震云霄。

7. 宣宗赏识

朱高煦被宣宗围在乐安城内,与京城大军的对垒犹同做困兽之斗。宣宗一边攻城一边下旨令其投降。没多久,朱高煦便禁不住内心慌乱,眼见得大势已去,便心生妥协之念。

以王斌为首的一干主将极力劝阻,皆说:"宁决一死战,无为人擒。"这些大将知道被擒住的后果,全部主张宁死不降。奈何朱高煦本人软弱怕死,他寻找借口,一个人偷偷从地道中跑出城,伏地叩首,请求宣宗饶恕,大呼"惟肯陛下怜之"。

平定汉王之乱仅几日,宣宗大军势如破竹。朱高煦原本以为宣宗即位不久,尚且人心不稳,希望自己能够轻松夺位,没想到就这样一败涂地,直接由汉王降为庶人,数千将士被俘。连乐安州也被更名为武定州。

宣宗大军得胜而归。这一日,大军路过单桥,接近河北彰德。永乐二年(1404年),朱棣三子朱高燧封赵王,居于此。督查御史陈山上前启奏宣宗,建议得胜之兵,趁着士气恢宏,一鼓作气拿下赵王,以绝后患。

朱高煦叛乱,但朱高燧没反,陈山为何有如此一说呢?其实,人人心照不宣,汉王叛乱时赵王不知吗?即便不是同谋,赵王就没有反叛的想法吗?陈山的建议得到个别人的附和。有人力劝宣宗，直言："得胜之兵，移指彰德，擒赵王如反掌耳。"

宣宗不语。于谦上前劝谏。于谦认为万万使不得，因为先帝就汉王和赵王两兄弟，众所周知汉王明目张胆地叛乱，没有办法，必须讨伐；但赵王"反形未露，逆谋未彰"，凭什么讨伐当朝皇叔？凭臆断还是凭莫须有？无端发兵岂不是令人不服，更有伤皇上的仁爱之心。

杨士奇等老臣也附议于谦的看法。宣宗派出广平伯袁容、都御史刘观给赵王传旨安抚，并加俸一百石，彩缎二十匹。赵王自是感激不尽，诚谢皇上体恤骨肉亲情，皇恩浩荡。

朱高煦随军被押解回京，似乎一路上有了主张，到了京城大殿之上，反而不承认自己有叛逆之罪。只说自己觉得待遇不公，不是什么起兵谋反，只不过是小打小闹发发怨气而已。

闻此言宣宗大怒，命群臣尽数朱高煦之罪状。从前往后，一个个文臣武将依次出班，有人说出一两句，反被汉王强辩，以至不知所言；有人干脆支支吾吾不知所云；更有人说出的话不痛不痒，根本听不出轻重，说不到点子上。宣宗不悦，摇头不止。汉王暗暗得意。

这时，御史于谦出班。于谦直接指着汉王的脑门，大声叱喝：

> 天生蒸民，立君为亿兆之主。海内诸侯，莫不臣服，欣戴奉命。今我皇与汝，名为叔侄，实为君臣。既有君臣之分，当尽臣子之心。昔者先帝临御，待汝隆恩无比。今日陛下即位，首加汝之爵封。惟愿共辅邦家，睦亲骨肉。岂意汝不思尽忠报国，辄敢谋为不轨。初令徐玘四出劫掠，复遣枚青潜结勋臣。用铁瓜挝死指挥徐野，而多营求护卫；陈盛兵赫劫中官侯泰，

而强邀绝马驼。瞻坿是汝之子，宠妾而杀其母，仍绝其嗣。父子夫妇间，垂恩绝义。亦已甚矣。且先帝是汝之兄，馋构百端，谋夺储位，实欲推刃同气，大灭彝伦。何忍为哉！散骑军劫夺旁郡，养亡命横杀士民。如此逆恶，死有余辜，尚何强辩？

于谦说：天生众百姓，设立万亿子民的君主。令四海之内的诸侯，都臣服、爱戴并听命于他。如今皇上与你，名义上是叔侄，实际上是君臣。既然有君臣之分，你就应该尽到做臣子的责任。往昔先帝当政的时候，对你恩宠有加，如今陛下继位，亦首先给你加官封爵。只盼得能共同辅助家邦，让宗族骨肉之间和谐友爱，哪料到你不想着尽忠报国，还敢图谋不轨。最初你纵容徐颀四处抢掠，还遣枚青偷偷进京欲勾结大臣做内应。用铁瓜打死徐指挥，去军营中闹事，起兵时恐劫侯泰，强行邀集兵马。还有，瞻坿是你的儿子，你都能杀其母，绝其子嗣。父子和夫妻之间你都能做到恩断义绝，真够过分的。先帝是你的皇兄，你还百般的诬陷，欲谋夺他的储君之位，当真是手足相残，不讲人伦之道，怎么忍心呢？你派兵士夺取边郡，你私养死士枉杀官民，等等一系列的恶行，死有余辜，你还强辩什么？

于谦这一通话，说得声色俱厉、滔滔不绝、慷慨激昂。无论从君到臣、从兄到弟、从官到军到民，还是父子、夫妻等等，面面俱到地揭发，指控汉王的累累罪行。一条条有证有据，不容置疑，直说得汉王冷汗连连、战栗不止；直说得文武大臣频频挑指、心服口服；直说得宣宗扬眉吐气、拍案叫好！心说真个解气，若没有这样的好文采、好口才的臣子，如何能够让汉王伏法，如何能够显示大军评叛的出师有名，又如何能够彰显出我大明王朝的威严与气魄？总之，于谦的表现令宣宗非常满意、非常赏识。

宣宗对于谦的好感已非一日。当初，于谦面圣时，一干文武大臣众多面孔，于谦就能很快进入宣宗的视野，原因是：其一，于谦长得好，仪表堂堂，被人称为"风骨俊秀"，一看长得就不俗。其二，于谦声音好，每读奏折，"音吐鸿畅，帝为倾听"，意思是声音洪亮富有穿透力，别人发言可能宣宗提不起兴趣，可于谦一张口，宣宗会侧耳细听。其三，于谦确实有才华，做事干练，论事条理清晰，有主见，能为宣宗出谋划策。

其实，也是基于以上几点，这次出京平定汉王之乱，才是宣宗为什么要把于谦带在身边的原因。于谦确实没有辜负宣宗的期望，在众多臣子中再一次脱颖而出。

正是宣宗对于谦的赏识，为于谦之后仕途的发展提供了有力的保障。于谦最终成为大明朝的中流砥柱。

第三章　为民谋福，铁腕御史得人心

1. 微服私访

宣德二年（1427年）农历二月，于谦从北京出发前往江南，以督查御史的身份巡按江西。

塞北还是春寒料峭，此时的江南已经春光明媚、杨柳枝新。漫步柳堤，和煦的阳光暖暖地照在身上，于谦心有所感，随口吟道：

> 春风堤上柳条新，远使东南慰小民。
> 千里宦途难了志，百年尘世未闲身。
> 豺狼当道须锄殄，饿殍盈歧在抚巡。
> 自揣匪才何以济，只将忠赤布皇仁。

诗的大意是：在这春风拂柳满眼青翠的好时节，远行出使到江西巡按。千里赴任初心不改，多年来习惯了为民奔波。有豺狼当道就应该除暴安良，饥寒交迫的人们正等着拯救。我没有什么才干，莫问何以济世，只能用一腔赤诚报国爱民了。

一首七言诗，于谦说的是《二月三日出使》所见所感。于诗中，可以感受于谦的心情还是很好的，轻装赴任，希望自己有所作为。那么，在如此清新的环境里，于谦为什么还有"豺狼当道""饿殍盈歧"的感叹呢？

从大明太祖朱元璋开国至此，可见明朝还是较强盛繁华的。朱元璋出身贫寒，幼小的遭遇在他身上打下深深的烙印，他最恨搜刮民脂民膏的贪官污吏，所以在他当政的时候，对贪官污吏的镇压可谓毫不手软。

朱元璋建都南京，各地的官员上缴粮食，因为运输上的一系列损耗，导致账目与实物对应不上。为了避免打回重报，官员们想出了在册子上先盖官印后填数据的方法，其实这本无可厚非，但后来就被贪污取巧的人钻了空子，所以引发"空印案"。一起空印案，据说朱元璋直接杀掉的涉案官员达数千人之多，可谓触目惊心。

洪武十八年，还有一起巨大的贪污案，以户部侍郎郭恒为首的盗卖官粮案，据说涉及官员、地主、商人等数百人被斩首。虽然手段残暴，但也确实起到了震慑的作用。

从洪武一直到宣宗年间，很长一段时间里的和平发展，最初的狠戾已经有了很大程度的缓解，所以一些贪官污吏渐趋抬头，这就是于谦诗中的"豺狼当道"。况且，有大庭广众之下的歌舞升平，也总会有偏僻角落里的水深火热。于谦的目光总能捕捉到最底层人们的辛苦，或天灾或人祸，他们正遭遇着深重苦难，这就是于谦口中的"饿殍盈歧"。

身为督查御史，于谦时刻记着自己的职责。一到江西，于谦就和他的家仆于兴悄悄行动了。他二人不坐轿子不骑马，一身粗布衣裳，慢步潜行。没想到刚进一村子，微服私访的于谦就遇到了一件不平事：

前面不远传来大声争吵，还有女人的哭喊声。于谦和于兴靠近观看，发现有一个穿戴若管家模样的人，带着一个跟班，那跟班扯着嗓子大声吼欠债还钱，若是不还钱就拿人顶债，说话间一双大手拽向一个哭哭啼啼的少女。

一位头发花白的老者惊恐万状，言称孙女梅花已经顶债了。而那个跟班毫不客气，说再让这个桃花到王府去做丫鬟，再打工一年，所欠的银两就两清。旁边一位老妪连连作揖，口称桃花还小。

那个管家模样的人有些不耐烦，冷冷地说："马顺，带走。"原来跟班叫马顺，他一脚踹开老者，一把推开老妪，强横地拉扯少女。

于谦看不过去，和于兴上前质问怎么回事？马顺看于谦不像是普通人，大声告诉他们，这是宁王府的长史王兴王大人在办事。

于谦打量王兴。王兴也上下打量于谦，感觉于谦有些不一般，一边问什么人，一边威胁，宁王府的事也敢管？

于谦说自己只是过路的教书先生，即使欠债还钱天经地义，也不能强行押人。王兴冷笑，说带人顶债，在王府做个丫鬟既能挣钱，又好吃好喝也是好事呢。他威胁于谦，说教书先生莫管闲事，免得惹祸上身。

于谦和二人争辩，即使王府也得讲理。王兴动怒，命马顺直接把于谦二人也一起绑走。于兴正要亮出于谦身份，于谦一使眼色制止，心说这正好，不入虎穴焉得虎子？

宁王朱权是明太祖朱元璋的十七子，也是一位能征善战的虎子，最早封地在大宁（今辽宁一带），后来随同朱棣发动"靖难

第三章 为民谋福，铁腕御史得人心

— 59 —

之役",本以为功成名就可以中分天下,可事实上没有,后来朱棣把其封居南昌。宁王府称得上是江西地界一个庞然大物。其实,于谦一路上也有些耳闻,说宁王府内的家丁借着宁王府的势胡作非为,受害的百姓敢怒不敢言,有些怨声载道了。于谦正好借着这个机会想一探究竟。

于谦盘算得不错,心想进了宁王府看看宁王怎么说,看看是宁王的主意还是这恶奴自作主张,实在不行见机行事亮出自己的身份,起码能替这姑娘一家说说情,至于其他的事再慢慢计较。

于谦万万没想到,王兴并没有带着他们去见宁王。眼见得宁王府富丽堂皇的门楼在望,王兴和马顺押几人左拐右拐避开了正门。避开正门也无所谓,于谦心想正门押着众人确实有失体面,或许王爷吩咐让走后面呢?

后门紧闭,马顺上前轻敲了三下,一人贼眉鼠眼地探出头,看见王兴,说:"爹,回来了?"原来是王兴的儿子。王兴让自己儿子把桃花关进隔壁黑屋子,把于谦二人关在第二间。

于谦和于兴被关进一房间。房间内光线很暗,黑乎乎地,勉强能看清屋内简单的摆设。听着大铁门咣当上锁,看着几人鬼鬼祟祟地离开,于兴顿时心慌。

转眼彻底天黑,既没人送来一口吃的,也没人送来一口喝的。于谦感觉到苗头不对,事情可能不像自己想得那么简单了。

于谦微服私访,这是遇到大麻烦了。

2. 王府遇险

于谦微服私访怎么也没料到会被困宁王府。一夜无话，眼见得天光泛亮，于谦还好，于兴急得像是热锅上的蚂蚁。

于谦亦是眉头紧蹙，心说这小院偏僻，房门又被锁得死死，很难逃出去，出不去又无人报信，如何搬兵求救呢？

耳听得铁锁响，"吱呀"一声，马顺推门走了进来。这家伙眯着眼，手里还攥着一根绳子。于兴不是于翼，他没啥武艺，总不能直接打趴下马顺，然后夺门而出。马顺看似身手不错，于兴知道打不过他，眼里流露出一丝惊恐。

马顺看着于兴露出惊恐之色，不免心下得意。转头一看于谦处变不惊，不觉一愣，心说这人不怕死？马顺大声说："马爷我发善心，临死前可有啥交代的？没准还能替你们还个愿。"

于谦心思数转，打定主意。他故意一声长叹，说事已至此，便实话实说了。于谦说自己并非教书先生，其实是个珠宝商，身上带有数百两金银来谈生意，不想摊上此事。自己一把年纪已是死不足惜，但自己这个义子于兴还年轻。只要马顺放了于兴，他愿意将寄存在城东客栈的珠宝相送，不然那些钱财也要白白便宜店家。

马顺眼睛一亮，虽不知真假，但财帛动人心。马顺眼珠一转，心想：留着老的做人质，自己带着小的神不知鬼不觉地去取珠宝，这不是要发财的节奏吗？等珠宝到手，再杀人灭口也不迟。

马顺打定主意，用绳子把于谦五花大绑，确信他挣不脱，然后威胁于谦不要耍花样，自己带着于兴要到城东走一趟。

于谦双眼紧盯于兴，嘱咐于兴，说自己把包裹藏在床铺下了，

第三章 为民谋福，铁腕御史得人心

— 61 —

客栈不是进村那一家，要记着是路过府衙那一家。"

于兴开始一愣，不过他很机灵，马上会意。于兴说："义父放心，我能找到，你等我回来就是。"

马顺一则看于兴是个手无缚鸡之力的小跟班，二则也不敢在大街上明目张胆地绑着他，就推推搡搡地押着于兴前行。

二人走了一段路。于兴眼尖，前面就是洪州府衙，他拔腿就跑。府衙门前有带刀护卫，于兴一边跑一边大喊："我是江西巡抚于大人的长随，我要见知府大人先行投报文书！"

马顺傻眼了，这要是公门中人，还是个大官，可就真麻烦了。马顺掏出宁王府的腰牌，谎称于兴是宁王府的债户，这是要花样逃跑，要求护卫允许他把于兴带走。

果然二护卫一听宁王府，就有些迟疑。宁王府可惹不起！

于兴更急，这关系到大人的性命，他"刺啦"一声扯开衣服内襟，冲着衙门内高声大喊："巡按于谦于大人到！我有吏部公文！"

一嗓子传出老远。府衙师爷早听见府门前吵闹，已经领着几人出门查看。马顺一看大事不好，转身溜走。

马顺跑回王府后院，急忙来找王兴，大呼不好。他哭丧着脸告诉王兴，说那个教书先生是钦差大人，是御史于谦！

王兴刚欺负完桃花出来，心情还不错，猛一听吓得差点瘫坐于地。是听说上面委下江西巡按，这是撞刀口上了？怎么办？

王兴一咬牙，脸儿一黑，朝马顺做了个抹脖子的手势。马顺这下不敢再隐瞒，把自己带着于兴去客栈取珠宝的事说了出来，说于谦义子已经到了府衙。

气得王兴瞪着眼睛，上去就是几脚，连骂马顺是个贪财的蠢货！王兴不傻，知道事已至此得赶紧想对策。他眼珠连转，一拍脑门，心说：虽然绑了于谦但毕竟没有加害，害怕个什么劲儿啊？

王兴有依仗，依仗的还并非只是宁王府，还有京城！京城天子脚下还有一棵大树可供他依靠，于谦也未必敢把自己怎样吧？关键是，自己做的那些事？王兴眯着眼，招招手，马顺附耳过来，然后匆匆离开。

王兴也是动作不慢，一溜小跑，打开门就进了于谦的房间，满脸带笑地连说误会。真是天大的误会，笑说于大人怎么不早说是巡按大人呢？

王兴这边刚刚解开于谦的绳子，于兴就带着知府张大人一行赶到了。于谦不顾王兴的阻拦，带着这帮人在后院搜查，很快搜出桃花。获救后的桃花跪地号啕大哭，痛诉王兴、马顺以及王兴儿子的兽行，要求大人为民女做主，申冤雪恨。

这里是宁王府，况且知府大人知晓王兴朝中的依仗，那是深得太子信赖的王振，已经颇有势力的"王伴伴"，王兴正是王振的亲胞兄。张大人小声提醒于谦，惹王兴就是与京城王振作对，后果严重。

于谦点头。证据不足，于谦不能直接抓走王兴，只冷冷地吩咐知府，明天借贵府衙一用，要升堂办案。

张知府无奈，邀请于谦回府衙落脚接风，于谦直言不住府衙，晚上还是要住客栈。

既来宁王府，于谦自然要拜访宁王。于谦想探探宁王的口风，宁王是否知道王兴的恶行？即便宁王不知，宁王会不会姑息王兴？

于谦又悄悄吩咐于兴，带着府衙两名护卫去找桃花的爷爷，老爷子经历事情始末，还目睹了王兴抢人的全过程，是明天堂上最好的证人。

于兴带着人急急赶往桃花家，没想到刚到大门口，就听见老奶奶凄惨地呼喊救命！几人快步跑过去，看见老爷子已经倒在血泊之中，老奶奶抱着老爷子哭，一道黑影刚想再行凶，听见动静撒腿翻墙而逃。于兴眼尖，那身材背影依稀就是马顺。

两名带刀护卫追出后很快折回来，摇摇头，意思是说跑了。于兴这个气啊！来晚了，被那个杂种杀人灭口了。

于兴心下担忧：如今马顺逃走，老爷子被害，老奶奶看似有眼疾，大人明天定案怕是有难度了。

3. 怒斩王兴

于谦会同知府一行往前厅拜访宁王朱权。朱权虽是一员虎将，但人到暮年已经放下打打杀杀，转向偏爱于琴棋书画。宁王早闻于谦才干，甚至少年时便是神童，如今更诗文了得，并且书法也极佳，不由生起爱惜之心。抛开政事，二人聊得很投机，宁王还让于谦当堂赠他一副书法。转眼已过多时，于谦起身告辞，宁王还依依不舍地送了出来。

江南的天儿说变就变，天空飘起零星小雨，四处显得格外静寂。于谦坐官轿经过宁王府后墙，忽然传来一阵袅袅的琴音，琴音哀婉如泣如诉。于谦命人停下细听。须臾，又有一个女子轻声吟唱："囚牢闭锁女儿身，鸟兽樊笼作苦吟。泪水洗面愁云惨，思亲肠断夜待晨。面对美食难下咽，贼子觊觎藏祸心。守身如玉当自保，意志胜铁土变金。"

循着琴音与吟唱，于谦兜兜转转拐进一座偏室。命人直接砸开门锁，于谦见室内横陈一架古琴，古琴后坐着一位姑娘，虽然满面哀伤，但掩不住气质外露，一双纤纤玉指若行云流水在弦间轻轻舒展。

原来，姑娘因家有名琴又指法出众，被人唤作"琴娘"。前些日子，琴娘受宁王之约来此会琴，没想到被王兴拐骗扣押在此。琴娘羞愤难当，又因惦记家中老母才未寻短见。琴娘于此苟且偷生，日日盼人搭救。

于谦大怒，带人返回王府抓人。王兴怎么也没想到，在王爷眼皮底下，于谦竟然敢来抓他。

宁王十分不解，还问于谦："于大人，为何抓本王长史？"

于谦唤出琴娘。王爷一愣，这不是琴娘吗？琴娘泣不成声，哭诉王兴对自己的迫害。宁王开始还怀疑，后来直气得浑身战栗。

见事情彻底败露，王兴反倒理直气壮，大言不惭地承认，还说这点小事是他做的又能怎样？

于谦面陈王兴对桃花的迫害，还有桃花的姐姐梅花前些日子被抓来抵债，恐怕也受害于王兴，请求王爷准许搜查。

几个屋子一间间地打开搜查，于谦一无所获。王兴暗暗得意，颇为强势地说：活要见人死要见尸，凡事得讲究证据。于谦目光一凝，信步来到院子中间的一棵枣树下，忽觉得脚下的土有些松软，心中一动。于谦命人找来工具，要掘地三尺。王兴大惊。

果然，铁锹挖一阵就有了发现，树下确实埋着梅花的尸体。王兴依然百般抵赖，扬言没有确凿的人证物证休想定他的罪。于谦直接押走王兴下了府衙大牢，誓要为民做主伸张正义。

次日，洪州府衙升堂审案。琴娘、桃花相继到堂控告。桃花的奶奶虽然眼盲，却指证马顺，说马顺杀人前亲口说是王兴王大人要灭口，还说到地下做鬼别找他马顺之类的话。

王兴不服，说这只是老太太一面之词，必须马顺招供，才能承认自己有罪。那么，马顺呢？

王兴早就告诉马顺，杀了证人之后速往京城，请求王振的庇护。马顺慌张张逃出洪州，知道事情恐怕不好，八百里快马驰往京城求救。

到了京城面见王振，马顺只说于谦的坏话，说于谦如何目空一切为难王兴。王振不是傻子，无奈之下，马顺不敢再隐瞒，一五一十把他们做的坏事都说了。王振也未太过生气，无论如何，动他的胞兄就是不给自己面子。当然也怕这位"于大胆"万一做出什么大胆的事，那就追悔莫及了。

王振通过关系把马顺招为锦衣卫，又想方设法求来一道圣旨，命马顺急匆匆赶往江西。

且说江西这边，知道巡按于大人坐镇洪州府衙，敢来告状的人越来越多。其中，更有人知道王兴被于谦下大牢，控告王兴的状纸雪片似的飞来。那是一笔笔血泪交融的挞伐，让于谦怒发冲冠，这样丧尽天良的祸害不除，怎对得起受害的百姓？

于谦发布告示，要升堂直接定罪王兴，以免夜长梦多。衙门内两列威武，衙门外百姓左三层右三层，就连宁王也来了。

于谦再次升堂，带人犯、带人证对簿公堂。王兴不服，依然飞扬跋扈，声称没有马顺的口供，这是滥杀无辜。

就在这时，衙门外一声大喊："圣旨下！江西巡按于谦接旨！"众人抬头一看，马顺捧着黄龙缎子的圣旨，挺胸腆肚目空一切地走了进来。

于谦一愣，随后有些明白了，他并未急着接旨，而是两眼一眯，心说正找你呢。

宁王看见马顺，心生疑惑，不自觉地说出："这不是王兴的跟班马顺吗？怎么变成钦差了？"

于谦一听，那就是假钦差，命左右速速拿下。马顺一挺胸脯，承认自己确实是马顺，不过如今已是锦衣卫指挥，有锦衣卫腰牌为证。马顺一掀衣服，露出腰间的牌子。

王兴大笑，很是嚣张，直接大声说一定是自己胞弟提拔的，怎么样，谁还敢动他？

于谦并不理会，一拍惊堂木。既然是马顺也不要紧，正好堂上有人指控呢。桃花指控，这就是马顺，化成灰都认得；桃花奶奶指控，就是这个声音说杀人灭口受王兴指派。

马顺不由得心慌。于谦趁机劝说马顺，说杀人灭口的是主犯王兴，马顺并没有死罪。马顺如今拿了圣旨，料定于谦也不敢把他们怎样，就肆无忌惮地承认了一切。

王兴此刻真的急了，大骂马顺是笨蛋。于谦哪还给他机会，郑重起身宣布：罪犯王兴，假借王府之名为非作歹，谋财害命，证据确凿，死有余辜！

王兴大喊，马顺你快读圣旨啊！马顺急忙拿出圣旨，开口宣读：奉天承运，皇帝诏曰，于谦勤劳国事，着即升任兵部右侍郎，王兴一案，交由马顺将其押解回京……

圣旨太长了！马顺的圣旨还没读完，于谦的一个"斩！"字已经出口，手下人更不怠慢，王兴一颗大好头颅滚落于地！

于谦江西怒斩王兴，平了民愤，受到洪州百姓的众口称赞。于谦也因此彻底得罪了王振，为日后埋下祸端，险些丧命王振之手。

— 67 —

4. 不畏权贵

那个胡作非为、不可一世的王兴是宁王府的长史，并且是当朝太子老师"王伴伴"的胞兄，最终被于谦斩了！

如此做法，首先，于谦得罪了王振。王振，这棵长在京城里的大树也没能庇护得了王兴。那么，王振后来得势之后，如何千方百计地陷害报复于谦，暂且按下不表，毕竟如今于谦身在江西，离京城有些远，王振的手还没伸得足够长，有些鞭长莫及。

其次，于谦也得罪了宁王。王兴虽然是王府的长史大人，但他都是瞒着自己的主子，偷偷地干下那些丧尽天良的坏事，问责起来自然与王府无关，与宁王也无关。但仔细说来，与王府和宁王爷的脸面有关。于谦怒斩王兴是为民除害，王爷也表示做得对，但在旁人看来，宁王府的人被于谦斩了，于谦就是拿王府开刀了，没给宁王府一点面子！宁王表面上"大义灭亲"，其实心里也不是滋味，颇有点"哑巴吃黄连"的意思。

然而，令宁王没想到的是，接下来于谦和王府之间，还发生了很大的摩擦与碰撞。

宁王朱权不是一个简单人物，《明史》上记载，他是明太祖的第十七个儿子，曾经携甲八万，战车六千，不止一次会同诸王出塞，在几个兄弟中就以善谋略著称。后来朱棣也正是看中他的才能，才设计把他卷入"靖难之役"，并为自己所用。再后来，几经辗转，他雄心渐老，才蜗居南昌。然毕竟是皇族宗藩，且根基雄厚，自然成为江西第一大势力。

如此权威，宁王府的官属们自然高人一等，他们之中就出现很大一部分人恃势骄横，慢慢成了为害一方的祸患。

"和买"，原指在公平的前提下，双方本着自愿的原则进行物质交换。宋朝时和买制度最盛行，在杨万里的《诚斋集》中就有记载："民之鬻帛于官者，谓之和买，旧之所谓和买者，官给其值，或以钱，或以盐。"

宋朝的税收沿袭唐朝的夏秋"两税法"，夏季征收钱，秋季征收秋粮。但宋朝的战事较多，随着用于军备的丝麻类需求增大，官府在春季把钱贷给农民，然后要求夏秋间用绢帛偿还，取名"预买"。

不管和买还是预买，用实物交换，实物折价几何谁说了算？不言而喻。北宋仁宗年间由于战争的频发，绢的需求量加大，原本的现金支付多变成以盐代付，并且买绢以钱三盐七作价，真正交换的时候可能比这个标准还少。到哲宗、徽宗时更甚。到南宋的时候，出现了折帛钱，直接成了田赋的增加税。待到元朝初期，这种和买制度更加有违初衷，成为农民背负的一大重税。

太祖朱元璋开国后，认识到这一制度的弊端，遂把"和买"转为"采办"，明文规定不准以"和买"扰民，但这种和买制度并未真正废除，商铺仍然有供应义务，官吏依然向商民勒索。

宁王府就依仗自己的权威，向商民"和买"进行豪夺。谁敢与堂堂的王府对峙？出现"刺头"他们就绑走，轻者毒打，重者有直接乱棍致死的也不足为奇。在这样残暴剥削下，商民只能忍气吞声。不说官官相护，谁敢状告王府？至于说江西的官衙，比如布政使司、按察使司等部门，也没人敢"太岁头上动土"强行出头，没有人敢惩治宁王府对商民的巧取豪夺，无形中更助长了他们的骄横。于是，这种情况愈演愈烈，成为江西众所周知的一大祸患。

同时，还有江西的本土官方势力，纵容宁王府并与其同流合污者亦大有人在，百姓苦不堪言。

于谦的到来以及于谦的强势，似乎让江西的百姓看见黎明前的一线曙光。很多人找于谦告状，诉告之纸堆积如山，足见积怨至深。

于谦知道作为巡按，若想整治吏治，那么新官上任三把火，他就必须烧向宁王府以及当政的权贵，其阻力之大可以想象。

江西布政使司的最高行政机关由三大司组成，分别是承宣布政使司、提刑按察使司、都指挥使司。承宣布政使司管一省行政事务，下设左、右布政使各一名，官秩是从二品；设左右参政若干人，官秩是从三品。提刑按察使司主管一省刑名按劾，下设按察使一名，官秩是正三品；设副使若干人，官秩是正四品。都指挥使主管一省军事，凡是管辖内卫所以及一切与军事有关的都归其管理，下设都指挥使一名，正二品；都指挥同知二名，从二品。并且，三大司都是由中央直接节制，互相之间没有从属关系，分权而治。这样也导致他们拥权自重，不把平常的官吏放在眼里。

以上的官秩最低的也是正四品，而于谦呢？他虽然是奉旨巡按有其特权，但他的身份是巡按御史，论官秩只有七品。虽然是钦命巡按大人，但毕竟官秩低，他真正面对的都是实打实的高官，所以有一定难度。若是换了别人，阿谀奉承还来不及，绝对不敢招惹，一旦招惹就是给自己找麻烦。

于谦不是不知道自己的处境，但他深知百姓的苦楚，深知他们望穿双眼盼的是什么？为国尽责，为民谋福，是于谦不变的志向与抱负。

若想动这些权贵，必须搜集足够多的证据。所以，于谦又拿出他的特长，通过无数次明察暗访，深入各个地方，查清事实真相。在如山的铁证面前，再大的靠山，再强横的权势，也不得不低头。

于谦下手果断，查到问题重大者，立即上书题奏，付法司拿问，罢黜首要人物数人。他先后逮捕二十多名宁王府官属中不法分子，全部定罪，并且立碑垂戒，敲山震虎。

局面打开，于谦一鼓作气，把江西地面上许多不合理之举，直接下令全部整治废除。一些贪官污吏以及平素恃强凌弱者皆受到震慑，瑟瑟龟缩。百姓无不拍手称快。

于谦巡按江西不畏权贵之德为世人称颂。

5. 断案有方

江西省宜春县（今江西宜春市袁州区）有一个乡民叫董山。董山有一个远方的表叔是一个买卖人，为人心思活泛，常年以倒卖货物为生，小日子过得很富足。有一次走亲戚，二人相遇。董山表叔见董山衣着颇为寒酸，就劝他也做点小买卖，运气好的话，不用怎么辛苦就可以有不错的收入。董山心动。

做买卖得有本钱，董山没有什么积蓄，又心痒难耐，一咬牙就到邻村的大户王江家借贷。找了一个彼此都熟悉的中间人作保，把家里的田契作抵押，共借了三百五十两银子到手，每两银子三分利，又写好戤契签字画押。事情办妥，董山心里踏实，一股劲张罗货物便出外做生意了。

转眼就是一年时间。董山由于心眼实，外加时局不利等诸多元素，生意做得并没有多少起色。起初也赚了一些，但去除各项开销，眼看着本钱都有些亏损，董山心急了。这要是把本钱再搭进去可不就完了？看来买卖人也不好当，借来的本钱还带着三分重利呢。董山决定暂且放弃生意，想办法把借贷还上，待以后形势好了再做打算。

董山的老婆知情达理。董山回到家里，二人收拾一些衣饰，老婆又把一些陪嫁的银钟、银钏，也就是银杯、银手镯子等都拿了出来。算算还是差了二十五两利息凑不上。实在没有值钱的东西了，董山就找到中间人，商量看能不能把这些先还上，亏欠的利息过几日再想办法补。中间人说应该问题不大，两人就一同前往王江家。

中间人让董山把一应东西拿出来，说尚欠利银二十五两，明天董山就去想办法，他作保不会差了事。王江收了银两，还热情地温了酒，邀二人一起用餐。其间，王江就说喝点酒记性不好，戤契一时也不知放哪儿了，待董山把所欠利银凑足时，再一起拿给他。董山只道人家担心拖欠利息，就答应凑足再还时一起清算。酒罢各自回家。

也是世事难料。董山凑利银转眼拖欠了半月，再去找中间人时，竟然得知中间人意外身故！没办法，董山只好自己去往王江家。

董山左等右等，王江才出来相见。董山连忙奉上欠银，很抱歉地说所欠利银今日才凑齐，这回把戤契还来，彼此就两清了。

董山万没想到，王江把脸一板，瞪着眼睛大声说："所借本银未还，就这点利息，如何索回戤契？"

董山大惊失色。本银已经奉还，只差这点利息，有中间人作证啊。等等，董山的心咯噔一下！

二人吵吵嚷嚷，很快又扭成一团。许多街坊前来劝架，都问到底怎么回事？二人各执一词，街坊不知细情，只听说董山做生意赔了，如今中间人又死了，可能有心赖账吧？

戬契不还，董山气坏了，第二天一大早就击鼓，把王江告上公堂。

县官升堂。确实董山借出纹银三百五十两，王江手中有契有约，手续一应俱全。而董山说已还本金却无凭无据。哪有还了银子不索要戬契或者留下字据的？拘来乡邻问询，也都说只知道董山借贷，还的是利银，并看见二人揪打在一起的过程。因此上，县官断案："董山欲图赖债，法宜重惩，以警刁诬！"

董山败诉，被打了二十大板，又下了大狱。一直到家里东求西借又把本银还上，董山才从狱中被放出来。

董山心有不甘，一次次上诉，结果皆驳回维持原判，不但没胜诉，还累了越告之罪。几经折腾，董山负债累累，几近家破人亡。

这一日，董山听说有于谦于大人巡按江西。早听说这位于大人不畏权贵，敢于为民做主，董山埋在心底的不甘再次萌发。他写好状纸，哭喊着拦轿喊冤，直说青天大老爷，小人三年无处申冤，非爷爷明镜不能察！于谦看董山之状，断定应确实有冤。于谦收下状纸，命董山暂且候审。

于谦没有立即升堂审案。于谦知道按正常流程，王江有凭有据对董山很不利，这个案子关键在于，董山还本银时有中间人作证，如今中间人病死，乃最大不明处，如何翻案呢？

转眼就是数日，董山心慌心切，又到衙门前苦苦哀求于大人审案。于谦沉思良久，细问董山还本银之时，银子有几锭？哪里经销的？不足的部分是用什么东西抵押？

董山回答说，还本银时，银子共四十六锭，碎银二十四块，不足的部分用衣服二套，还有妻子银杯四副，银镯子二副抵押，那些银饰皆做工精巧。

于谦心下有数。这天，于谦命人前往宜春把王江拘来大堂。于谦拍案，大喝王江为什么做强盗？今有被抢劫者把他告发了。

此间恰逢这一带盗寇猖獗，王江惊怵，大呼冤枉。于谦不理，又命差官前往搜家。把王江家一应细软之物全部封箱，打上封号，带到府衙。

于谦升堂办案。他把一些乡邻全部请来，当着众人的面把全部东西一一摆列。于谦很快在里面看见董山所说的田契、戤契，还有银杯银镯子。他指着银杯银镯子大声呵斥："这银钟银钏便是赃物！"

董山吓坏了，赶紧申辩，说这绝不是赃物，这些东西是邻村董山借贷还债时，只还了本银，因利息不足，用此物做的抵偿。

于谦闻言点头，又一拍惊堂木："大胆王江，这田契是董山的名，这戤契也是董山之名，你既然说这银钟银钏是董山还你本银之时的利息抵偿，之前为何又有董山赖账之说？你这样做岂不是比强盗更甚？"

这时，于谦才命人唤董山过来。王江傻眼，最终伏法，被杖责三十，入狱二年。左右邻里此时才知事情真相。董山叩头，泣谢不止。

董山从借贷到如今，历经五年方才冤案得申。一时间，于谦断案有方在江西传为佳话。

6. 清理积案

　　于谦不喜兴师动众，常带着于兴微服私访。这一日，二人来到江西省兴国县的兴莲乡。兴莲乡街面上还算热闹。店铺一家挨着一家，各家门口不时有店小二探头招呼过往行人。

　　迎面一家包子铺，看见热气腾腾的包子，二人翻身下马，进去吃饭打尖儿。二人要了几个包子、两碗稀粥、一碟咸菜。

　　这家的店小二与众不同，不是口舌伶俐、热情待客的那种。看上去年岁不大，像个害羞的孩子。他不善言语，默默地把东西摆在桌上，便躲进一角落，自顾自地看书。

　　于谦每到一处都会主动和人搭话，目的就是为便于打探各种信息。见这个小伙计有趣，于谦便问店家，莫非是自己孩子来店里搭把手？店家摇头，喊声："张一，去给客人再上壶茶。"小伙子放下书，嘴里却嘀咕着："都说过了，我叫张一非。"

　　店家笑着说："张一就是张一，大家不都这么喊吗？都叫顺口了，叫张一非谁知道是你？"

　　店家随后告诉于谦，这孩子是兴莲乡大善人的遗子。自己看他命苦，才让他来小店搭把手，也好挣口饭吃。于谦一听这里面有故事，便来了兴趣，央求店家说给自己听。

　　原来兴莲乡有个大善人，家道特别殷实，常常拿出钱财衣物等周济乡里，受到众口称赞。老先生七十岁得子，就是这孩子，乡邻都叫他张一。本来小伙子有不错的家世，吃穿不愁。没想到在他四岁时，家里变故突生，老先生病逝，张家偌大的家产全部落到女婿刘富贵手里。后来，小伙子唯一的亲姐姐也病逝，这个丧心病狂的刘富贵，便将他轰出家门。

刘富贵独占老张家偌大产业，却让老先生唯一的儿子净身出户流落街头，这于情于理都说不过去，大家都支持小伙子去衙门告状，希望张一能打赢官司，哪怕是讨还一部分家产，也免得朝不保夕。结果公堂之上，刘富贵拿出老先生的遗书，遗书上明明白白写着："张一，非我子也，家产尽与我婿，外人不得争执。"众人傻眼，有遗书为证，刘富贵胜！

老先生怎么会把家产全部留给女婿，不给自己的儿子呢？遗书是假的？是刘富贵伪造的？遗书是真的！有与老先生生前交好的几位乡邻为证，他们一致确认遗书皆见过，这字迹确是老先生亲笔。

刘富贵一口咬定，老先生认定儿子没出息，怕他将来败光产业，所以才把家产全部留给他。

既然遗书是真的，张一的状就告不赢。但小伙子很执拗，一到姐姐的忌日就击鼓告状。每逢这时，刘富贵还会带来一个人，是知府大人府上当师爷的表哥冯月磊。这位冯师爷一脸刻薄，偏又咬文嚼字，每一次反告张一诬告，结果小伙子每次都被打一顿。这还多亏县令以及好心人暗中帮助，不然，哪还有这孩子的命在？

店家说罢，看向角落里的张一，又摇摇头深深地叹口气，虽是心知肚明的事，怕这官司也没希望赢了。

于谦听罢，才知道这小伙子的不容易，多亏了其父生前的善举，大家才怜悯他、帮助他。

明眼人都知道刘富贵的无情无义，都可怜这孩子，那张老先生为什么不给自己儿子留一条活路呢？为什么要写下那么绝情的遗书呢？于谦总觉得事有蹊跷，关键问题好像就出在遗书上。

于谦下榻客栈,心里有事睡不着觉,满脑子都想着遗书。他索性披衣而起,在房间里来回踱步。一会他又在书案前坐下,挥笔在纸上一遍遍地写起遗书的内容。忽然,于谦灵光一闪。

七月十五是张一姐姐的忌日,小伙子一大早起来又要去告状,很多好心人出来劝阻。大家都知道,迎接他的无非是被毒打一顿罢了。

于谦也没有劝阻,走过来冲小伙子招了招手,告诉他公堂上一定要再问遗书的真伪?若刘富贵咬定是真的,再问刘富贵是不是就认可遗书所说?小伙子茫然地点点头,众人随他直奔县衙。

王县令年年审理这个案子,人证物证对张一皆不利,县令虽然心有不忍,但也无可奈何。

王县令一拍惊堂木,问张一状告刘富贵可有新的证据?小伙子跪在堂上,只说刘富贵侵吞家产有目共睹,请大人替草民做主。

正说着,一个尖锐的声音响起来:"没有证据就是胡闹,刁民又来讨打?"众人一看,又是那个刘富贵的表哥冯师爷。

王县令拿出遗书,再次宣读:"张一,非我子也。家产尽与我婿,外人不得争执。"有遗书为证,如何翻案?

冯师爷又要县令治张一诬告之罪,小伙子想起于谦的嘱咐,虽不知何意,但也连忙开口,质问刘富贵这遗书是不是真的?

刘富贵说当然是真的,是自己看着岳丈大人亲笔书写。小伙子接着又问,既然是真的,是不是照着遗书所说去做?

王县令和刘富贵都没明白怎么回事,刘富贵拍着胸脯说绝对按照遗书所说去做。刘富贵话落,于谦就迈步走了出来,高声说:"你认可就好。"

众人目光投向于谦,都觉得于谦与众不同。冯师爷连忙指责何人敢目无王法,咆哮公堂?于谦拿出文书印章,亮出身份。

于谦请出几位老人家,都是当初见证遗书真伪的证人。然后大堂上挥笔写出:"张一非我子也家产尽与我婿外人不得争执",询问证人遗书是否这样?众人点头称是。于谦执笔,诸位请看:"张一非,我子也。家产尽与,我婿外人,不得争执。"

一片喧哗,众人皆惊!这孩子总说他叫"张一非",大家皆因顺口才叫惯了"张一",原来如此!堂下一干大众,开始纷纷怒指刘富贵的不仁不义,愿意为张一非作证。刘富贵面如死灰、瘫坐于地。

于谦拍案高声宣布:刘富贵侵吞财产一案告破,着刘富贵返还张一非所有侵吞财产,并依《大明律》法惩杖八十,流三千里!

多年积案告破,乡邻无不欢呼,张一非更是泪流满面。

江西又称"赣鄱大地",有山有水,物华天宝,从元朝开始省辖区不仅包括今天江西大部,还包括广东小部,至明朝时辖十三府七十八县,于谦负责的也有七府四十县之广。

赣南多匪,于谦亲自参与铲除"黑瞎子"等匪首,还朗朗乾坤,护一方平安。其时,有一平民被仇家诬陷坐实为匪首,因此下狱。情况和张一非类似的地方是,众人皆知被诬陷,奈何拿不出证据,搁置多年,眼看难逃死刑。于谦整理旧卷,仔细前往勘察,多方取证,终于为其翻案,多年沉冤得雪。

于谦轻骑简从,微服私访,足迹踏遍江西的山山水水。他寻访了无数的父老乡亲,清理积案,雪冤数百人,拯救了数百家庭。江西巡按,于谦造福一方,被百姓称之为"神明"!

7. 整治私盐

盐是日常生活中是最常见、也是必不可少的食用品。盐的重要性不必多说，倘若厨房里没有盐，则整个日程生活都是难以维系的。

在过去盐和茶一样，某种程度上来说很稀有。因为地理环境、技术水平等诸多因素，导致食盐不能大量供应，所以在各个朝代各个时期，统治者都对其实行垄断经营。

盐法，是指国家对食盐征税和专卖权禁的各种制度。我国最早的盐法应该始于春秋。当时，齐国濒临大海，盐铁资源丰富。公元前七世纪，管仲受齐桓公赏识，担任国相，对内大兴改革，据说他反对向"树木""六畜"和人口抽税，主张"唯官山海为可也"，这里的"山海"指的就是铁和盐资源。此记载在《管子·海王》中有迹可循。管仲兴盐铁之利，国家对食盐的生产、销售和买卖加以管理，这是我国最早的盐法雏形。

盐法由简而繁，由疏而密，逐渐完备。以唐朝开元年间作为分界线，之前是食盐征税和专卖制度的建立时期，之后进入食盐专卖制度日益完善的时期。

到了明代，朝廷为了维持经济收入的稳定，把"盐法"直接纳入正式法典，确定了它的垄断地位。

明初，开国太祖朱元璋便设立盐法，设置盐官，狠抓对盐业的管理。国家设户部管理全国盐物，地方设立转运盐使司，包括转运司、盐运司和盐司。都转运盐使秩从三品，负责管理一个盐区的盐业的产、销事物，有专门建立的官衙以及庞大的僚属。同时，另设巡盐御史,或巡河御史、按察使兼中央特派员监察地方盐务。

洪武二年(1369年),朱元璋在两淮、两浙、长芦、山东、福建、河东设立六个都转运盐使司,盐使位高权重,其中两淮的都转运盐使之下的僚属有八十一人之多。还设立盐课提举司,在广东、海北、四川、云南黑盐井、白盐井、安宁盐和五井七处,下设分司、盐课司等管理机构。

至于盐课的定额每年官府都要制定,然后落实到灶户。灶户所缴纳的盐课叫"正盐",缴纳完盐课后多余的部分叫"余盐",即便是余盐也要交给官府,然后官府按照二百斤为一小引的标准付给工本米。

交多少盐课虽说依照元初的标准,但也经常调整,到洪武末年,已经达到"大小引目二百二十余万,解太仓银百万有奇,各镇银三十万有奇"。赋税之重已经不次于田赋。

《大明律》设立盐法,《运盐法则》中明确指出:"宜按地里远近,户口多寡,分上中下三则,某府几何,某县几何,派定成数,令各商运盐分投其地,有司责土商转卖。"这就是说,百姓吃的盐必须是由朝廷派发到这里的,盐商们必须经过法定手续取得经营许可证,这个转卖许可证也叫作"盐引",没有盐引就属于贩卖私盐了。

贩卖私盐就构成了私盐罪。《大明律》中有明文规定:凡贩卖私盐罪者,处杖一百,徒三年。若是发现持有军器者,更罪加一等。并且"沮坏盐法者,买主卖主,各杖八十,牙保减一等,盐货价钱并入官,"不管卖家还是买家一样犯法,可谓对盐业的管控很严,惩治力度很大。

即便盐制的管控如此严厉,国家也鼓励百姓告发私盐犯,鼓励私盐犯自首，甚至灶户有夹带私盐出场及贩卖的要处以绞刑，但明代贩卖私盐现象依然特别严重。

其一，无论是盐引的发放，还是经济水平的高低，还是粮食价格的波动都影响各地区食盐的价格，导致不同地区甚至是同一地区食盐价格的波动都极大，所以贩卖私盐带来的暴利诱惑极大。

其二，明朝廷对食盐的分区管控，导致许多官员瞒报或谎报产量来中饱私囊，从中谋取最大利益。

其实无论是上面提到的其一还是其二，贩卖私盐者皆是有背景有手段的人，基本上都是各地权贵，所以导致私盐屡禁不止，官府对其盐物的整治遇到很大阻力。

长芦盐场位于渤海岸边，从古至今都是产量最大的食用盐、工业盐产地之一，那里生产的"长芦盐"历来很有名气，那里烧制的盐砖称得上是中华老字号品牌。长芦一带经常有官吏借为皇家运送物品之机夹带私盐出售，据《长芦盐法制》记载："渤海之间，私贩蜂起挠法，因与御史弹压之。"监察御史也开始以盐使的身份介入盐政。

宣德四年（1429年），各地贩卖私盐现象愈加严重，朱瞻基决定加大打击力度。但这其中蕴含严重的腐败现象，如何能够有力镇压收到成效呢？这就需要一位公正廉洁、敢作敢当的官员挺身而出。朱瞻基放眼满朝文武，恐怕只有初涉官场，无视官场圆滑，敢于直面各种压力的于谦了。所以，宣宗朱瞻基给予于谦很大的权力，令其巡按江西。

于谦在江西巡按将近两年，为江西百姓做下无数好事，他清理积案解救蒙冤百姓；他澄清吏治，革除扰民之举；他抗争宁王府让百姓看到了正义之光等等，深受江西百姓的爱戴。

— 81 —

就在于谦江西巡按告竣，正想回京复命之际，接到官校举报，说长芦一带马快船夹带大量私盐。于谦立刻率领锦衣卫官校前往缉拿。

因为盐的广泛市场以及巨额利润，一些商贩豪强、社会势力，甚至贪官污吏不惜铤而走险。于谦不畏强，亲自带领官校与之展开围堵、追击、搏杀，强势缉捕。当然，这里面涉及很多权贵，有官阶比于谦高，有背后的势力比于谦强横，于谦遭到的不仅仅是企图收买、贿赂，更多的时候，于谦面临的是恐吓和威胁。于谦不避权贵，全部置之以法。

于谦雷厉风行的手段大刹贩卖私盐之风，很长一段时间令贩卖私盐者有所畏惧，致河道肃清。

第四章 两省巡抚，呕心沥血博美名

1. 顾佐赏识

巡按江西之后，于谦由原来的督查御史升任都察院佥都御史，兼兵部右侍郎，这种跨越式的升迁在当时是绝无仅有的。

于谦的升迁，首先，离不开的是宣宗的赏识及信任。平定汉王之乱，于谦在金殿之上力数汉王之罪，从那次慷慨陈词开始，宣宗便对于谦另眼看待。巡按江西，他清理积案为民雪恨，他不畏权贵为国尽职，令江西的吏治以及吏风、民风都有很大的改观，更令宣宗赞赏不已。

此外，于谦的升迁其实还与另一个人有更直接关系，他就是都察院右佥都御史顾佐。

顾佐，字礼卿。在建文二年（1400年）考中进士，授庄浪县令，到永乐年间，官至应天（南京）府尹和顺天（北京）府尹，他为官数十年，一直清正廉洁，刚直不阿，被百姓比作北宋的"包青天"。

包拯是北宋时期的一代传奇，关于他不畏权贵、执法如山的故事在民间广泛流传。那么，顾佐被媲美包龙图，又有哪些大作为呢？

顾佐为官，一样的疾恶如仇，屡屡为民请命，不惜得罪权贵。永乐年间，顾佐数次被诬陷，曾经从顺天府尹降为贵州按察使。但这些都没有吓倒顾佐，没有改变顾佐为人行事的风格。

宣德年间，顾佐在杨士奇、杨荣的赏识与举荐下，得到朱瞻基的提拔与重用，升为右都御史。宣宗给予他"命察诸御史，不胜者罢黜之，御史有缺，举送吏部补选"的权力。

虽然是皇帝亲自敕书令他约束手下，但这位顾佐真可谓胆大至极。他新官上任，便烧起了熊熊不可挡的三把火。

第一把火：经过严格考核，废黜严日岂、杨居正等二十余人，全部贬到辽东为吏。

第二把火：把能力不足的八人降职，三人直接罢免。

第三把火：举荐有能力的进士邓荣、国子生程富、在京候选的知县孔文英、教官方瑞等四十余人到吏部补选。

这一大胆的改革，令所有贪婪娇纵之辈都惊惧，收敛乖张，一时间京城政治清明，弊病尽除。

顾佐有个"顾独坐"之雅号为朝廷内外熟知，何为顾独坐呢？因为他在担任督查御史其间，"每日趋朝，小憩外庐。立双藤户外。百僚过者，皆折旋避之。入内直庐，独处小夹室，非议政不与诸司群垒。"

从描述中可见顾佐的特立行为。身为都御史，他是一个不愿与人过于交往的人。

《明史》记录顾佐："待僚属甚严，独下谦，以为才胜己也。"顾佐待别人很严厉，对于谦却非常客气，为什么呢？因为他认为于谦有才，并且才能在自己之上。所以，于谦是在顾佐的赏识以及呵护、提拔下成长起来的。

于谦少年才俊，金殿策论洋洋洒洒，才华尽显，却因"策语伤时"而得罪朱棣，致使名落孙山。那时顾佐就已经关注于谦。顾佐担心于谦锋芒太露而误了大好前程，曾私下里约见于谦，从惜才的角度提出劝诫。

于谦的才华、正直甚至是倔强，都很合这位顾大人的脾气，让顾佐看到了一个才华横溢又极具抱负的年轻人，曾几何时，自己也和他一样满腔热血！于谦敢于"为大明计、为天下计、为百姓计"的胸怀与豪情，让顾佐看到了一个有远大抱负、必将大有作为的优秀人才。

一位高高在上的右佥都御史，竟然向一个新上任的下属弯下高贵的腰，以他最高领导的身份诚拜"一疏之师"，足见顾佐对于谦是多么的敬重。

顾佐命人把于谦所说的司马光选言官三条，以及大明选言官标准制成铁牌，立于都察院，令所有御史日日诵读，以警示众人。顾佐还一次次顶住各方面的压力，向皇帝举荐于谦关于"风闻奏事"的奏疏。

于谦与顾佐可谓志同道合，正是顾佐的鼎力支持，给了于谦积极向上的鼓舞和动力。

顾佐举荐于谦巡按江西，也正是有了顾佐的举荐，于谦的政治才华开始逐渐显露。其实，于谦的每一项举措都有顾佐在背后的默默支持。

于谦在江西的所作所为，更加让顾佐看到了于谦的公正廉明、不畏权贵、敢作敢当，令顾佐满意，也令宣宗满意，以致大加赞赏。

于谦初涉仕途，受到顾佐的指点、赏识、维护与帮助，所以于谦的仕途才能迎风破浪，一路直挂长帆。

宣德五年（1430年），山西、河南二省荒乱，宣宗敕书于谦：

> 今命而往总督税粮，务区划得宜，使人不劳困，输不后期。尤须抚恤人民，扶植良善。遇有诉讼，重则付布政司、按察司及巡按监察御史究治，轻则量情责罚或付郡县治之。若有包揽、欺侵及盗卖者，审问明白，解送京师……尔须公正廉洁，勤谨祥明，夙夜无懈。

宣宗赐巡抚的权力甚至凌驾于三司（都指挥使司、布政使司、按察使司）之上。于谦带着宣宗的厚望，带着顾佐的信任与嘱托，辞别父母妻儿，开始了他人生的重要阶段——巡抚晋、豫两省。

顾佐是于谦的伯乐，更是于谦的知交。他们意气相投，他们彼此赏识，他们互相勉励，他们的关系亦师亦友。

后来顾佐受排挤上章致仕，告老还乡，于谦题诗《都御史顾佐致政有喜》慰藉老友，诗曰：

> 天下归来两鬓苍，故园草木尽辉光。
> 功成却喜恩荣厚，身退从知姓字香。
> 林下且消闲岁月，台端犹忆旧冰霜。
> 春风诗酒从容处，重睹群英会洛阳。

正统十一年（1446年）九月，顾佐病逝，于谦痛心不已，直言自己失去一大挚友，当然这是正统年间的事，都是后话。

2. 往来太行

于谦赴任山西、河南两省巡抚，虽然成为两地最高行政长官，但当时的晋、豫大地灾情十分严重，所以于谦也面临重重困难。

每年冬春之际，天寒地冻、青黄不接，于谦都要坐镇山西，积极缓解饥情；每年夏秋之际，黄河容易泛滥成灾，于谦又要坐镇河南，积极组织抗洪抢险。所以，从山西治所太原再到河南治所开封，于谦不停地来往奔波，而这一来一往决定于谦每年至少两度翻越太行山。

太行山横亘于山西、河南两省之间，是黄土高原与华北平原的天然分界岭。太行山势巍峨。

曹操《苦寒行》一诗中说："北上太行山，艰哉何巍巍！羊肠坂诘屈，车轮为之摧。"

陈毅将军也曾赋诗《过太行山抒怀》，诗云："太行山似海，波澜壮天地。山峡十九转，奇峰当面立。"

不用亲临太行，单从两首诗，就能看出太行山虽然景致俊美、气势磅礴，但道路曲折，十分艰险。在过去交通极不发达的情况下，可想而知翻越太行山多么的不容易。

如此旅程，于谦每年至少两次往返其间。他远途跋涉，冬春季，山西太原猎猎寒风；夏秋时，河南郑州炎炎烈日。朝在太行南，暮在太行北，一匹瘦马，几个随从，风餐露宿，披星戴月。无论从南到北，还是从北到南，一走就是月余，其中的艰苦可想而知。

况且，太行山绵延数百里，常有盗寇出入。

有一次，于谦正赶路，忽然间前方火炬齐明，一帮持枪持刀的盗寇呐喊着冲出来。几个随从吓坏了，这些人不光抢劫过往行人的钱财，还可能伤及行人的性命。

于谦没有惧怕，反倒上前高声质问他们想干什么？直接亮出身份，表明自己是巡抚二省的于侍郎。按理来说，一般人是不敢在盗寇面前亮身份的，尤其为官者，一来当官的有钱，正好打劫；二来官府无作为，大多人无奈之下才落草为寇，所以盗寇对官有怨气，有恨意，自古官与盗之间形同水火。

于谦问心无愧，他大声说："吾自莅任以来，莫非有偏私乎？莫非有剥削重敛乎？莫非有贪婪污行乎？莫非有暴虐酷刻乎？莫非有坐视饥贫而不赈济乎？莫非有鳏寡孤独而失于所养乎？莫非有大兴工作，而役汝劳力乎？莫非有抚驭乖方而激汝为盗乎？"

于谦威风凛凛声若洪钟的质问，令盗寇哑口。人的名儿树的影儿，谁不知道于谦是为民谋利的清官好官？于谦直言，以上若有一项做得不好，你们可以辱我；若没有，你们即刻散去，不要留下盗寇之名，为国法所不容。

众人纷纷感泣，说："果是于爷，我等不敢为非矣！"如此可见，于谦在百姓心目中的声名与威望。

翻越太行何其辛苦，可于谦往返两省之间，穿越太行整整坚持了十八年！十八年的奔波，"才离汴水又并州，马上光阴易白头"，有他对老去岁月的感叹；"马足车尘不暂闲，一年两度太行山。庭闱缥缈孤云下，游子思亲几日还？"也有他对亲人的刻骨思念，但于谦没有放弃救百姓于水火的责任，他为国为民的一腔壮志还在。于谦在《太行途中杂咏》中这样写道：

> 碗子城边路，一年几度过？
> 山川认行色，花鸟熟鸣珂。
> 恋阙情向限，瞻云思转多。
> 壮怀成激烈，弹剑欲高歌。

太行山实在难行，于谦以非凡的意志力往返其间十余年。其实，山路崎岖、寒暑难耐、甚至是盗寇猛兽都不足惧，最让于谦忧心的还是两省的灾情。这两省都是自然灾害频发区，旱灾、水灾、蝗灾、霜灾等接连不断，百姓生活在水深火热中。

山西位于黄土高原，是由许多山脉构成的高台地，山脉林立，大部分海拔都在1200米以上。是我国有名的干旱频发地，朔州、临汾、运城盆地、大同盆地、忻州盆地等经常出现旱灾。

由于旱情严重，一缺水更有利于蝗虫的生长，所以蝗灾也很容易出现。宣德八年（1434年），山西出现极为严重的蝗灾，蝗虫肆虐，所过之处很快"禾苗皆光"！于谦积极组织解救工作，还与百姓一起挽起袖子捕捉害虫。

河南逼近黄河，最严重的是洪涝灾害。黄河横亘河南，在过去"三年两决口"，而最高发地段就在河南开封。洪武二十年（1387年），黄河水淹没开封多城。永乐八年（1410年），水淹开封。而在宣德六年（1431年）于谦当任时，黄河再一次暴洪，开封府所属的祥符、中牟、阳武、通许、荥泽、尉氏、原武、陈留八县受灾严重。

于谦率各级官员亲自奋战在抗洪防堤第一线。有一次，黄河水暴涨，伴随着大雨，水势瞬间凶猛，眼看着一处堤坝就要被冲毁，于谦情急之下脱去官服，纵身跳进水里，他大声呼喊："天啊，只要百姓脱险，我于谦愿意以身为代！"他向苍天祈祷，愿代百姓受所有苦难！之后，于谦铸铁犀以镇洪水，并亲自撰写《镇河铁犀铭》刻在铁犀背上。镇河铁犀至今犹在，历经无数年风霜雪雨依旧有迹可循。

农闲时，于谦带领大家用青草等物堆积在近水处，修筑大堤，在大堤两侧种植树木固堤防洪，然后每三五里远派专人看守。以便及时维修。

河南山西路途遥远。过去，很多往来的商贾因干渴中暑，于谦带领大家夹道植柳，在大路上筑高埠，开壕沟种柳树，在路边凿井，在井边修建凉亭，一来可以供行人休息，二来可以提供饮水解渴。孙高亮在他的《于谦精忠演义》中提到："堤旁榆树、柳树、粗可合围，树冠蔽日，井畔亭子，古迹犹存。"

于谦巡抚山西河南，为百姓做了很多的实事、好事，深受百姓的爱戴。晋、豫两地的百姓见惯了于侍郎奔波忙碌的身影，巍巍太行历千秋岁月，仿佛仍然有一匹瘦马在西风落日中穿梭。两鬓霜华千里客，马蹄又上太行山！

3. 劝籴粮米

山西、河南两省受旱灾、蝗灾、水灾等自然灾害的影响，百姓生活极为困难，饥民日益增多，粮食问题成为迫在眉睫的大问题。

明朝地方管理实行里老制度。里老也称里长，一般都由本地德高望重的老人担当，负责协调国家政令与乡土民情之间的矛盾。

于谦到任之后,首先把各地的里老请到一起,商议平籴之法。让他们一起好言劝谕各地富豪,把他们积攒的米谷麦粟,留出自己家够吃之数量,把剩余的依价卖出来。恰逢大荒之年,毕竟都是乡里乡亲,大家应该互相周济共渡难关。

鼓励为人仗义者,低价粜粮。每石若肯减价二钱出售,那么按这个标准出售百石以上,官府给予嘉奖,冠带荣身,免除终身差役;若出售一两千石之多者,上奏刻成牌坊留名表彰。当然,官府不是强行命令,不愿意减价卖,只按市场价格,那就推行平籴之法,不予勉强。至于有奸民坐视饥民,不愿意平价买卖,甚至从中谋取利益,一旦被里老举报,势必严惩不贷。

因为饥荒,舍弃妻子者比比皆是。于谦鼓励贤民收养饥民中的遗弃子女。有收养四五口者,犒以羊酒。受之牌匾;收养十口以上者,送彩缎,免杂役;收养二十口以上者,冠带荣身。

开仓廪赈灾济民。于谦带领各官府排门册籍,按上中下三户造册。把朝廷救灾十三万银两全部分发各县,按每里煮粥于大路之上,接济饥民。于谦放粥,饥民不可争抢,每个人领到三四碗后,必须行动半日后,才能再来领取。这一策略不是减少放粥数量,而是怕有人因为多日饥饿,一时间吃得过多,造成脾胃受伤,其实,在大荒年头,因暴饮暴食丧命者很多。至于那些行动不便的老弱妇孺,不能到现场就食的,于谦也命人查实统计,按标准分发米粟。

开仓放粮,只能解一时燃眉之急,很快于谦面临另一个问题,就是连年歉收导致粮仓储存量不足。

不能打没有准备的仗。古代尧时发过九年大水,汤朝闹过七年之旱,都是有先例的,所以,粮库必须有储存,以备不时之需。

于谦带头把俸银二千余两全部捐出,带动许多大户捐赠,筹到数百两纹银，皆用于蓄粟麦之本。仍不足，于谦贴出大榜，昭示阎闾："有捐赠二百金者，奖冠带；有捐赠四百金以上者，录为义民官，建坊旌表；原有官职者，即荣封其祖父，或录其子之名，衣巾寄学。"

官府的奖励只是辅助作用，其实富户里也不乏仗义贤善之人，有很多人主动响应于侍郎的号召一起赈济灾民。当然也有不仁者，家有余粮且想尽办法、甚至用钱贿赂脱免，不愿意平籴粮米。于谦反复劝谕众人：有贿赂的钱何如拿出来行善积德？很多有钱人信奉神明，有钱捐给寺庙、捐给化缘的出家人，为的就是求神保佑、福荫后人，岂不知救济饥民才功德无量。

河南有一个大富豪叫赵守贤，家财丰厚，但没有子嗣。在于谦的劝谕下，把家财全部拿出来籴谷赈饥。于谦亲自以礼优待，闻之年将七十却无子嗣，于谦便说："吾观汝首能尚义，阴德不小，年虽七旬，体貌健厚，非无后者。"赵守贤听了于谦的话，后来在里老的撮合下迎娶一贫家女，一年后，果然生一子。赵守贤大喜，到处宣说于公圣明。

于谦在各县设置二仓，一为尚义仓，一为平准仓。尚义仓即是各贤良捐赠之仓；平准仓即是在丰年贱价买进，灾年依然按贱价平粜。并且立碑大书何人捐赠几何，救活饥民几何？令行好事者得好口碑，为人传颂。两省百姓见于谦开诚劝谕，许多富户心善者，都争相捐赠。其间建坊旌表之大善人有：河南赵守贤、高从善、孙祖佑、刘德洪；山西杨有年、王永、李文科、邵承芳、朱朝卿。后人有好事者查实，此几大家族后人福泽深厚、子孙繁盛为官者居多，看来确实得福荫绵长。

于谦不仅在山西、河南推广劝籴粮米之策，也在湖广、四川等省收买谷粟，和邻省官员沟通，去外省籴买米麦者，不得打压、拦截。有买籴来上仓粟谷者，于谦还命人算其盘费、甚至刨除其损耗，然后补给其数，鼓励籴米入仓。过了眼前困境，情况稍好些时，于谦把部分借贷籴米入仓的款项全部清算明白，然后按数给还，众人皆感于谦之公平公正，有仗义者还主动不领，再次捐赠给尚义仓，一时间官民协和，齐心融融。

大荒之年饥民遍野。不仅山西、河南本地饥民众多，就是山东、陕西遇灾也有逃难来到二省的灾民。虽然粮食少，但于谦直接下令不得驱赶，一方面鼓励大户收养接济；一方面或编成里甲，另立乡都，或就近安插。同时，上奏朝廷下令有余粮多的省份，伸出援手，粜米给灾区饥民。

饥荒过后，必有饥伤之病。于谦在各地设药局，医治疫疾；又鳏寡孤独者按月接济米粟。在当年两省大饥荒之时，于谦赴任之后直接安置和救活亿万人，百姓深感其恩。

在山西、河南两省，有一首出自民间的歌谣，至今流传不衰：

  凶年饥岁贫无粟，处处人民皆桴腹。
  儿女卖给富家翁，少男止换六斗谷。
  春来只有四斗粮，兼栖夹糠煮薄粥。
  夫妻共食一月余，面渐尪赢皮搭骨。
  引邻看看作饿莩，静夜耗干无泪哭。
  忽闻巡抚至此邦，开仓赈济饥与荒。
  示民出粟自捐俸，贷资输谷到官仓。
  大家小户皆得食，顷然面色生容光。
  鳏寡孤独俱有养，医药调养救灾伤。

赵父杜母今得见，天遣恩官拯二方。

一首歌谣形象描述了当时山西、河南两地灾荒的严重情况，饥民遍野，百姓生活在暗无天日的崩溃边缘，幸好于谦这位巡抚来到，他一系列的作为拯救两地百姓于水火之中。于谦就像上天派来的救命使者，他的政绩、他的恩情为百姓千秋铭记与传颂。

4. 多番减负

倚门皓首老耕夫，辛苦年年叹未苏。
椿木运来桑柘尽，民丁抽后子孙无。
典余田宅因供役，卖余鸡豚为了逋。
安得岁丰输税早，免教俗吏横催租。

于谦的这首《村舍耕夫》，通过对一位老耕夫容貌、心情、遭遇等等描写，反映了百姓生活之困苦，是对当时沉重赋税的一种控诉。

明朝仁宗、宣宗时期，无论在政治上，还是在经济上，都较明初趋于平和稳定，历史上称这一时期为"仁宣盛世"。那么，为什么山西、河南的百姓生活还会有如此困苦的？

朱元璋开国之初，这位出身贫寒的帝王对贪官污吏的惩治可谓残暴，比如前文提到的空印案等，大大地震慑了一些不法官吏。但随着一些政策的缓和，从上往下许多势力渐趋抬头。

首先，一些皇室、勋戚、宦官等，他们依仗特权大肆掠夺土地建庄园；一些官僚地主也大肆兼并土地，然后，他们把土地应该上缴的税收，通过各种手段转加到农民头上，致使百姓负担加重。

其次，明朝的税法沿用唐朝的"两税制"，分夏税和秋粮，一般都是实物，为了运输方便，后来可以缴纳银子，就出现了"折色银"。其实折色银一来免了"本色"的运输之苦，二来也解放了一部人对土地的依附，初衷是好的，关键就在于本色与折色的折算比率出现问题，被设法加重了对农民的剥削。

再有，在地方上的一些乡绅与富豪，对农民的剥削手段更是花样百出：地主把自己土地应该缴纳的税收分派到农民身上，叫作"飞洒"；地主把自己的土地假托到村中逃户或者是绝户的名下，称之为"诡寄"；地主收买农民部分土地，然后关于这部分土地的税收不负责，依旧是原有出卖者自行承担，农民迫于某种无奈只得承受，这叫作"包纳"，甚至还有在兼并过程中失去土地，然后只能从地主手中租种，成为"佃农"的，等等做法都加重了农民的负担。

苛重的赋税外加徭役，才有了于谦笔下老耕夫的形象，乃是当时大多数农夫困苦生活的真实写照。

宣德六年（1431年）黄河再一次暴洪，开封府所属的祥符、中牟、阳武、通许、荥泽、尉氏、原武、陈留八县受灾严重。无论是民居，还是土地和庄稼全部淹没在滚滚洪流中，百姓流离失所。于谦一边带领村民抗洪抢险，一边积极统计受灾的农户和土地，上报朝廷，请求朝廷减免税粮。在于谦的积极努力下，朝廷同意把灾区的一半秋粮折收布绢。

宣德七年（1432年）山西省遭遇霜灾，太原府、平阳府、汾州及沁州等地最为严重，寒霜过后，白茫茫的秋田一片破败，颗粒无收。于谦及时上奏，朝廷体恤民情，减免了灾区的粮草。同时，也减免了河南上一年涝灾影响地区的赋税，秋粮是五万六千石，马草是七万六千束。

宣德十年（1435年）于谦更是奏折连连。宣德十年三月，朝廷修建山陵，向各地征民夫出劳役，因为河南现状，朝廷同意于谦奏请，免去河南一万七千的劳役输出。六月，河南一些流亡的农户陆续回来复业，结果当地有司不顾民情，还要强行令其补足往年所欠，于谦奏请朝廷，免去复业者所欠税粮，不至于雪上加霜。七月，正是山西旱情肆虐之时，于谦奏请朝廷免去山西一半的夏税。十月，山西都司、行都司的操备官马由每日支豆四升降为三升，官军自备驴匹由每日支一升变为不支。同时，于谦不但奏请减免灾区税粮，还减免差役，大大缓解了两省的民困。

宣德十年正月，宣宗朱瞻基驾崩。朱瞻基称得上是一位有为皇帝，在他统治期间，还算吏治清明，注重修养民生，历史上仁、宣朝称为"仁宣之治"。朱瞻基之后，朱祁镇继位，改元正统，是为明英宗。

正统元年（1436年），于谦奏请朝廷，把收粮不足五千石的仓局、收钞不到五万贯的课司局全部裁革，朝廷准奏，精简机构利国利民。同时，于谦上疏建言十事，全部关于国计民生，知于谦为国为民分忧，大多照准执行。

正统二年（1437年），于谦奏请朝廷，因河南开封、彰德等地一直河水泛滥，淹没田地，请求免收粮草，获准灾区田粮全部免除。同时，有遭受旱灾、蝗灾等地，请求停收税粮丝绢，亦获允。

正统三年（1438年），于谦奏请免河南税粮七十六万三千石，免草九十七万五千束，免河南开封等七府受灾县税粮，免河南受灾县两年食盐。

正统四年（1439年），于谦奏请山西夏税半纳米、半折布。

正统五年（1440年），山西受灾的情况下，官府依然在折色银上做文章，于谦奏请获准以银一两折米两石、金六钱折银一两的标准收库。同时，于谦奏请免除正统四年夏秋税及正统四年之前所欠的税粮及马草。同时，免除河南彰德、南阳、开封、卫辉、怀庆等地受灾地区的税粮。

正统六年（1441年），于谦受诬陷入狱，后经山西、河南两省官员及百姓联名上诉获释，降职为大理寺左少卿，仍巡抚河南、山西，于谦不改初衷，尽心竭力为民请命。时朝廷为晋宪王大肆营葬，于谦奏请朝廷因山西贫瘠，所征军夫、物料、房屋等均有裁减。

正统七年（1442年），于谦奏请朝廷，免除山西平阳府所属上一年的未纳税粮，免除河南该征的租税，时山西夏麦歉收，于谦请奏朝廷布麦兼收。

正统九年（1444年），于谦奏请免除山西、河南两省夏税，同时减免各地灾区上一年三十万石的税粮。

正统十年（1445年），于谦奏请朝廷减免山西平阳、太原等地夏税，减免潞州、汾州、沁州所属该征布花二分，秋粮本色折色一并减免三分。

正统十一年（1446年），山西旱灾严重，流民剧增，于谦奏请停征流民所欠税粮。同时，于谦奏请获免河南开封、卫辉两地粮草二分，八分准折钞缴纳，其标准降为一石粮折钞六十贯，一束草折钞三贯。

— 97 —

正统十二年（1447年），于谦会同山西大同总兵朱冕一同奏请，从简代王陵墓占地及各项开销，获准。同时，免除山西河南灾区税粮及拖欠税粮。

于谦在山西河南巡抚其间，由于两省灾情严重出现大量流民，地方把流亡人员的税粮强行摊派给为流亡人员，于谦奏请朝廷免征流民的这种"逋赋"（拖欠的赋税），为百姓减负。

于谦在朝廷欲盘活"大明宝钞"、下令交易必须用钞的情况下，奏请获准山西河南在仓储粮多的地区，可以按用钞五十贯折纳秋粮一石的标准缴税，减轻了当地农民的负担。

漫漫晋、豫两地巡抚一任十八年，于谦为民奔波劳碌鞠躬尽瘁，以不折不挠的精神为民请命，多番减负，深受山西、河南两地百姓的拥护与爱戴。

5. 向天祈雨

山西省过去有"十年九旱"之说，旱灾严重之时，几近颗粒无收。河南近黄河，旧时黄河常决口，水灾严重，但受季风气候影响，河南和山西一样又都是旱灾多发区。

靠天吃饭的百姓在肆虐的旱灾面前既弱小又无助，于是人们把希望寄予神灵，希望老天垂怜。所以，在过去民间遍布向天祈雨的习俗。于谦巡抚两省，亲眼看见连年的旱灾给百姓带来的困苦，在一同抗灾、积极上奏请求救助的同时，心急如焚的于谦也多次向天祈雨。

祈雨一需心诚，所谓心诚则灵，但盼老天会看在诚心之上，体恤民情，普降甘霖。于谦祈雨很虔诚，提前数日开始吃斋饭、戒酒。他在《祈雨蔬食》中这样写道：

> 苜蓿盘中意味长，经旬不近酒杯香。
> 亦知厚禄惭司马，且守清斋学太常。
> 客底情怀空抑郁，冥中感应岂微茫。
> 黄齑百瓮皆前定，助我平生铁石肠。

司马，古代职官的名称。太常，古代朝廷掌宗庙礼仪之官。黄齑，指咸腌菜，用指艰苦的生活。诗的大概意思就是：为了祈雨已经斋戒多日，身为官吏应该不愧对朝廷不愧对百姓，诚心总会感动天地。一直以来的艰苦生活不算什么，更能磨炼钢铁般的意志。

祈雨一般都是前往名山大川、宗庙社坛或者寺观庙宇等地，于谦祈雨自然也是去山西的晋祠、烈石祠、龙王庙等处。

晋祠原名晋王祠，位于山西太原晋源区晋祠镇，是为了纪念晋开国诸侯唐叔虞所建，是我国现存最早的皇家祭祀园林，其中难老泉、侍女像、周柏被誉为"晋祠三绝"很有名气。

烈石祠也叫英济候祠、窦大夫祠，位于山西太原上兰镇，是为了纪念晋大夫窦犨所建。据记载："宣德癸丑岁，自春徂夏，山西阖境不雨，众咸以岁事为忧。钦差镇守、山西都督李公谦询于部使者及藩皋若郡邑吏涓吉备礼斋沐，致祷于都城西北之烈石祠……"

这次，于谦带领都督李谦及诸人来此祈雨，结果，还真的大雨倾盆，为此事特意立碑纪念，于谦写了《烈石祠祷雨记》感谢上苍的眷顾。

龙王庙祈雨也有过收获，有一次于谦在新城的龙王庙和百姓一起燃香叩拜，手持柳枝祈雨。隆重仪式过后，天空阴云密布，很快阴雨连绵，百姓欢呼庄稼得救，于谦也是大喜过望，泼墨写下《新城请水祈雨有应》：

　　绒香百里叩龙祠，祈得灵泉浸柳枝。
　　酌水献花罗父老，吹箫击鼓走童儿。
　　神风静默云生石，和气熏蒸雨应时。
　　顷刻寰区生意足，从知天地本无私。

于谦特别高兴，觉得确实是诚心感动天地，原来天地也是无私的，知道照顾他的众多苍生了。

于谦每次祈雨真的极为虔诚。在河南一次旱灾祈雨时，于谦还不惜挥毫泼墨、洋洋洒洒做《祈雨丹诚文》：

　　匪天以一气而为根，发育万物；人以五谷而为命，并列三才。蒙鼓舞之劲，曷遂生成之妙？钦惟玉皇大帝纲惟万类，统摄群生，运化机于无声无臭之间，寓大道于不动不言之表，端拱红云之阙，虽真仙莫睹其容；高居白玉之京，纵鬼神莫测其妙，遂欲称颂，莫既榆扬。以性情而言谓之乾，刚健不息；因主宰而言谓之帝崇高无伦。凡有气而有形，咸资生而资始，春生秋杀，化权不爽于毫厘；日照月临，明德弗遗于微小。兹者河南天气亢阳，夏麦不能全收，秋天亦多枯槁，爰因旱气之郁蒸，遂致虫螟之生发，虽以祈祷，未蒙感应。是皆臣等匪才薄识，窃禄旷官，惟巡抚不合于群情，故叩请难回于和气，措耕于地，获罪于天，不避干冒之诛，庸申恳切之悃，伏愿俯垂示听，下鉴微忱，赦民累劫之愆，宥臣等旷官之罪。请颁恩命，普救生灵，云垂四野而梵气泓罗，雷震八荒而初风静默。挽回和气，天降甘霖，涤虫螟以消除，润禾苗以遂茂。阃闾鼓舞，均风调雨顺之祥；海宇奠安，享天长地久之福。臣等无任瞻天祈恩俟命激切屏营之至。

那么，真的是感动神灵才天降甘霖吗？自然不是，否则岂不是神灵也有不靠谱的时候了？

就在频频祈雨不应的情况下，一身刚烈的于谦怒指苍天，用犀利之词斥责一块被奉为神灵的蛤蟆石，是这样写的：

> 曰汝以顽然之石，弃于道旁，因无以异于凡物也。故老相传，以谓昔人有欲取汝以为用者，重不能致，遂以为神，且因以形状之似而命以蛤蟆之名，固不雅矣。然物不自灵，因人而灵，自是遂能作云雨以利一方，出影响以受祭祀。物有神以凭之，能为祸福，理或然也。且异举必待于妇人，感应必俟于血食，未免喜好淫亵，邀求祭祀，神之聪明正直者，固如是乎？况今人久不雨，汝享人血食，受人祈祷，或虽近而不及远，或冥然而无所感，徒有害于生命，徒狎近于妇人，是则为物之妖，而非谓神矣。今遣本州牧民官，再遣汝一祭，仍晓以此义，享祀以后，如甘霖施降，远近沾足，则汝得意安居此处，永享血食。如一昼夜不雨，将积薪以焚汝，使之形灭体碎，以绝妖妄。吾言不虚，汝宜听受。

于谦的这篇《祭蛤蟆石文》写得酣畅淋漓。他怒斥蛤蟆石，本就是一块形状类似于蛤蟆的石头。本不是灵，因人而成灵，受人香火血食，就应该为民谋福祉。结果你无作为，反倒好色贪食，那岂是神？何异于妖？这是于谦的指责，接下来于谦更是霸气侧漏，我晓之以理，祭之以食，你若施雨，那便立于此永享血食，否则我一把火烧了你！

从祈雨内容可观于谦文笔才华，从祈雨行为可知于谦爱民忧民，为百姓尽心竭力。当然，祈雨是一种迷信活动，但于谦"先天下之忧而忧，后天下之乐而乐"的情怀可圈可点，是为官者的表率。

6. 强边方略

晋、豫两省灾情不断，于谦为百姓疾苦殚精竭虑，一袭瘦影不知疲倦地日夜操劳时，他敏锐的目光，还洞察到另一个极为重大的问题，那就是北部边防形势日益严峻。

从洪武大帝朱元璋开始，明廷就与蒙古战争不断。大将徐达率部一直把蒙古驱逐出中原，到永乐帝朱棣年间，他迁都北京，前后五次亲征漠北，对蒙古起到很大的威慑，边防可以说很稳固。仁宣年间，政治军事都相对平和，延续到正统年间，北部边防开始出现了明显的松弛与懈怠。

正统元年（1436年），蒙古境内两大部落强势崛起，瓦剌部与鞑靼部开始大规模的相互残杀。同时，兵强马壮的瓦剌不时骚扰边境。时有骑兵抢夺边民财物，或偷袭边境兵士。他们烧杀抢掠后呼啸而过，官兵常常束手无策，如此更令他们越来越肆无忌惮。

随着瓦剌部落的日益崛起，他们野心更烈，对大明边境这块横在面前的肥肉更加垂涎。所以，面对虎视眈眈的蒙古，必须未雨绸缪。于谦抚军，发现北部边防暴露诸多弊端。

边防现状令于谦夜不能寐，忧心忡忡。他铺笺泼墨，给朝廷写了一道长长的奏章。提出关于国计民生十大策略，其中有四道关乎边境防务。

其一，一旦战事爆发，必须有充足的战备。没有充足的边饷做保障，如何打胜仗？针对目前山西现状，百姓生活本就困苦，不堪重负，所以于谦建议朝廷另想办法，比如，可以考虑查处一些贪官污吏所贪粮食，将其运赴大同、宣府、甘肃、宁夏，接济边储。

其二，于谦寻访到一些守城的时候，发现守备空虚，有守城兵员过于单薄的情况，经过探问才知道，原来官军有轮流进京操备的规定。一年两轮流，大批人员流动对守城和屯田都有影响。于谦上奏朝廷，建议山西、山东、河南以及直隶卫所官军由两班换成三班，一班进京，一班守城，一班屯田，这样军备和农事都不耽误，还能节省花销。

其三，于谦无论走到哪里，都要深入了解基层人的疾苦，做实事。他身兼抚军之责，深入边防时，发现边防士兵的生活很苦，缺衣少粮。吃不饱穿不暖一旦有战事发生，该如何打仗？兵员怎么没有军备保障呢？经查，于谦发现有军官克扣士兵口粮和衣物现象。很多在役兵士离卫所远，供应被克扣，常常接济不上，甚至出现被冻死病死的现象。于是，于谦奏请量拨口粮，主要接济两千里外赴役的军士。

其四，于谦巡抚各个官仓，发现仓库空虚，现粮不足。关键原因，竟然是有侵欺盗卖的现象。这必须严厉打击，于谦奏请一旦查获押解进京，严惩不贷。必须保证军粮充足。

正统三年（1438年），蒙古与朝廷边境大战俨然一触即发，形势愈加严峻。边防诸多问题严重性与迫切性都必须提上日程。于谦再次向朝廷提出强兵几大方略。

一、边防军民人心惶惶。大同等地的总兵还有镇守官，一有警报，不管远近，就督促边民撤向城堡。有时的边报是数百里之外的，本不会造成什么影响和后果，结果边民慌乱之下丢弃土地牲畜等，造成很大损失。所以，镇守官必须负起职责，查明实事，待发现敌人入境之后再指挥，真正做到保护边民生命财产安全。

二、在战事未真正打起来的时候，既不惊慌也不懈怠。他建议把偏头关、大同、宜府等山西河南班军分作两班，每年一班轮流派遣。九月份驻守边境，而三月初便各回本部。这样，让守军得到休整，保持更充沛的体力，以便很好地以不变应万变。

三、大同作为军马聚集之地，是临时的大本营，必须储备充分，宜多储粮，以备不时之需。

四、北方的冬天，天寒地冻，万物萧条，马匹的粮草明显供应不足，外加一些军官故意克扣马匹草豆，导致很多战马瘦弱，已经不适合征战。于谦建议大同、宜府等处的战马要及时调整，将精健的马匹留下，将实在老弱病残的退回民间放牧，不要重数量，而弱质量，这样也能节省开支。

五、于谦在巡访过程中发现，无论是山西还是河南，有很多卫所的防御设施已经残破不堪，有的城墙破损、有的城池淤塞。

有一次，于谦经过雁门关，发现城墙已有多处坍塌，而总兵也好，镇守官也罢，竟然对此视若无睹。于谦提出奏请增补官军，并令守军和民夫协力修理，以便这些设施能在战中起到更好的防御作用。

于谦的这次奏章提出的问题更加细化，看似微不足道的小问题，却能起到很大的实用效果。所以，从小事做起，从实事做起，防微杜渐更是一种眼光，一种作为。

于谦身为两省巡抚敢于干实事，不怕得罪人，把民众的利益放在第一位，更把国家的利益放在第一位，为国为民他总是无所畏惧。

他奔走在各个领域，敢于和权贵做斗争。比如他调查出山西行都司所属的官军，他们的官俸都是折色钞贯，而这些钞贯大多时候延期，很少有准时发放的时候，更气人的是，在发放的过程中还受到官吏侵欺抵换，这些不正之风都有碍于边境防守。于谦奏请朝廷量拨钞五十万贯，直接发至山西大同府，免了层层盘剥，稳定了军心。

于谦的一系列措施和作为，受到很多朝廷大员的赏识，他们看到了于谦在治军方面显露出来的才华。其时，刑部尚书魏源就曾多次奏请朝廷，希望调于谦改任副都御史，管理宣府、大同等地的军务。但于谦在山西、河南巡抚深得民心，政绩突出，致使调任未果。

正统四年（1439年），于谦官职上升，任兵部左侍郎，但仍然巡抚河南、山西。同年，瓦剌部首领脱欢病逝，也先继位，而瓦剌崛起更加迅速。于谦眼光独到，多次向朝廷上奏强边方略，虽然未能积弊尽除，但也显露出于谦在军事管理方面的才能。

7. 思乡情切

　　自宣德五年（1430年）始，于谦踏上漫长的巡抚晋豫之路，这其中的艰辛是无法用言语描述的。他一年至少两次翻越巍巍太行山，山西有旱情便去山西组织抗旱，河南有水灾便去河南组织抗洪，车马劳顿，殚精竭虑，吃尽辛苦。于谦有一心为民的信念做支撑，但也掩不住那深藏于内心的、浓浓的思乡情。

　　于谦不但是能官更是才子，太行山印下于谦无数足迹，也留下于谦诸多诗文，在《夏日过太行山》中，他的思乡情不自觉地流露，诗是这样的：

　　　　信马行行过太行，一川野色共苍茫。
　　　　云蒸雨气山峰暗，树带溪声五月凉。
　　　　世事无端成蝶梦，畏途随处转羊肠。
　　　　解鞍盘礴星轺驿，却上高楼望故乡。

　　太行山上一片苍茫，穿过一条条艰险的羊肠小道，已是星轺古镇，于谦还是忍不住翻身下马，攀上高楼回首眺望故乡。

　　望远方，于谦想家乡。太行山上处处一片暗淡，但这个季节，美丽的西湖应该别有一番风景，于谦在《夏日忆西湖风景》一诗中这样写：

　　　　涌金门外柳如烟，西子湖头水拍天。
　　　　玉腕罗裙双荡桨，鸳鸯飞近采莲船。

登高远眺，于谦想念父母双亲。想那位自幼对他循循善诱、指引迷津的老父亲，想那位从小对他嘘寒问暖、疼爱有加的老母亲。人常说"父母在不远游"，而于谦必须为国事奔忙。于父满腹学识，于母一身贤良，他们个个深明大义，虽然年龄大了，却不愿拖累于谦，老两口不跟于谦夫妇进京，执意留在苏州老家。古语说"忠孝不能俩全"，于谦常为自己不能在其身边尽孝而愧疚。

于谦和董氏育有一儿一女，儿子永乐二十二年（1424年）出生，取名于冕。女儿宣德四年（1429年）出生，取名璚英。正统元年（1436年），于谦和妻子董氏商量，让妻子带小女儿留在京城，把儿子于冕送往老家，让二老乐享孙儿环绕膝下之乐。因为公务实在太忙，于谦分身乏术，很少有时间回家探望父母，心中难免生出愧疚和牵挂，他在《冬至日思亲》一诗中曾这样表达：

> 客里逢佳节，天涯忆老亲。
> 葭灰初应候，梅蕊渐回春。
> 醉讶朱颜好，愁添白发新。
> 孤云常在望，翘首欲沾巾。

楼头远眺，不管看得见看不见，于谦一抹愁肠，一份思念之情总挥之不去、令人心疼。

于谦更想妻子。这些年妻子随他辗转奔波，甘苦与共。也愧疚两人聚少离多，每年只有于谦回京述职的短短几日才能相见。甚至每一次离别，董氏为他打理衣物的时候、倚门而望轻轻挥手的时候，于谦都不敢看她恋恋不舍地眼睛，因为那双眼睛饱含太多的情愫，有她内心无法言表的孤寂，也有对远行丈夫的思念与牵挂。

于谦明白，他在一首《寄内》的信笺中说：

> 结发为夫妻，恩爱两相好。生男与育女，所期在偕老。我生叨国恩，显宦亦何早。班资忝亚卿，巡抚历边徼。自愧才力薄，无功答穹昊。勉力效驱驰，庶以赎天讨，汝居辇毂下，闺门自幽悄。大儿在故乡，地远音信杳。二女正娇痴，但索梨与枣。况复家清贫，生机日草草。汝惟内助勤，何曾事温饱。而我非不知，报主事非小。忠孝世所珍，贤良国之宝。尺书致殷勤，此意谅能表。岁寒松柏心，彼此永相保。

于谦的一封致妻子的家书，情真意切。有自己撇家舍业而生出的一点愧疚，有对妻子独自辛劳抚育儿女的慰问，更有他年"执子之手，与子偕老"的期盼，对妻子的炽热之情、刻骨之思，全部跃然纸上，令人感动。

纵然有太多的牵挂与不舍，于谦一望之后，便悄悄地把这些情感藏进内心深处，很快投身到两省繁忙的事物中。这里发水了，他亲自跳进水里和大家一起抗洪。那里闹蝗灾了，他挽起袖子和大家一起去捉虫。大旱时，他不惜顶着炎炎烈日和百姓一起祈雨。他多次上书朝廷为民请命，他惩治贪官毫不手软，甚至不惜以身涉险。

正统十一年（1446年），辛苦忙碌中的于谦突闻噩耗，董氏不幸染病离世。而最令于谦内疚的是，前不久他知道董氏患"气疾"（哮喘），也收到过董氏病情加重的信函，但当时河南水患肆虐，于谦真的回不去！他只能默默祈祷，希望妻子能渡过难关，尽快痊愈。于谦本以为妻子病得不是很严重，等不忙了就回去探望，谁想到却是天人永隔，连她最后一面也没见到。

房栊寂寞掩春风，百岁情缘一旦空。
世态不离生死内，梦魂多在别离中。
可怜孤馆月华白，犹忆香奁烛影红。
老眼昏昏数行泪，客边从此恨无穷。

董氏的离世对于谦造成的打击很大，于谦每每想来，除了流泪还是流泪，倒不是男儿太软弱，只因确是伤心时：

百川东逝更无还，生死由来一梦间。
苦雨凄风香阁冷，落花啼鸟绣帏间。
空余纸上看遗墨，无复灯前睹笑颜。
肠断不堪回首处，两行清泪万重山。

夜半三更，于谦面对一弯孤月，伤心地写下《悼内十一首》，可谓字字血泪，可怜董氏再也听不见了。

令于谦没想到的是，妻子离世仅一年，正统十二年（1447年），父亲于彦昭过世。

古时，按礼制，父亲故去，于谦应该守孝三年，但英宗不允，原因是国事正在紧要关头，只准回乡奔丧。

正统十二年（1447年）底，于谦因巡抚晋豫功绩被擢升兵部右侍郎，留京任事。从此，结束了人生中漫长而又重要的晋豫巡抚一职。

于谦从三十三岁开始一直到五十岁，巡抚晋、豫两地整整十八年。十八载殚精竭虑，仅安抚山东、山西流入河南的饥民就近二十万人，更为山西、河南的百姓做了无数好事，深得民心。

漫漫十八载思乡情切，于谦付出了非比寻常的意志和毅力。

第五章 内忧外患，一身刚烈立潮头

1. 交恶王振

明正统年间，出了个很有名的宦官叫王振，当然他的名不是流传千古的美名，而是臭名远扬的恶名。

王振，蔚州（今河北蔚县）人，出生年月不详，只知道他是个落第秀才，为了谋生，曾在一所私塾里任教。几年后，皇上有旨，有子嗣却没什么成就的教官可以净身入宫服役，结果这位就对自己实施了宫刑。进宫后，王振到内书堂教授宦官读书，从地方教官变成了京城教官。更幸运的是，他不仅略通经史，还会吹弹歌舞，颇有些才艺。宣德年间，被安排陪太子读书。王振生性狡黠，心机过人，所以很讨太子欢心，借太子的宠信，王振开始扶摇而上，被呼作"王伴伴"，渐渐得势。

宣德二年（1427年），于谦往江西巡按与王振发生冲突。当时，宣宗朱瞻基对于谦十分赏识，外加顾佐的鼎力支持，王振虽私下里记恨于谦，但他尚奈何不得于谦。

宣德十年（1435年）正月，朱瞻基驾崩，太子朱祁镇继位，即明英宗。朱祁镇登基后，王振开始一飞冲天。

宣德十年（1435年），于谦正巡抚山西、河南两省。两省灾情严重，于谦殚精竭虑吃尽辛苦。一次，于谦因灾情严重耽误回京议事，王振马上指使户科都给事中卜祯呈奏章，弹劾于谦不按时来朝之罪。英宗初继位，百官皆知于谦为晋豫尽心竭力，所以英宗未予追究。

英宗继位时年仅七岁，一直由王振侍奉长大，因此，英宗习惯了对王振的依赖。英宗即位后，封王振为司礼监掌印太监。这司礼监太监掌控的权力很大，是朝廷二十四个宦官衙门中最重要的一个。它的主要职责表现在：总管宫中所有宦官事宜；提督东厂等特务机构；替皇上掌管所有奏章与文件，还有代传皇帝谕旨等。明廷当时有一道程序叫"批红"，所谓批红就是皇帝对一些奏章的批复，要由司礼监秉笔太监用红笔批在奏章上，然后再交内阁撰写颁发。王振掌握了批红的大权，况且英宗特别听王振的话，大权在握的王振开始瞒上欺下，作威作福。

王振得势之后，对一些趋炎附势的官员拉拢、结党；对一些不逢迎的人，稍有不如意，便借上旨或谪、或拿问、或远调，或革职，导致朝廷上下人人畏惧王振。久而久之，官员面圣需要先迈王振这道门槛，给王振送礼的现象几乎成了不成文的规矩。

于谦生性耿直，疾恶如仇，他自然不会跟这种流俗之风，每次回京述职的时候，他从不带礼物。

一次，有人问于谦，说："于大人，你没带礼物？"

于谦不以为然，回复说治区灾情严重，小地方，穷着呢。

其实，很多人听过于谦的事儿，知道于谦个性，一个官员善意地提醒他，即便没有银子可送，哪怕是送点当地的土特产也行啊。

又有人走过来，连声附和，说："是啊，是啊，于大人，总不能两袖空空啊。"说着话还指向很多人宽大的袖子。

于谦见众人都盯着自己，微微一笑，指着自己的衣袖，说："我也有，我有两袖清风！"

后来，于谦还专门为此事做了一首《入京诗》：

手帕蘑菇与线香，本资民用反为殃。
清风两袖朝天去，免得闾阎话短长。

两袖清风，不仅是表达了于谦为官清廉的态度与决心，更是对王振这样贪官腐败者的无情嘲讽。因此，王振对于谦愤恨不已。

于谦在山西、河南巡抚，转眼十年有余，两地的百姓对于谦称颂遍野。于谦一来思乡情切，二来两地的政务也有了起色，逐步趋于稳定。回京述职时，于谦上奏请调，举荐参政孙原贞接替自己巡抚一职。

王振看到奏章，认为机会来了。他指使通政使李锡上书弹劾于谦，罪名是于谦妄自尊大，因长时间得不到升迁而心怀不满，并且擅自举荐人代替自己，如此做法有违朝规，非臣子所为。

于谦在晋、豫两地干得出色了，难免有些恃才傲物，有些想法了，在王振一通口舌下，于谦被英宗下都察院大狱，论斩。

山西、河南两省的百姓听说于谦出事，纷纷赶赴京城联名上书，上千封的奏章雪片似飞来，诉告于谦在两地的政绩，诉求两地百姓离不开于谦。碍于巨大声势，王振不得不让步，三个月后于谦获释。

于谦虽然入狱数月，并没有惧怕王振，也没有屈服王振。一日，王振乘坐四明车辇，前呼后拥过街。手下人仗势欺人，大呼"行人避让"。此时，于谦正在街道上漫步，稍有怠慢便遭呵斥。王振也坐在车辇之上，横眉立目。于谦大怒与之发生争执。

于谦明言四明车辇出处：昔虞舜曾制此车辇，巡游天下，采访民间利弊。恐不能悉知颠连幽隐之情，才制此辇。取名"四明"。何为四明？即达四聪之目，招四方之才，采四方言路，洞四方民情。

于谦在人前公然责问王振能做到几个？王振虽然骄横，但是也禁不住周围行人的指指点点，谁不知道王振所作所为，只不过没人敢公开反击罢了。于谦占理，王振心里记恨，但也只有悄悄退走。

王振回去后愤恨难消，他多次寻找理由加害于谦，奈何此时太皇太后听到些风声，知道于谦是忠肝义胆的谏臣，是百姓拥戴的好官，规劝英宗不得妄杀。王振也畏惧太皇太后，不敢过于为难于谦。

此时，山西、河南百姓又上书朝廷，就连晋王、周王也上书保于谦复任二省。正统六年（1441年），于谦继续巡抚山西、河南。但也由于交恶王振由兵部左侍郎降为大理寺左少卿。

2. 三杨庇护

于谦性情刚烈耿直，在朝中难免得罪人。于谦初涉仕途的时候，得到都察院右都御史顾佐的赏识，两人虽说上下级关系，但又是同事也是知己，顾佐在任期间多方关照于谦。于谦从一个督查御史升任两省巡抚，又一路强势作为，都离不开顾佐的举荐与支持。其实，于谦最初的一路顺达除了顾佐的关照，还得益于"三杨"的庇护。

杨士奇，本名杨寓，字士奇。吉安府泰和县（今江西省泰和县澄江镇）人，明朝重臣、学者。

杨士奇少年丧父，家境赤贫，但他立志向学，喜欢四处游历。建文帝初年，受召编撰《明太祖实录》，被纳翰林院，任职编修。永乐年间，杨士奇入内阁，任左中允；洪熙当政时，他的官职是礼部侍郎兼华盖殿大学士，后又兼兵部尚书；宣宗及正统年间都是内阁首辅。杨士奇历经五朝，忠心辅政，并以"学行"见长，不仅编撰《明太祖实录》，还编撰了《明仁宗实录》和《明宣宗实录》。杨士奇是明初几代重臣，被时人称为"三杨"中的"西扬"。

杨荣，亦称杨子荣、杨道应、杨文敏，字勉仁。福建建宁府建安（今福建建瓯）人。明朝政治家、文学家。

杨荣于建文二年中进士，授编修。杨荣深受朱棣赏识，在朱棣入南京时，杨荣献计，迎问朱棣："殿下先谒陵乎？先继位乎？"朱棣恍悟，后来先拜皇陵，再称帝明成祖。永乐年间，杨荣入阁，入文渊阁任大学士，翰林侍读，任首辅。仁宗时期，杨荣拜太子少傅、谨身殿大学士、兼工部尚书。宣宗时，杨荣扈驾平乱，官至少傅。英宗继位之后，杨荣官至少师。杨荣也是历经五朝，无论是成祖五征漠北，还是宣宗平定朱高煦，都有杨荣戎装伴驾，出谋划策，功劳不菲。杨荣不仅"挥斥游刃，遇事立断"，还"喜爱诗文，善于唱和"，被时人称为"三杨"中的"东杨"。

杨溥，字弘济，号澹庵。湖广石首（今湖北石首）人。明朝初期政治家，诗人。

杨溥与杨荣都是建文二年进士，授翰林编修。永乐初年，杨溥任太子洗马，尽心辅导朱高炽。永乐十二年（1414年）得罪东宫属官，被朱高煦诬陷入狱。入狱整整十年。可贵的是，杨溥在狱中读书不辍，遍读经史。仁宗继位之后，杨溥获释出狱并受到重用。仁宗建弘文阁，杨溥掌阁事，任太常寺卿。仁宗与其言："朕用卿左右，非止学问。欲广知民事，为治道辅。有所建白，封识已进。"宣宗继位以后，杨溥入内阁，宣德九年任礼部尚书。正统三年，进少保、武英殿大学士。杨溥博学多才，为人谦虚谨慎，历任朝中重臣，被时人称为"三杨"中的"南杨"。

三杨最低也是四朝重臣，从于谦考学进士及第，到为官这一路的成长，三杨都看在眼里。

杨士奇在永乐年间就深得朱棣的重用。"靖难之役"后，汉王朱高煦野心剧增，尾大不掉、胡乱杀人、私募军士、私营兵器、阴养死士等等行为日益暴露，当皇帝垂询时，没人敢直言，只有杨士奇敢于对答，说汉王初封云南，不肯去；又封青州仍不肯去，京城迁都北京后，而他欲留守南京，他的想法还不是很明了吗？

这也说明杨士奇忠心辅政，明辨是非。那么，能得到杨士奇的肯定和器重很重要。

永乐十九年（1421年），于谦会试，杨士奇是主考官。于谦中进士，其文章不仅文采飞扬，更加观点有理有据，但本是状元之才的于谦只位列三甲第九十二名。于谦因"策语伤时"惹怒了朱棣，朱棣是很骄傲的一位帝王，几次想问罪于谦，都被三杨劝阻。三杨喜欢于谦不但才华横溢，且有胆有识，是国家不可多得的人才。尤其杨士奇对于谦倍加赞赏，他和顾佐一起没少暗中提携于谦。

杨荣在朱棣还是燕王的时候，就指点朱棣，得到朱棣重用。

到宣宗继位时，杨荣更挑朝中大梁。

宣德元年（1426年），朱高煦不再隐藏野心，时年八月公开叛乱。宣宗商议派遣阳武侯薛禄前去讨伐，杨荣力谏："皇上难道不知道李景隆的故事吗？"一言点醒梦中人，宣宗御驾亲征，当时杨荣、于谦一同扈驾前往。在此时杨荣发现于谦极有见地；同时，回京后，于谦慷慨激昂尽数汉王罪状，汉王"汗出如浆，两股战战"，于谦的卓然不群就已经被肯定。

杨溥，宣宗年间进入内阁，正是于谦仕途顺达之时，宣宗很赏识于谦，于谦亦很有作为，得到杨溥的认可。

正统元年（1436年），七岁的朱祁镇继位。英宗年幼，太后（也称太皇太后）临朝，垂帘听政，三杨辅政。

张太后即诚孝昭皇后，明仁宗朱高炽原配，明宣宗朱瞻基之母，明英宗朱祁镇祖母。她贤惠仁德，宽宏大量，虽不愿违背垂帘涉政的祖训，但对几代皇帝都有辅助之功，她在世期间朝政清明。所以，张太后算是一个政治人物，被称为"女中人杰"。

三杨辅政时，当着朱祁镇的面，张太皇太后曾指着以三杨为首的几人，郑重交代："此六七人皆先朝所简拔，以贻与皇帝者，凡有事必与之议。非几人赞成，不可行也。"

宣德十年（1435年），于谦巡抚山西、河南，其时两省灾情严重，因赈济事多，耽误了入京议事，被"有心人"抓住把柄。英宗初继位，其时顾佐已经去世，三杨力保于谦，奏明于谦巡抚晋豫尽心竭力，不可罪。于是，英宗采纳，特宥之。

于谦在正统元年（1436年）上书的建言十事，也在三杨的关注下受到朝廷重视，下礼部会议，基本上都按照于谦建言执行。

张太后看重三杨，三杨每每在太后面前提到于谦。于是，张太后知于谦其能，对于谦自然也多了几分护佑。

辅政三杨对于谦的赏识与庇护，为于谦早年仕途上的发展，撑起了一把保护伞。

3. 王振弄权

宦官在明初的地位是很低下的。朱元璋治国严厉，因为宦官是皇帝身边人，可以"批红"，可以代传圣旨，久而久之很容易干预政事，所以朱元璋下令内官不许识字，只允许做些杂物，明令宦官不许干政，否则斩首，并把这一制度制成铁牌以作警示。

到了明成祖时期，因为燕王朱棣在"靖难之役"时得到宫中阉官的帮助，所以他登基之后，对宦官的权利陆续开放。

宣宗朱瞻基仁义为怀，他成立"内书堂"，开始教宦官识字学习。这时王振的优势就显露出来，本是教书先生出身的他，在内官中自然出类拔萃。所以，被选"侍读"陪伴在朱祁镇身边。

"侍太子耕读，太子雅敬惮之。"中华自古尊师重道，朱祁镇对老师既尊重又害怕，即便英宗登基之后也不敢直呼其名，称王振为"先生"。

英宗初执政时毕竟是个孩子，一些大事大多交由三杨处理。三杨一边害怕小皇帝太过辛劳，一边又盼着朱祁镇快快成长，所以时刻用儒家思想约束他，这样小孩子的逆反心理就出现了。而王振懂得如何讨好皇帝，偷偷带他去骑马射箭，去出外游玩，英宗和王振的融合度越来越大。继而，英宗把王振当作自己心腹之人，封作司礼监掌印。

大权在握之后,王振不再甘心做一个人人瞧不起的"伪男人",他也想在世人面前彰显自己的强横,寻找心里慰藉,哪怕用尽手段。所以,王振手段之阴毒与宦官的变态心理是有关的。

谁顺从巴结王振,谁就会得到王振的提拔。有个叫王佑的工部郎中,看见王振没胡子,自己也不留胡子,用尽谄媚的本事。王振很受用,直接把他提升为工部侍郎。徐希、王文也会谄媚,被王振提拔为兵部尚书、都御史。还有个叫宋彰的官员把数以万计的赃款送给王振,立即被提拔为布政使。一时间,京城刮起凡事送礼的一股歪风。许多人把这位太子师称为"翁父",为了升官发财都给王振送礼。

王振趁机拉拢朋党,巩固自己的实力。他的侄子被提拔为锦衣卫指挥同知和指挥佥事;他的心腹马顺、郭敬、陈官、唐童等均被安排在重要部门。

有对其不满的,不送礼的都会被刁难和打压。御史陈泽只因见王振没有施礼,就被他找理由下大狱,流放到辽东铁岭卫。大理寺少卿薛瑄看不惯王振所为不和他来往,也遭到王振的记恨。后来,王振的侄子王山强占别人妻子,犯下命案,交由薛瑄的都察院审讯,结果王振诬陷薛瑄受贿,薛瑄险些被问死罪,在许多人力保后,落得辞官告老回乡。就连驸马石禄因为责骂一太监,也被有兔死狐悲之感的王振下了锦衣卫大牢。王振强横的手腕令人胆寒。

正统二年(1437年),王振的越权引起张太皇太后的不满,担心大明江山会坏在宦官手里,决心严惩王振,断绝他干预政事的念头。

张太后把三杨等一干老臣叫到偏殿,又请来了英宗朱祁镇。

此时，王振跪在地上早已经吓得两股战战。张太后厉声道："太祖明训，宦官不得干预政事，违者定斩不饶。你如今侍奉皇上，不受宫中规矩，今赐你一死！"太后身边的女侍直接上前把刀架在王振脖子上。

王振面如死灰，又喊冤枉，又喊饶命。英宗也吓坏了，他身边几乎少不得王振，英宗连忙跪下替王振求情。声称王振并没有死罪，太后不饶王振他就跪着不起了。见皇帝如此，几个老臣也只能代皇帝求情。

张太后一声长叹："我为大明江山，为你铲除祸患，以后有多大的祸事恐怕我也看不到了，到时你自己扛着吧。"这样一来，张太后也没法强斩王振了。不过，张太后告诫王振，从此后不许干政，一经查实还是定斩不饶。

鬼门关前走一遭的王振也确实吓坏了，一段时间内他很是收敛，不敢明目张胆地胡作非为。

终归不甘心的王振，待风头过去，又开始蠢蠢欲动。一边向太后装出忠心耿耿的样子，一边讨好皇上，一边暗中结党营私，等待时机，再行窃权。

正统六年（1441年），雄伟的奉天、华盖、谨身三大殿顺利竣工，英宗在华盖殿中大摆筵席，隆重庆贺。

文臣武将按品级依次落座，可英宗就是不宣布开始，也不举杯，因为他没看见王振。看不见王振就好像自己缺了主心骨，便吩咐左右一个小太监，说："王公公忙什么去了？你去看看，说朕就等着他开席呢。"

王振正等着皇帝呼唤。他也想赴宴，不是不想，只是如今身份显赫，不想像其他小太监一样垂手侍立一旁，他想自己有个座位。

王振就把来问话的小太监打发回去了,不过他捎给皇帝一句话,说:"周公辅佐成王,为什么我就不能到宴会上坐一坐?"他把自己比作周公,他想有一个座位。

华盖殿上,百官纷纷指责,祖上有明文规定,宦官没有资格参加宫宴。这个说王振公然抗旨,那个说王振不把百官放在眼里,不把万岁放在眼里,当斩。而英宗可舍不得,英宗替王振说话,说王振是朕的太子师,又是司礼监掌印,难道不能多一个人的座位吗?见百官反对,英宗干脆拿出小孩子的无赖,强势地说规矩是死的,人是活的。英宗不但在自己下首直接给王振安排个座位,还认为王振功劳很大,待遇不公,竟然打开东华门,令文武百官随他一起迎了出去。

从这件事可以看出,英宗对王振的依赖和纵容,如此也更加助长了王振的嚣张气焰。同时还可知,王振已经今非昔比,取得了一定的地位。

正统七年(1442年),张太后病逝。王振觉得时机成熟了。脱离束缚的王振公然摘下了太祖不许宦官干政的铁牌子;大兴土木为自己修府邸建祈福寺;大肆迫害异己,争夺权力。

正统八年(1443年),翰林侍读刘球上书提出"皇帝应该亲自处理政务,不可使权利下移",惹怒王振。编修董璘说愿做太常卿主管祭祀,恰好刘球曾上书"选礼臣以隆祀典",于是诬陷董璘受刘球蛊惑"擅自邀求,亵渎神灵",一起入狱。更可恨,王振令马顺施酷刑,把忠义大学士刘球脱去衣服,一点点肢解而死,惨不忍睹。

此后,朝廷内人人自危,不敢弹劾王振。

4. 三杨失势

正统初年，英宗年幼，国家大事虽说由张太后掌控，但基本上干实事有实权的是内阁，内阁由三杨把控，三杨辅政权力很大。

张太后贤惠仁德，杨士奇不但才学过人且知人善任，比如能干的于谦就是杨士奇一手提拔起来的。杨荣、杨溥也和杨士奇一起，可以说他们是"仁宣盛世"的缔造者。到了正统朝，他们三人也尽心辅政，所以正统初期，朝廷政事清明，局势稳定。

三杨对小皇帝负有监管之责。杨士奇上奏《请开经筵疏》[1]，提出"自古圣贤之君，未有不学而能致治者"，用儒家思想看管教育督促英宗学习。英宗毕竟是个小孩子，不喜欢被管束，因此他从内心里不喜欢三杨。王振则不然，他在英宗面前溜须拍马极尽讨好之能事，带着英宗四处游玩寻找刺激与快乐，英宗不喜欢三杨，喜欢这样的王振。这是小孩子的心里，本无可厚非。

问题是英宗对王振的依赖与信任过重。英宗长在深宫内院，接触的人不多，接触最多的就是这位侍读，他日日陪伴在英宗身边，几乎形影不离。英宗登基后，王振跟在英宗身边出谋划策，二人关系逐渐升级。英宗觉得自己离不开王振，一时看不见王振都好像缺点什么，产生了严重的依赖。前文提到过，在群臣汇聚的宫宴上，英宗没见王振便直接派人去请，结果王振托大，英宗不惜得罪群臣也要给王振安排个座次，甚至还率众迎出宫门。

---

[1] 经筵，帝王为讲论经史而特设的御前讲席。形式始于汉唐，制度成于宋代，明正统初重新重视完善。

王振主意很多，英宗的很多东西都是他传授的，在王振取信于英宗后，英宗更认为王振说的话很对，几乎到了言听计从的地步。

日复一日，英宗更加不喜欢三杨。他觉得许多事的决策都要听三杨的，自己这个皇帝当得如傀儡。于是，也有了要亲自掌权的想法，而他的身边没有什么势力，自然会想到王振，所以他直接把王振升为司礼监掌印太监。至于王振所作所为的对与错，在还没有超出他的底线时，英宗不予理会。甚至英宗重用宦官，某种程度上来说，还是他用来制衡官员、加强皇权的一种手段！

王振最初很受三杨的制约，尤其正统二年（1437年），张太后怒斥王振，王振鬼门关捡回一条命之后，他可真是吓坏了。王振把弄权计划暂时搁浅，开始一味讨好张太后，讨好三杨。他在三杨面前表现得很殷勤，毕恭毕敬，一副明事理识大体的样子。有一次，英宗和几个小太监在击球玩耍，正好三杨经过，王振抓住机会，跪劝英宗，说先帝曾经因球险些误了国事，如今陛下又要玩物丧志吗？一副大义凛然、忧国忧民的样子。三杨不知细情，听罢还连连点头，认为王振对朝廷尚有一片忠心。

王振表面上不干预政事，但私下里弄权的欲火难息。他一次次撺掇皇上，说三杨已经年迈，应该及时退隐。他怂恿英宗要强势起来，重典驭下。他直接反对已经成型的"经筵"，倡导发展军事、以武治国。于是，英宗便让王振带领一干文武去阅兵，王振借机作弊比武，让自己的亲信私党纪广夺得射箭第一名，提升为都督签事。

王振渐渐不把三杨放在眼里，从最初的敬畏已经演变成目中无人。一次私会，王振含沙射影地对三杨说："朝廷事亏三杨先生，然三公亦高年倦勤矣。"

杨士奇很生气，直接说自己虽然老了，尚能发挥余热。三杨以杨荣足智多谋，杨荣虽心下不满，也没有反驳，反倒点头称是，淡笑着说："吾辈衰残，无以效力，行当择后生可任者以报圣恩耳。"第二天，杨荣便和杨士奇、杨溥商量，三人一致决定，培植一些正直的年轻势力，曹鼐、苗衷、陈循、高谷等，很快被他们安排在一些重要岗位上。

同时，王振也没闲着，善于玩弄权术又会取悦皇上的他，也在私下里积极培养自己的势力。英宗信服王振，先后把监军、镇守、监枪、监仓等重任委派给宦官。大太监郭敬、王彦、王景弘、袁诚、刘宁、张福、林寿，先后被派镇守大同、辽东、南京、陕西、山西等地。甚至王振以及这些太监的侄子、养子等都当上锦衣卫指挥、指挥佥事、副千户、百户等官职。

朝廷内外暗流汹涌，王振与三杨的较量正式拉开帷幕。

足智多谋的杨荣有决断的大能，没想到败在自己不能持廉的小节上。杨荣身居高位，难免有人攀附，时常有些送礼的，杨荣表现得不是很清廉，家中颇多馈赠之物。

正统五年（1440年）五月，杨荣回乡扫墓时被王振抓住把柄。杨荣武将出身喜欢战马良驹，王振针对杨荣收受靖江王朱佐赠予一事大做文章，要求皇上彻查严办。本来有病在身的杨荣，因一时忧愤，病逝武林驿。

杨士奇清廉，但杨士奇很快也授人以柄。杨士奇晚年溺爱其子，偏偏儿子杨稷不争气，形如混世魔王，在地方胡作非为。一次，恰巧同县的藩臬出于好意，把杨稷的情况说给杨士奇，杨士奇并没有引起重视，写信询问并告诫其子，若真做错事，要及时改正。杨稷哪里会承认，说藩臬诬陷他，杨士奇相信了自己的儿子。

杨士奇的态度纵容了杨稷，以至到后来，明知道自己儿子不检点，也无可奈何。终于，杨稷因多起人命官司被告发，王振借机攻击杨士奇。虽英宗顾念老臣，但也把杨稷逮捕入狱。杨士奇失去与王振对垒交锋的资本，不敢再与王振针锋相对，后来无奈之下，告老还乡。

杨溥本来性格上就行事谨慎，不愿出头。在杨荣、杨士奇先后出事之后，他自是"钳口闭户"以求自保。

三杨失势。此时，经三杨引入内阁的大学士马愉、曹鼐等资历尚浅，在朝廷里尚未有多大的威望。

正统七年（1442年），张太后病逝。王振一直很忌惮张太后，太后的病逝无形中搬开了他心头上的大石头，朝中再没有可以与之抗衡的大手笔。王振弄权从此势不可挡。

5. 瓦剌崛起

明朝推翻元朝的统治，蒙古族虽然被迫退出中原，但明朝与蒙古族的对战从不曾停止。生活在长城以北，东起大兴安岭，西至甘肃、青海等地的蒙古人，一直对中原这块沃土虎视眈眈。

历史上蒙古族由两大部分组成，古代称"草原百姓"和"林中百姓"。草原百姓对应的是，由成吉思汗黄金家族所统治的蒙古本部，成吉思汗是封号，真名叫铁木真。铁木真是举世闻名的军事家，政治家。他铁马弯弓打江山，号称"一代天骄"。那么，蒙古本部的实力可想而知。草原百姓实际上即东蒙古，后来称"中央蒙古"。而"林中百姓"主要指生活在唐努乌梁海东南部的斡亦剌惕部，后亦称西蒙古。

瓦剌其实是"森林之民"或"邻近者"的意思，他的先世是元朝时的"斡亦剌惕"，是一古老的森林部落，元朝之后称瓦剌、卫拉特。他们住在叶尼塞河上游八河地区，是"林中百姓"，属西部蒙古，西部蒙古以瓦剌部落为主。其实，瓦剌自称"卫拉特人"。卫拉特人有自己独立的语言，有自己的托忒文字，最初他们一直不承认自己是蒙古人，后来瓦剌也被划归广义上的蒙古族。

虽然草原百姓一直强势征服和融合林中百姓，但瓦剌部人数众多，在成吉思汗立国之初，瓦剌的忽都合别乞①统领四千户，有一定的势力。后来，忽都合别乞并与成吉思汗黄金部达成世婚，被封作"亲视诸王"，有着特殊地位。

明廷把继承蒙古本部的部分称为"鞑靼"。永乐十年（1412年），朱棣亲征蒙古，大败鞑靼大汗本雅失里。瓦剌首领马哈木乘机扩大势力，积极参与草原上各种派系之争。后来势力除叶尼塞河上游外，还囊括了额尔齐斯河上游，札布罕河流域等地。

为了与东蒙古分庭抗礼，进而称雄漠北，马哈木杀死本雅失里，与明廷结好，向明朝称臣。明成祖封马哈木为顺宁王，封其弟太平和秃孛罗为贤义王和安乐王，允许瓦剌与明朝建立友好往来。

永乐十一年（1413年），瓦剌军进驻饮马河（今中蒙边境克鲁伦河），成南窥之势。永乐十二年（1414年），明成祖再次亲征蒙古，大败马哈木。马哈木同时遭受东蒙古反击，后来忧愤而死。

---

① 忽都合，蒙古斡亦剌惕部首领。别乞，族长、长老之意。部落首领、萨满巫师首领称号。

马哈木之子脱欢继承父位，成为瓦剌部首领，依旧向明廷示好，仍被明廷封作顺宁王。

此时，东蒙古鞑靼部阿鲁台开始与西部瓦剌脱欢争锋。

永乐二十一年（1423年），鞑靼与明廷再起冲突，明成祖已经是第四次亲征蒙古，对战鞑靼。阿鲁台被明朝大军牵制，脱欢见有机可乘，在饮马河打败东蒙古军队，截获大量马牛羊驼以及部众，一时间瓦剌的政治、经济、军事实力大增，彻底统一西蒙古各部。

永乐二十二年（1424年），明成祖在第五次亲征回来途中病逝。洪熙帝继位一年后也病逝。太子朱瞻基继位，改元宣德。

"自仁宗不勤远略，宣宗承之"，意思说宣宗与仁宗一样，没有像成祖朱棣那样强势征讨蒙古，致使蒙古各部得以恢复喘息。

瓦剌部首领脱欢虽有称霸大漠之心，但他仅是西蒙古首领，毕竟不是成吉思汗后裔，不能名正言顺地称汗。从宣德五年（1430年）开始，脱欢开始筹划秘密迎回皇室后裔脱脱不花。

宣德九年（1434年），脱欢与阿鲁台决战母纳山（今内蒙古乌拉山），脱欢大败阿鲁台，东西蒙古终于俱归瓦剌所有。

这时，脱欢拥立脱脱不花为汗。脱脱不花虽然为汗，但受脱欢掌控，脱欢只令他管辖东蒙古各部，居住在呼伦贝尔草原一带。当然为了拉拢他，脱欢不惜把女儿嫁与脱脱不花。脱欢自己居住漠北，自立为太师，实际上掌控整个蒙古政治、经济大权。

瓦剌部越来越强势，兵强马壮，在漠北已经没有哪个部落可以与之争锋，同时脱欢的野心也越来越大。在仁宣时期，脱欢更是养精蓄锐，同时对蒙古其他各部强权，加强自己的统治地位。

宣德十年（1435年）朱瞻基驾崩，三杨拥立太子朱祁镇继位，改元正统，是为明英宗。英宗时期，明朝的各项管理已经显示许多弊端，况且王振弄权，朝廷上下怨声载道。此衰彼盛，从正统元年开始，逐步壮大的瓦剌部不断有骑兵骚扰边境，对边民的牲畜、财物等烧杀抢掠，步步紧逼。

正统元年（1436年），于谦巡抚晋、豫两地，一边为两地灾情日夜奔波，一边考察各处军情。于谦发现边境异常，同时边防又废弛松懈，他深感危机，上奏英宗强兵十大方略，其中四条直接涉及北疆防务，建言做好一切战事准备工作。

正统三年（1438年），于谦忧心更重，就在别人都欢度佳节的时候，于谦为国事夜不能寐，连夜上书朝廷，提出边境防护的严重性和紧迫性。形势堪忧，于谦根据走访实情，提出加强边境防护五大方略，从军粮储备、到边城修缮，甚至到提高军士待遇等各个方面提出建言，恳求朝廷必须引起重视。

正统四年（1439年），瓦剌部脱欢病逝，其子也先继位。脱欢虽然病逝，但脱欢已经为也先铺好了道路，打下了强大的基础。也先在此之上发展更快，愈加野心勃勃。

东部蒙古脱脱不花大汗有名无实，也先居太师之位控制整个蒙古。他一边对东蒙古各部或军事征讨，或封官或结亲，用尽手段，先后把乞儿吉思、哈密、沙洲、罕东、赤斤、兀良哈三卫等，收归自己统治之下；同时，也先结交周边的女贞各部。

瓦剌部在也先的统领下，他的势力东抵朝鲜，西达楚河、塔拉斯河，北至南西伯利亚，南临长城。瓦剌的势力至此已经空前强大。

6. 内忧外患

王振弄权，致使朝廷上下怨声载道。同时，一些边远地区的少数民族不断发生叛乱。

正统二年（1437年），云南麓川（今瑞丽市）宣慰司[①]的首领宣慰使思任发叛乱。思任发所属四处侵扰，周边的腾冲、南甸、孟养等地受到的侵扰最大，民不安生，不停有奏章上报朝廷。

王振借机鼓动英宗重典驭下，以武力治国。同时，他本人也一心建功立业，以便耀武扬威。在王振的推动下，朝廷开始对思任发发动武力征讨。令王振没有想到的是，一个小小的蛮荒之地并没有轻易拿下。当然，麓川之乱最终得以平息，但朝廷三征麓川，共发兵五十余万，破费了大笔的粮饷，对于初登皇位的英宗来说，付出的代价很大。

正统十年（1445年），浙江、福建、江西三省交界处的仙霞岭狂徒叛乱；福建邓茂七带领民众反抗官府，与仙霞岭狂徒首领叶宗留遥相呼应，还有广东的黄萧养的"山海盗"等叛乱。这些叛乱声势都很大，对明廷产生影响，朝廷已经略有疲惫之感。

在这种形势下，逐渐崛起的瓦剌还对明朝边境不断地挑衅，形成严重威胁。那么，朝廷若面对更大的战争，是否有足够的应对能力呢？

从明朝初年开始，朱元璋就极为重视边防，大将徐达亲手建

[①] 宣慰司，明朝设在少数民族地区的一种偏重于军事的监司机构，一般掌管军民之事，属地方机构。宣慰司长官称"宣慰使"。

立东起辽东，经大宁、开平、东胜一代的平直防线。明成祖朱棣更加重视对蒙古的防御战略，他力排众议，直接把都城从南京迁来北京，实现"天子守国门"，更以进攻为主，五次亲征漠北，大败鞑靼，结好瓦剌，边防已经很巩固。

当然朱棣也有失误，那就是大宁都司（今内蒙古宁城）的内迁，削弱了京师守卫，在战略上无形中埋下祸患。

大宁地理位置十分重要。它直接控制着蒙古高原与松林平原的通道，"居宜辽之肘腋，为燕蓟之屏翰"。大宁都司的内迁，相当于撤去了燕蓟的一道外围屏障，同时，它西面的开平卫也变得突出，孤零零地难以自保。

这样非常有利于蒙古族向辽东一代扩展。比如，住于潢水（今沙拉木伦河）以北的朵颜等部，就经常自由出入于老哈河以南、长城以北的地区，对京师造成威胁。

开平卫地理位置一样很重要，"北控沙漠，南屏燕蓟，山川雄固，回环万里。"朱棣当然也知道它的重要，曾说："惟守开平、兴和、大宁、辽东、甘肃、宁夏则边境可永无事矣。"永乐元年，朱棣也是被迫放弃大宁。朱棣善战，蒙古还奈何不得明廷。但是到了宣德五年，明廷不得不将开平卫内迁，相当于燕蓟又失去一道屏障。为了加强防卫，虽然在万全、怀安、保安、怀来、延庆等地设立万全都指挥使司，奈何已经使原来平直的北部防线变得迂回弯曲，既加大了防守的难度，又缩小了防御深度。

京师的防御明显减弱。一旦和瓦剌开战，这是在战略位置上出现的劣势。那么，更严重的问题还是目前军事制度的废弛。

正统年间，卫所中军卒的逃亡现象愈加严重。卫边自古就是个苦差事，明朝立国之初，也就是洪武年间军卒也有逃亡，拿洪武三年统计数字来看，三年逃亡军卒四万七千九百人，到正统三年再统计，军卒逃亡数字是一百二十余万。越往后逃亡数字与日俱增。究其原因主要是待遇低下，就像于谦之前提到，不仅军粮少，还受军官层层盘剥与克扣。军卒不但自己要吃饭，更多上有老下有小，一旦家人生活无靠，必然会想尽办法逃离，去另谋生路。当然，也有部分原因是军卒南北互调，生活不习惯，导致兵额不足。

军粮供应不足究其原因，不仅军官盘剥，还有一个重要因素就是军屯的破坏。正统年间，各个豪族，包括镇守总兵等侵占屯田现象十分严重。就像兵部尚书王骥所奏：贵州二十卫所，屯田、池塘共九十五万七千六百余亩，所收籽粒足给官军，而屯田之法久废，徒有虚名，良田为官豪所占，籽粒所收，百不及一。贫穷军士无寸地可耕，妻子冻馁，人不聊生。

王振弄权，宦官当道，许多重要地方都有太监坐镇。陕西镇守太监王贵，占种官田一百余顷，并且直接奴役军卒数百名帮助耕种。甘肃镇守总兵、辽东都司卫所官、宁夏总兵、参将等等侵占军田，侵夺水利，不纳税粮，奴役军卒等等放眼即是。军屯制度遭到破坏，而以王振为首的宦官势力又得罪不起，军卒不堪剥削与虐待，只能逃亡。

王振在朝廷弄权，并在各处派有镇守太监。辽东镇守是太监亦失哈，陕西镇守是太监王贵等。只要是有战事，都有太监监军随行，比如征讨麓川，随军太监是吴诚和曹思吉；征讨兀良哈时随军太监是僧保、曹思吉、刘永成等等。这些太监掌控大权，对军中将领制约很大。军中也有作战经验丰富、有才能的将领，奈何处处受到太监监军的控制，不得手脚，导致失利。

正统年间，明朝军队的战斗力已经大大衰弱。起码远不及成祖之东征西战，经过"仁宣盛世"的平和过度，已经很少进行军事训练，训练制度严重废弛，几乎达到"手不习攻伐击刺之法，足不习坐作进退之宜，目不识旗帜之色，耳不闻击鼓之节"的地步。

不必质疑这样的形容不是夸大，实际上此时的军队真的近于乌合之众，少有战斗力。

带兵的军官无能腐败。军卒逃亡只要送点贿赂，军官便不追究。再有，逃了也就逃了，军官还能借此机会扣下粮饷。另外，军官本身也没经过严格战事训练，大多不愿学习，平庸度日，根本无御兵之才，无用兵之道。

正统十二年（1447年），于谦结束了十八年的晋豫巡抚一职，擢升为兵部右侍郎，留部任事。

于谦从正统元年（1436年）开始关注北境形势，先后上奏疏数十道，提出强兵方略。但奈何如上所述，积疾已久，明廷已是内忧外患。但，于谦一干忠义之士，并没有放弃，还在为大明朝的前程日夜苦心筹划着。

7. 智斗也先

瓦剌部是草原上的"林中百姓"，一支很古老的游牧部落，他不但强悍好斗，还一直野心勃勃。

永乐年间，明成祖朱棣以进攻的策略巩固边防，亲自率领大军征讨鞑靼，瓦剌首领马哈木抓住机会，乘势而起，在与鞑靼的争霸战中取得优势。鞑靼部是一支根深蒂固的老牌"草原之王"，瓦剌若想强势崛起，马哈木采取了双管齐下的对策，一边大力和东蒙古角逐，一边极力讨好明廷，寻求外援。

朱棣以稳定边防为目的，与瓦剌结好。瓦剌答应每年向明廷进贡草原上的马牛羊驼等物品。明廷为显大国风范自然也不会亏待瓦剌，一方面给蒙古各部以优惠政策，允许部分蒙古人来内地居住；另方面，凡瓦剌进贡之物，明廷会给予对等数量的银两，对于每年来送贡的来使更是优待有加，安排赐宴、住宿、粮秣等，同时还有赏赐。两方一直友好往来，互惠互利。

随着瓦剌势力的一天天壮大，马哈木已经不满足这点小利益。送贡来使一年年增多，人数多，得到的封赏自然就多。于是，瓦剌仅随行贡使由最初不得超过五十人，已经增加至两千余人，贡使入关一路上的接待费就是一笔庞大的支出。明朝廷再三强调限制贡使人数，瓦剌阳奉阴违。同时，大批的贡使中龙蛇混杂，沿途常常抢掠，一旦哪里不满意，更故意挑起事端，制造麻烦。

马哈木去世后，脱欢当政，脱欢病逝之后其子也先继位，虽然也先未称汗，却是草原上真正的掌权者。此时明朝已是正统年间，朱祁镇既没有朱元璋、朱棣的胆识，也没有朱高炽、朱瞻基的才干，年幼的英宗历经三杨辅政，又被王振弄权。

王振成为司礼监掌印，这些贡使进京自然首先得拜访他，王振借机贪污受贿，擅自向瓦剌部索要贵重礼品。送了礼就好办事，瓦剌方面也明白，只要把王振喂饱，送贡清单上即便有些出入，王振会睁一只眼闭一只眼。更甚，王振大权在握，替皇上答应除以往的赏赐之外，给瓦剌额外追加十万箭头，以帮助和支持瓦剌内战。有了王振的许可，英宗自然也给面子。于是，瓦剌与王振之间的交易一直盛行不衰。

王振不但从送贡使者手中收取贿赂,也经常私下里与瓦剌往来。

这次,王振就命手下马云、马青、陈友、李让等三百余人前往瓦剌也先处买马。这时的也先还没有和明朝翻脸,有大明朝使臣来到,他大摆宴席,盛情接待。酒过三巡,又载歌载舞。草原上的女子擅长歌舞,这时已经大醉的马云,趁着酒劲有些忘乎所以,贬低草原女子胭脂俗粉,没有中原女子漂亮。瓦剌一众也知大朝女子端庄,歌舞乐器出众,也先自然羡慕不已,便提出仿效先朝公主出嫁番邦,自己也要和大明朝和亲。马云醉语答应。

也先大喜。备下入贡礼品,同时追加了很多实物,作为银缎等作聘之物的折合。马云回朝后,不敢提起婚姻女乐之事,又把作聘之物私自扣下,才敢来见王振。马云扣下很多贡品,也就没了王振所贪,王振又见贡品清单与实物对应不上,大怒着轰走送贡来使,没给丝毫赏赐。

随马云进贡的使者回来一顿抱怨,别说结亲、赏赐,性命捡回来就不错了。也先勃然大怒,与王振、与明朝的怨气更重。

也先之前对明廷特别恭敬,见王振都行跪拜之礼。这次,也先亲自来送贡品,见王振只是微微一躬身。按照老规矩,也先这是先行打点,总要给王振送些奇珍异宝等贵重之物。也先呈上礼单,便催促王振给予赏赐,闭口不提礼物的事。王振只好舔着老脸自己索要。

也先显得很惭愧地解释说今年草原干旱歉收,没有上好的礼物可送。次等的礼品又怕王大人瞧不上眼,所以没有礼品。

王振何等狡猾,呵呵冷笑,心想:既然没有我的礼品,那么别怪我不客气了。王振派人仔细清点礼单数据,结果发现出入太大。送使三千人实际只有两千人;马匹五千匹实际只有三千匹;牛两万头实际只有一万头；羊五万只实际只有三万只。既然你草原歉收，那么我国库还空虚呢，结果王振原本应该赏给五万两的银子也只给了一万两。

那么，往年追加的箭头呢？也先追要箭头，王振也陷入两难。箭头不给，也先自然不干，恐引起争端，还没到撕破脸的时候；箭头给他吧，也先的狼子野心昭然若揭，十万箭头就是十万只箭，岂不是害了自家？这特殊时期，王振也不敢惹祸上身。

王振眼珠一转，想起一个人，于谦！王振让小太监把赏赐清单送交兵部，点名让于侍郎照单付十万箭头。不付，于谦属于抗命；付了，于谦属于助纣为虐，且里通外国，两者皆有死罪。

于谦一见单子也为难了。倒不是担心自己性命不保，他深知如今瓦剌崛起，已经逼近边境，哪能再把十万箭头送给瓦剌？一旦战争爆发，十万支箭得要了多少将士的性命。

于谦面见兵部尚书邝埜，问道："这箭头多么重要的军需，即便付给白银，也不能付给箭头啊？"

邝埜摇头苦叹，说出缘由。北塞无铜，瓦剌又善骑射，箭头确实是大害，但王振的命令简直比皇上的旨意都要权威，如今只能签发同意，盖上兵部官印。

于谦一阵发呆。左思右想，于谦叫来了总领签事石亨，如此这般吩咐他只管去做。

金殿之上，王振奏请英宗，首先告于谦私自签发十万箭头给瓦剌，里通外国。谁都知道瓦剌野心，从正统初年开始已经不断在北境挑起事端，这时还敢发给箭头？群臣不许，英宗也知道箭头决不能再资助了。

于谦反驳："不是王公公让发放的吗？"

王振矢口否认,说自己洞悉到也先诸多阴谋,已经送去第二道文书,知会兵部不许发放箭头。

于谦根本未收到第二道文书,但王振手下小太监咬死送过二道文书,于谦有口也是难辩。于谦只好实情相告:早命石亨准备二百木箱,每箱表面放上黄澄澄的箭头,箭头下面是以翎羽箭尾冒充的。所以也先押着二十两骆驼车,拉回的只有一千真正的箭头。

群臣大喜。王振不肯罢休,又把矛头指向于谦,指控于谦有欺君之罪,若是也先回去发现真相动了气,于谦又负有挑起事端之罪,要求英宗处死于谦。

瓦剌的贼子野心昭然若揭。英宗这次出奇地没有听王振的话,他心里也想着,于谦巧计斗也先,很是解气呢。

第六章　土木之变，风云起兮观世界

1. 瓦剌入侵

正统十二年（1447年），瓦剌降服朵颜等卫后，内逼形势愈加明显。也先在瓦剌部已经毫不避讳他内犯的决心。

可汗脱脱不花一直对南侵持有反对意见。他认为明朝是大国，既然彼此友好往来，又多得其资助，最好和睦相处，何必发动战争呢？也先对此很鄙视。

脱脱不花虽为可汗，实则一傀儡，也先才是真正的掌权者。也先傲然说道："王不为，我将自为。纵不得其大城池，使其田不得耕，民不得息，多所剽掠，亦足以逞。"

也先的心思：仗肯定是要打的。"纵然不得其大城池"，说明此时的也先还没有全灭明朝的信心。也先只不过是想报复明廷，他还记恨之前提出的和亲之事，明廷对和亲没有回复，便是对他莫大的侮辱。其实，也先特别想跟大朝和亲，一旦娶了明廷的公主，甚至连脱脱不花的黄金血脉也不必放在眼里了。所以，也先就想凭借自己的兵强马壮，去骚扰，去掠夺。

瓦剌部也先的动机已经显而易见。

兵部尚书邝埜奏请英宗："北漠东西万里无敢与之抗者"，如今又"来边窥探，烟火不绝"，主张及早防范瓦剌作战争部署。

宣大巡抚①都御史罗亨信也上奏说，也先目前不过是等候时机，一旦时机成熟，马上就会内侵，应该在交通要道增设卫所，增加兵力了。

英宗亦心知肚明，他已下旨在各处增加兵力、马匹、武器等，同时着手训练军队。

正统十二年（1447年）风平浪静。也先没有开战，反倒派来庞大代表团，向明廷入贡，马匹四千多匹，貂鼠、青鼠的皮张一万多张。明朝自然也给了丰厚的回赠，还专门派了使臣出使瓦剌，彼此依旧友好往来。

正统十三年（1448年），也先依旧派出使者团，不过这次出使的人数达到二千五百二十四名。派出的使者越多，得到的赏赐也就越多。近几年英宗已经对使者人数极为不满，因为从一路上到京城开销庞大，同时这些使者也不安分，常常惹是生非。英宗一直在隐忍。不是英宗小气，是也先贪心不足。这次英宗对来使人数进行清点时，发现清单上的人数谎报成三千五百九十八名。没法再大度了，英宗按实数给赏，虚报一律不给。

出于礼尚往来，瓦剌派来使送贡时，一般英宗也会派使臣出使瓦剌。正统十四年（1449年）春，瓦剌对明朝使臣提出苛刻请求，遭到拒绝后，也先翻脸强势扣留大明使臣。

---

① 宣大巡抚，是正统年间因行政与军事上的需要，在这特殊时期设立的宣府、大同两处巡抚，有代巡军事之职责。

正统十四（1449年）年七月，也先吹响入侵号角。他威逼利诱蒙古各部，兵分四路进攻明朝：也先亲率瓦剌军进攻大同；知院①阿剌率所部进攻宣府，围攻赤城；可汗脱脱不花率所部及兀良哈部进攻辽东；派其他部进攻甘肃。

其实，阿剌和脱脱不花部的进攻并不积极，只有瓦剌部也先冲向大同的人马声势浩大，一路烧杀抢掠。

镇守大同的太监郭敬，快马飞报进京请求援助。王振一直未把小小的瓦剌放在眼里，不但未引起重视，还认为这是一次立功的机会，不能便宜外人，强烈推荐了自己的亲信都指挥纪广率领五万精锐驰援。

瓦剌善骑射，纪广能当上都指挥也是因为射箭夺得了第一名，不过，王振似乎忘了纪广的第一名有多少水分。

纪广亦没把瓦剌军放在眼里，认为自己的五万精锐自当所向披靡。到了大同，见瓦剌军人马队形不整，士兵稀松懒散，以为不过一群乌合之众，纪广大刀一举冲了上去。瓦剌军退败，纪广毫无顾忌地追杀。大同右参将吴浩提醒纪广，瓦剌军不是这样不经打，小心有诈。纪广立功心切，追出十里之遥，来到"猫儿庄"。猫儿庄地形复杂，吴浩提醒纪广不要中了埋伏，说话间被瓦剌军赛利王包了饺子。吴浩一身豪勇，打算护着纪广杀出一条血路，但很快被赛利王乱箭齐发射中。吴浩身死，明军五万精锐近四万多人丧命，纪广在众人护卫下匆匆逃走。大同首战惨败。

消息传至京城，王振只道轻敌，英宗不但没有惩治纪广，还在王振的举荐下派驸马都尉井源、西伯侯宋瑛、武进伯朱冕领兵

---

① 知院，也称知院事。官名，职务是以枢密院掌管军政。

十万再征。于谦见王振举荐之人还不是重武之人，心下大急，力荐能征善战的都督同知①石亨随行，英宗准奏，但也只是让石亨帐前听令，未给实权。

井源统帅的十万大军驻扎在城外，与瓦剌军对峙。最初双方交战都是明军胜时多，瓦剌军在一次偷营失利后撤离战场。

井源见出师得利，自然一鼓作气追击，转眼追至阳和口。阳和口地理位置重要，是进入瓦剌腹地大漠深处的前沿哨所，相当于瓦剌的门户。众人一致认为也先会死守在这里。结果阳和口集镇内空无一人，门户大开。

石亨久经沙场，经验丰富，甚觉蹊跷，主张马上撤军，免中敌人的计策，如若像纪广一样就悔之晚矣了。可惜石亨言微。宋瑛说过了阳和口就是茫茫草原，莫要放跑了也先。朱冕说石亨胆小怕事。外加监军郭敬传王振的话，此战务必取得胜利，结果十万人马进去便中了敌人的"空城计"。

也先早命人在阳和口里埋下大量炸药，火药被引爆，明军尸横遍野，惨不忍睹。宋瑛、朱冕战死；郭敬吓得伏在草丛里捡回一命；井源、石亨等逃回大同。大同以北城堡先后失陷。

明军第二次征讨瓦剌，十万大军也付出了惨重的代价，以失败告终。

其他三路战场情况也很糟。阿剌所部至独石口、马营（河北赤城西北）开始南下，结果两地守备杨俊直接弃堡而逃；进攻云州（今河北赤城北），永宁守备孙刚败阵自缢身亡。

脱脱不花部围困镇静堡（今辽宁黑山西北），守将赵忠奋起

---

① 都督同知，明代军事职官名称。在大都督和左、右都督之下，位从二品。

抵抗，激战两昼夜取得初步胜利；进攻广宁城（今辽宁北镇县治），辽东提督军务左都御史王翱闭门自守。虽然脱脱不花在两处未直接夺下城池，但据统计，夺掠一万三千八百余人，马六千多匹，牛羊二万余只。

而甘肃地区，虽然也有镇守奋起抵抗，但接连失利，损失也很大。

瓦剌入侵来势汹汹，北境四处危机，形势严峻。

2. 苦心劝谏

瓦剌入侵，一路会如此顺利，就连也先自己都没料到。明军或中计败北，或直接弃城而逃，或毫无战力四处溃散，几万、十几万的大军几个照面就一败涂地。

此时金殿之上，英宗朱祁镇满面愁容。莫说损失惨重，这两战两败的战绩够丢人的。王振不愁，依然胸有成竹，说胜败乃兵家常事，不就是个小小的瓦剌吗？莫说十几万，朝廷就是筹集几百万大军也不是个事。正在英宗询问左右，谁能挂帅再次出征的时候，王振说出令人万分震惊的话："为一劳永逸，此番宜万岁御驾亲征！"

御驾亲征？英宗自己都有些懵。身为一国之君，远离京城北征，合适吗？更何况自己没领过兵，没打过仗，真的行吗？

王振自此弄权以来，一直鼓动英宗以武治国。其时，朝廷上文官与武官之间也暗自争锋。文官认为，皇帝学儒家思想，行儒家礼法，应该安安分分地守在宫中，认为打打杀杀的事情都应该是武官去做。若皇帝亲自出征，势必把握兵权，亲近武将。那么，就会把文将撇在家里，顶多管一些鸡毛蒜皮的琐事，毫无用武之地了。别看王振教书先生出身，自己也相当于一个文官，但王振不喜欢让文官霸权。

瓦剌入侵，皇帝可有出征的机会了，王振心里暗暗高兴。在他心里想的是：一个小小的瓦剌怎么能抵抗大明朝数十万大军？那么，皇帝出征就像走个形式一样，势必会吓退也先，然后旗开得胜，凯旋回朝。那时，不光皇上会重塑君主之威，就是自己也能赢得一身荣耀，更增底气。

王振刚开始提出御驾亲征，英宗的反应就是"我行吗"？但是王振舌战莲花，他直接抬出太祖、成祖来，英宗就两眼泛光跃跃欲试了。王振说当年太祖和成祖，哪个不是常年征战，特别是成祖五征漠北，大显神威，青史流芳。他鼓励当今皇上亦当有所作为。

英宗年幼继位，最初张太皇太后垂帘听政、三杨辅政，英宗总觉得自己就是一个傀儡，总觉得自己这个皇帝在别人眼里没有多大威望，若是御驾亲征，得胜还朝，那岂不也是一件天大的美事。也是自己的政绩，自己在别人眼里的形象就会高大起来。英宗想到这，甚至有些兴奋，有些激动不已，急着问："朕，御驾亲征，何人指挥啊？"

王振一挺胸脯，毛遂自荐："奴才不才，可以指挥五十万人马，保证能击退瓦剌，扬我大明神威。"

英宗和王振一个比一个雄心勃勃，仿佛已经胜利在望。可一干大臣都慌了，更心急的是，这王振还要当指挥，能打胜仗？

兵部尚书邝埜首先出班，表示强烈反对。皇帝万金之躯，身系国家的安危，万一战场上有个闪失怎么办？所以，亲征万万不可。

王振一撇嘴，说万岁怎么不能亲征？有先例啊，况且五十万大军还不能保皇帝安全？两军对战，又不用万岁亲身上阵杀敌。又攻击邝埜，甚至欲加他一顶大帽子戴。

吏部尚书王直，为人和名字一样正直。他在金殿之上苦口婆心，提出反对御驾亲征的理由：其一，自古边境皆由精兵勇将守卫，陛下应该再选良将，增派劲兵。其二，各关将士可以防守为主，待到敌军人困马乏时，再出兵痛击。其三，不支持御驾亲征的主要原因，是时值七月，天气炎热，水草不足，水源不足。所以，天子乃宗庙社稷之王，乃万邦之主，不可以身涉险。

群臣附和。奈何一来平素英宗就最听王振的话，可谓到了言听计从的地步；二来，王振说到英宗心里去了，英宗一心也想建功立业，流芳史册。群臣的话哪里听得进去？英宗高声说："朕知众卿皆忠心爱国，但虏寇逆天悖恩，犯边杀掠军民，朕不得已，必亲率大军剿之。"

王振点头附和不止，更拿出一副大义凛然的样子。其实，众人不便点破的是，鼓动御驾亲征，最数王振的私心重。王振老家蔚州，就在大同附近，御驾亲征又何尝不是保护了王振的私产？但王振有圣上撑腰，谁敢发难？

见众人不再开口，于谦迈步出班。于谦直言打仗不是儿戏，作战经验很关键。于谦就没说英宗和王振出马很难取胜。更何况王直的分析一点不错，摆在面前有诸多不利因素，于谦也力谏圣上不可亲征。

王振大怒，直接问于谦，万岁若不亲征，你愿意上阵打仗吗？

于谦点头称是。于谦身在兵部,自然能带兵打仗,何必要圣上亲征呢?岂不是杀鸡用了牛刀。于谦不但要求亲自上前线,还愿意立下军令状,表明自己为国捐躯的决心,若打败仗宁可被杀头。

王振的心里就认定瓦剌是小帮小派,纵然再强横,瓦剌也打不过大明数倍于他的正规军队。在王振的心中,御驾亲征就相当于走个过场,也先很可能一看见明朝大军便望风而逃。所以,这样立功的机会,王振怎么能让给于谦?

于谦和王振过节深,所以王振干脆摆出泼妇般的嘴脸。说数十万大军交给于谦,于谦若是和瓦剌勾结,岂不是天塌地陷?王振公然说不行,信不着于谦,更不可能把兵权交给于谦!

于谦苦心劝谏失败,即便立下生死状也不好使,此时不但王振铁了心,就是英宗也下定决心,他不顾群臣反对,下旨三日后御驾亲征。

邝埜知道御驾亲征已经无可改变,兵部尚书肯定要随行,只得很无奈地把兵部诸事嘱咐于谦。

英宗着郕王朱祁钰监国,兵部右侍郎于谦总理军务,大太监金英主管内务,左都副御史徐有贞执掌监察;命英国公张辅,兵部尚书邝埜,户部尚书王佐,内阁学士曹鼐、张益等伴驾出征。

王振也下了血本,调动了神机营、五军营、三千营共十七万大军,另河北守军三万,这二十万都是精锐,发放衣服鞋帽、坐骑、武器、粮饷等物。三日后,英宗亲率五十万大军,旌旗招展,将官排列,就像是出行的巡视一样,极其豪华地开赴前线。

3. 土木之变

若说天象示警可能有些妄猜，但英宗点起五十万人马欲出京之际，确实有雷霆击在奉天殿一角，角梁俱折。

正统十四年（1449年）七月十六日，五十万大军从京城浩浩荡荡开赴前线。英宗和王振豪情满怀。王振像是伴驾出游，或者更准确点说，是伴驾出塞巡视。明朝先帝曾有出塞巡视的先例，仪仗威武，所到之处蒙古人选择避其锋芒。至于随行士兵，尤其是京城三大营难得出京，简直都没有出征打仗的紧迫感，据说王振在临行前，把回去的庆功宴都做了安排。

大军一路上尘土飞扬，旌旗招展，遮天蔽日。也先早已经得到消息，他很明智地选择暂避锋芒。也先大军一路班师后撤，明军所到之处敌人"丢盔卸甲，望风而逃"。真是怕了？王振不知道这是也先佯装撤退，诱敌深入之计，还心情大好，快马加鞭率领大军挺进，迫不及待地想要证明自己。心说这回让世人看看，看看我王振如何谈笑间破敌万里。

八月初一日军队到达大同。王振首命井源等出兵迎敌，井源两万人马不到两日大败。又差平乡伯陈怀接战，没想到陈怀身中五箭为国捐躯。成国公朱勇一身骁勇连胜两阵，奈何王振的粮草接应不上，朱勇仰天长叹，知道这是被王振给卖了。但他仍然一片忠心惦念皇上安危，命亲兵指挥伍宣杀出一条血路回报军情，希望英宗速速回朝，免生祸端。

王振掌权，此时很多谏返的奏折已经不呈给英宗了。没有威望的老臣又不敢硬闯报信，随行的重臣只有英国公张辅，但此番出征张辅已经八十三岁，年事已高，没几日就卧病军中。得知前线情况后，张辅书信一封命人代奏，奈何王振不加理会。

尚书王佐、学士曹鼐等也唯恐圣上有失，或伏草莽中，或作假书，想方设法报军情并劝谏，皆被王振强势驳回不能面圣。曹鼐气得大呼，说臣子也就罢了，但皇上系着国家安危，如今形势应该速返。

钦天监正①彭德清大声呵斥："象纬示警，绝不复上前去！若有疏虞，致陷乘舆于草莽，谁执其咎。"

几番交战下来，王振也察觉瓦剌军并非表面上的弱势，便悄悄唤来亲信大同镇守郭敬。郭敬实话实说，瓦剌军确实骁勇善战，也先每战都冲锋在前，提醒王振不可小觑，以免战前有失。一听这话，王振有些心没底了。从来没把瓦剌放在眼里的王振，开始后悔离京。心说自己已是一人之下万人之上的地位，若真的兵败于此，甚至丢了性命可是不值。

当初誓言旦旦的鼓动英宗御驾亲征，这刚到大同就拨马返京，该多没面子啊？王振急得不行，很快眼珠一转，心生一计。

王振面见英宗。要求大军即刻离开大同，向蔚州进发。目的是迷惑敌人，若敌人来追，就设下埋伏全歼敌军；若敌人不追，再趁其不备杀个回马枪。

英宗一听，王振奇才啊。也听说前几次败仗，瓦剌军就是几次使诈，设下埋伏，才导致明军败仗的。如今王振也生计策，看来王振也懂兵法，也有头脑有策略。

---

① 钦天监，官署名。承担观察天象、颁布历法等事宜。钦天监正，官名，正五品。

王振走蔚州还有一个原因，蔚州是王振老家。他总想着回家乡炫耀炫耀，原来的穷书生如今衣锦还乡，是手握几十万大军的总管，何等威风，何等光彩。

英宗支持王振走蔚州，即便知王振有心炫耀，英宗认为这是人之常情，无可厚非。没想到天公不作美，一路上阴雨绵绵，道路极其难走。走到一半时，王振见没有追兵，又要折返。英宗早走得不耐烦了，但回去也得有个说辞啊。"戏精"出身的王振，说前面是大片的庄稼，担心大队人马践踏给百姓带来灾祸。更声音哽咽地说，百姓种地如何的不容易，显出一片殷殷爱国惜民之心。还拿出当年曹操如何让部队避开农田的典故。英宗深受感动，于是又命大军折返。

本来雨天路滑，这样来回往返使得将士更加疲惫。邝埜、王佐力劝英宗前行，经紫荆关返京。英宗不听，还听信王振的指责，把二人绑在马车上，罚跪一天，以示惩戒。

明军几日来往颠簸，外加阴雨绵绵不断，士兵行军苦不堪言。开始，也先真就没明白明军意向，可是看着看着，也先就有些明白了，这大军哪里像是打仗来的，就像走个过场，摆摆架势，纸老虎也。于是，也先大着胆子，试探着派兵进攻。

事态危机，邝埜奏明皇上应该奔宣府，经居庸关回京。这次英宗没有反驳，可是刚走到半路，也先亲率两万大军追至。

如果这时候，英宗退回怀来县城固守，也先的军队再勇猛，也先即便再花样百出，也未必能把英宗怎样。奈何，坏事真就坏在王振不知天高地厚。

王振本来把众多的瓦剌军都没看在眼里，这追上来的区区两万人算什么？他正因为自己气壮山河的来战，又这般胆小如鼠地

— 147 —

退回感到窝囊呢，认为此番这争脸的机会来了。他继续鼓动英宗团灭来敌。大明军五十万呢，瓦剌两万人还不够塞牙缝的，正好灭了他们，也算有个得胜的战绩，也算凯旋了。

想法是好想法，只可惜王振这个总指挥太自大无能。

王振派出成国公朱勇率领五万精锐迎敌。五万对两万有优势，况成国公豪勇，他与也先大战，也先的两万人马很快出现劣势。此时，王振命人传话，一定大败也先，圣上才能体面回朝。朱勇贪功心切，在太监的怂恿之下追击瓦剌军，一口气追出四十里。

鹞儿岭山谷曲折，壁立千寻，地形复杂。朱勇也担心中也先的埋伏，不敢深入，没想到还是误入也先的埋伏圈。在鹞儿岭外围的一水源处，朱勇的人马被也先下了毒，数万将兵失去战斗力。

正统十四年（1449年）八月十四日，英宗大军退至土木堡。兵部尚书邝埜第三次进谏，要求万岁先行提前入关，再次遭到王振反对。王振固执地认为损失五万人马，还有四十五万大军，对付瓦剌军亦绰绰有余。

土木堡虽一座古堡，但年深日久已残缺不全，可以说就是一座城墙，孤零零没有依靠，在兵法上来说就是无险可守。最严重的是土木堡所在没有水源可饮用，一旦被困，水源和粮草接济不上，乃兵家大忌。事实确实如此，明军被困数日，掘地三尺都没挖出一滴水喝。诸多不利因素，愚蠢又专横跋扈的王振，却选择大军驻扎土木堡迎敌。

正统十四年（1449年）八月十五日，也先以请和为名致使明军放下戒备，出城取水。结果也先打开缺口，他兵分四路，就像四把尖刀插入明军内腹，横冲直撞，明军伤亡惨重，血流成河。

兵部尚书邝埜、户部尚书王佐、英国公张辅、学士曹鼐、张益等五十余位官员死于非命。可恶的王振乱军中被护卫将军樊忠一锤打死，也算罪该万死，死有余辜。

五十万明军于土木堡一败涂地，英宗下落不明。

4. 问讯英宗

土木堡之战明军以五十万大军败北，这种战况实属罕见，堪称奇闻。纵然瓦剌兵剽悍，纵然也先作战灵活，纵然再找出诸多缘由，这样的悬殊败绩还是令人唏嘘。可想而知，明军形如一盘散沙，根本不具备有序的作战能力。瓦剌军插入阵营，队形被冲散之后，士兵四处奔逃，不说被杀死，就是自相践踏致死的也不计其数。乱军之中，谁能护得英宗安全？

瓦剌军见人就杀、见马也砍，明军没有抵抗能力，相互又不懂得配合，很快顾头不顾尾，五十万大军被分割包围，被一点点蚕食。英宗的护卫队也被冲散，战场上一片狼藉。

大同等各关卡也知前方发生了战事，烽火狼烟，杀声震天。守城官兵都在心里默默地祈祷，希望大明军队能够杀退瓦剌军的内侵，解除边境危机。

然而，狼烟血雾渐渐散去之后，有侥幸逃出来的、遍体鳞伤、丢盔卸甲、蓬头垢面的，竟然都是大明军兵士！各关卡见是自家兵，赶紧打开城门放他们进入，打探前方消息。兵士们无不落泪，皆说王振独断专行致大军惨败。

守城军听到这般凶讯，禁不止泪流满面，很快传出一片哀鸣。

城中百姓也知道发生了什么事，人心惶惶又流言四起。

远在京师的大臣们也听到些流言，但一干人都将信将疑，五十万大军真就一败涂地，已全军覆灭了？

渐渐地，京城的街头上出现逃回来的残兵，所有人更慌了。朝堂之上，一干大臣互相交头接耳，彼此询问讯息。从如今的形势来看，战败肯定是战败了，前方到底什么情况无人知晓。

不久，居庸关巡守都指挥同知有报：土木堡发生激战，其部下拾得所遗军器，盔六千顶、神枪一万一千把、神铳六百把、火药十八桶。接着宣府总兵也报，土木堡战场拾获的军器，盔三千八百顶，甲一百二十领，盾牌二百面，神铳两万把，大炮八百门。之后，各地均没有传回更多具体消息。

正统十四年（1449年）八月十八日，随征的大理寺右寺丞萧维祯、鸿胪寺掌寺事礼部左侍郎杨善带领几个残兵返回京城。二人劫后余生，在众人的追问下，半天不敢言语，后来才哭着说："乘舆失陷！"

英宗的护卫队紧护着英宗拼死冲杀，身旁的将士浴血奋战，一个个鲜血淋漓地倒下。死伤的哀号声不绝于耳，到处弥漫着血腥的味道。此时，英宗真的后悔了，后悔不该亲征，后悔不该太过听信王振的指挥部署，使大军陷于万劫不复的境地，满眼里都是明军的尸体，英宗痛惜万分。

大战渐渐落下帷幕，英宗身边的护卫和太监死的死散的散，就剩下个秉笔太监[①]喜宁，喜宁慌里慌张，一双眼睛贼溜溜四处张

[①] 秉笔太监，官名。仅次于司礼监掌印太监的职务，除拥有批红的权利外，司礼监中第二或第三的太监还兼任提督东厂，位高权重。

望，生怕哪里突然杀出瓦剌军。此时，英宗反倒镇静起来，他还回头劝说喜宁，即便终有一死，也要拿出大国风范，不能丢了大明的体面。

喜宁可不这么想，喜宁想好死不跟赖活着，喜宁劝皇上换上死去的士卒衣服，找机会趁乱逃跑，英宗不肯。喜宁见没了九龙宝座的英宗，还找了块大石头端端正正地坐了上去。这目标太过扎眼，很容易被发现，自己不也得跟着遭殃吗？于是，喜宁装出很忠心的样子，假借给英宗找水的说辞偷偷走开，一个人躲进草丛中。

一名瓦剌士兵很快发现英宗，他并未认出英宗的身份，只觉得英宗的穿戴不俗，金光闪闪，珠光宝气，认定他是个官员，身上一定有好东西。遂见财起意让英宗脱下衣服。英宗哪肯？士兵举起大刀，大刀没砍向英宗，只劈向英宗身旁的一石头。令兵士惊异的是，大石头崩出丈余高的火花，似要护住英宗。

这时，这奇异的一幕被另一士兵所见，他偏巧是这名兵士的哥哥。他赶忙喝住兄弟，问怎么回事。弟弟说这人好像很有钱，但不想掏出来，不如杀了他。

哥哥是个小头目，明显比弟弟见过世面，明军中大将见过不少，哪有穿戴成这般豪华的？忽然脑门一热，暗道："此人莫不是大明皇帝？"于是，他命弟弟看住英宗，自己去报告太师。

也先的弟弟伯颜贴木儿首先赶来，英宗见他并未惊慌，只是问他是也先？是伯颜贴木儿？还是赛利王或大同王？并报出自己就是英宗皇帝。

伯颜贴木儿大惊。打败明朝五十万大军已经始料未及，还能擒获皇帝？于是，命人带刚刚在草丛中捉到的喜宁前来辨认。喜宁贪生怕死，早已供出自己是秉笔太监，自然此时也毫不犹疑地

— 151 —

供出英宗身份。

伯颜贴木儿大喜，又找来两个明军辨认，确认是英宗。也先闻讯赶来，自是激动不已，看来老天爷真是眷顾，送给自己一个天大的胜仗，还送给自己一个天大的"猎物"。

英宗许下巨大的好处，请求也先放自己回去。只要能回到大明朝，也先要什么给什么。

也先发动入侵之战，本来并没想到会取得如此战果，他的初衷就是想报复骚扰一下大明朝，索取大利益。哪想到明朝数十万的大军不堪一击。他虽然有大野心，但起码还没有擒下英宗、推翻大明江山的自信。没想到初次交锋，便大获全胜。

也先把英宗带回营地大帐，命喜宁服侍。喜宁不仅贪生怕死，还贪图富贵，他说出自己秉笔太监的地位，表示愿意留在也先身边，为也先进一步的侵略出谋划策。也先心动，或许凭着这张王牌可以角逐大明江山，彻底除去脱脱不花，进而重现大元时期的辉煌。

因语言、习惯等不同，也先又找来一个明军士兵服侍英宗。这名士兵是一名都尉，叫袁彬。袁彬一见英宗立即跪拜，忠心耿耿，安慰英宗不要过多焦虑，迟早能够回朝，重登九五。

也先不傻，对于他来说，如今的英宗便是一棵枝繁叶茂的摇钱树。他命英宗写诏书报信，让明朝廷送来十箱金银珠宝，以换回英宗。

英宗一口答应。当着也先的面，急忙书写一道圣旨，命袁彬连夜赶至京城送信，还要求袁彬把圣旨先呈钱皇后过目。

英宗虽然被俘，但心里亦燃起一道回朝的希望之光。此时，他并没有心思去想，当消息传回朝廷之后，会有几人欢喜几人忧。

5. 无赖也先

　　五十万大军惨败让人心疼，英宗的下落不明更令人担忧。朝堂上一群大臣正像乱成一团的蚂蚁，三五一堆，四六一伙，交头接耳。

　　有人猜测，五十万大军不可能全军覆灭，有可能实力尚存；有人担心，强势的瓦剌军如此势不可挡，接下来会不会攻打京城？于谦看看左右，大声说目前最应该关心的还是皇帝的安危，若真是大军覆灭，那么形势可忧，常言说覆巢之下安有完卵？

　　就在众口纷纭之际，执事太监进来禀报，随军出征的校尉袁彬求见，并声称身上带有圣旨。

　　带有圣旨说明皇上还活着，这也算一个大大的喜讯。终于有英宗的消息，朝廷内外很快就传开了。

　　袁彬进来后，拜见郕王朱祁钰，却声称万岁有话，圣旨必须先给钱皇后过目，然后再呈给监国和众大臣。朱祁钰不满，堂堂监国没资格吗？为什么非得当着钱皇后的面才能看？这明显是信不过。但袁彬耿直又忠诚，郕王也无奈，只好派人速速去请钱皇后。

　　钱皇后已经在来的路上，接过圣旨，看过之后交给郕王。原来旨意是速速备齐十车金银珠宝，前往瓦剌换回英宗。

　　钱皇后当然最关心皇帝的安危，并且只有皇帝回朝，她才能继续稳坐皇后的宝座。催促郕王快些准备。

　　郕王得知英宗的消息，其实是灭了内心的期待。他自然有自己不可说的欲望，所以并没有立即表态，而是把目光投向群臣。

　　众大臣一个个你看我，我看你，不知作何。于谦迈步出班，当着钱皇后的面，说出自己的看法：此番皇上蒙尘，一定在异地度日如年。但是，若把十车金银送到，也先出尔反尔不放皇上还朝，又该怎么办？

一听于谦的话，钱皇后当即翻脸，手指于谦责问什么意思，不想用十车珠宝换回皇上？难道想抗旨不成？还是心存异志？

钱皇后也很厉害，直接把一顶大帽子扣在于谦头上。这也就是英宗为什么，让袁彬把圣旨先让钱皇后过目的原因。

莫说于谦担不起这个罪名，就是朱祁钰也担不起"心存异志"的问责。这时，后宫执政的孙太后从内廷匆匆赶来。

太后认为也先不放英宗只是猜测，接回皇上最好，接不回再议。于是命人准备十车金银珠宝，火速赶往瓦剌，接皇上回朝。郕王自然答应，他尚不能违太后懿旨。

派谁出使瓦剌也很关键。派出的人一来卫护十车金银珠宝，二来能够代表朝廷对话瓦剌，接驾还朝。这个差事本来属礼部尚书最为合适，但礼部尚书随军出征后，只能另觅人选。其实，郕王的心思不言而喻，众大臣彼此推脱。这时，礼部给事中①李实请往。太后欣慰，直接把他擢升为礼部侍郎，官三品。

钱皇后也大喜，心说等英宗还朝，还要重重赏赐李实和袁彬，而于谦此番已被钱皇后记恨。

李实和袁彬押着十箱金银珠宝，星夜兼程。到了瓦剌，英宗自然欣喜万分。也先看着满满的十大车金银珠宝，双目露出贪婪之光。本来十车金银只作试探，岂能就此作罢。他从喜宁口中得知，

---

① 给事中，礼科属官，七品。监定礼部仪制，记录大臣曾经纠劾削夺、有砧士论著，以核赠谥之典。

李实之前只不过是礼部七品小官，便以"明朝侮辱瓦剌"为借口，要求明廷再送来四十车金银，方放回英宗。

李实据理力争。并声明只要也先让英宗和他一起返回，一定再送四十车金银，决不反悔。也先自是不理。英宗无奈，只得又书手谕，命李实返回筹措。

李实空空而回。朝廷之上钱皇后哭得珠泪涟涟，央求再送四十车金银珠宝，免得皇上在外吃苦。郕王不语。孙太后叹气，问群臣怎么办？这四十车金银给还是不给？

得罪人的话只有于谦敢说。四十车金银送到后，还是不放万岁还朝呢？再索要城池呢？也先很可能贪得无厌。

钱皇后与于谦针锋相对。若给，也先有可能放万岁还朝；若不给，谁能保证也先会不会恼羞成怒，进而加害英宗？

于谦自然不敢保证，孙太后心疼儿子，英宗可是她的亲生子。最终还是又筹备四十车金银，命李实赶往瓦剌。

也先见了四十车金银乐得合不拢嘴，好一棵摇钱树！英宗怕也先反悔，又赶紧保证，只要也先言而有信，回去后一定再加封赏，并保证两方以后世代友好往来。

也先冷笑。大明朝的皇帝难道就值几十车金银？只要再把大同和宣府划归瓦剌，便立刻放英宗还朝。

英宗傻眼了。李实也气得怒发冲冠，大声指责也先不讲信用，所有的话原来都是谎言。也先无所谓，露出满满的一副无赖相。

李实无奈何，再次空空而回。大殿之上激愤地说出也先的要求，众人皆愤恨不已。

郕王朱祁钰抬起头，倒是看不出喜与忧，当着满朝文武的面，又说于谦有先见之明，又夸于谦料事如神，知道也先必定以万岁为要挟，会无休无止地讨要好处。

孙太后愁眉不展。钱皇后哭得死去活来，苦苦央求孙太后救救英宗，要不就把大同和宣府割让出去？

孙太后虽然爱子心切，但是轻易割地，她不会同意的。况且大同和宣府都是军事重镇。何况也不是一处两处地盘的事，割了大同，割了宣州，若是让你割让北京城呢？

钱皇后闻言一愣，虽然禁不住眼泪哗哗流，但也不敢继续吵闹。只目光狠狠地看了看于谦和郕王。

孙太后是个明白人，她很有深意地看了看于谦，终又摇了摇头，无可奈何地下决定：暂且不再理会瓦剌，密切关注事态发展动向，以拖待变。

既然孙太后有话，事情到此无果而终。那么，英宗身在也先的掌控之下，明廷如今态度不明，也先会不会恼羞成怒？英宗的命运又将怎样呢？

6. 流亡之痛

也先等着大明朝使臣回话，转眼已是月余，北京城出奇的没有动静。也先果然震怒，带着战利品和英宗，经宣府、大同北撤。

来到宣府城下，也先把英宗带到城前叫阵，威胁守城将士看清楚，这是你们皇帝在我手上，速速开城迎驾。

镇守宣城的总兵是杨洪。杨洪行伍出身，一身骁勇，治兵有方，善于谋略，一座边城小镇被他打理得井井有条，深得手下人敬重和百姓称颂。

杨洪手下副将罗亨信亦是一名精忠报国的大将。在土木堡之变前，他曾上奏朝廷对瓦剌军多加防备。土木堡之变爆发后，边城人心惶惶，许多官吏、富豪以及部分官兵纷纷想远离是非之地。真若是一座空城如何守边卫国？罗亨信不惜挎着宝剑，坐在城门口拦截，声称"出城者斩！"对于普通百姓，他又挨家挨户去做工作，要大家齐心协力共御来敌。罗亨信这个副职，每天和杨洪一起身不卸甲，日夜巡城。

也先大队人马来到宣府城下时，正是罗亨信在城头巡防。看见英宗皇帝，罗亨信也是百感交集。英宗叫门时，罗亨信忍着冲动，只道自己有守城职责，不敢轻易开门。

也先又放话杨洪迎驾。杨洪也和罗亨信一样，声称身为臣子，自应该为皇上守好城池，不敢开城门，以防瓦剌盗寇乘虚而入。

也先大怒，阵前叫骂不止。见杨洪不理不睬只得退走。又点齐两万精锐，带着英宗、袁彬直奔大同守城。

也先叫英宗去叫门。这次也先改变策略，说此番来到大同，是送还英宗。谁都不傻，真要送英宗回朝派使者即可，最多就是带着百十护卫，怎会率领两万精兵随后？也先咬定送英宗回朝，率领兵马就是壮声势，当然，守城将官必须用万两白银、百件礼物换回英宗。

守卫大同的是广宁伯、大同镇守总兵刘安和都督郭登。郭登正在城上，也先大队人马靠近后，便让英宗去叫门。袁彬高呼郭登接驾，令其打开城门迎接英宗进城。

郭登一看大惊，果然是英宗皇帝。但看着英宗身后虎视眈眈的瓦剌兵，如何敢打开城门？声称只要瓦剌军退后二十里，便大

— 157 —

开城门迎驾。

也先自然不肯撤兵，命弓箭手逼着袁彬叫门，叫不开便取他性命。袁彬无奈，以头撞城门，鲜血直流，大呼皇上有旨。

刘安和郭登不敢抗旨，刘安便和郭登商量，留下郭登紧守城门，刘安则登上城头高呼广宁伯、大同镇守总兵刘安接驾，瓦剌军需退后五里。看在银两的份上，也先退后五里。

刘安备齐银两，又勉强凑了各样礼物，刚一出城，郭登立刻关闭城门。也先都不得不惊叹他们的警惕与戒备。

刘安终于见到英宗，三拜九叩，英宗也是眼眶微红。呈上礼物之后，刘安要求带走英宗。

也先哪里肯放回英宗，态度傲慢又狂放不羁。他盘腿坐在毡子上，声称瓦剌军此番收获颇丰，已经很满意了，那么送还英宗不是不可以，要求刘安必须拿出足够的诚意，再补贴一些金银布帛，用来给瓦剌犒劳军卒、抚恤伤兵之用。也先再次坐地起价，索要白银五千万两。

刘安哪有五千万两的白银，这样的狮子大开口令英宗也很无语。英宗对刘安说："太师如此盛意，卿自当量力而行，切不可以朕躬为忧。"

也先只道英宗归心似箭，但刘安已经心有所悟，声称带英宗手谕，回去准备调集国库储备。

袁彬领着刘安出账，袁彬趁人不备传话，英宗已经洞察也先之索财之心，恐怕送返已经是谎言，命刘安严加守卫大同，以应不测。

刘安回到城中和郭登商量，调集银两还需时日，不如暂时筹备一些，再以天寒为万岁送寒衣为名面见皇上，共商一个营救计划。

且不说计划可行与否，第二天，刘安忽见也先带着大军急急撤走，不知为何，但瓦剌军已经全部撤回老营。

至此后，英宗开始了大漠深处艰难苦痛的流亡生涯。

英宗初被俘虏时，表面上表现得很镇静，实际上由皇帝沦为战俘内心难免惶恐。他强迫自己表现出大国天子的气度，许下极大好处，只求也先放自己回朝。也先以自己为要挟索要金银珠宝，无他，给就是了，只要能回到北京城一切都好说。所以，十车金银珠宝、四十车金银珠宝都无所谓，那时英宗还对回京抱有幻想和希望。随着也先条件不断追加，英宗终于明白，也先只把自己作为一棵摇钱树，无休止的索取，以图更大的利益，回朝恐怕已遥遥无期。

也先的骑兵营在草原上驰骋，英宗跟着颠沛流离。英宗也骑过马也射过箭，但那只是出游玩耍，哪里像这样长途跋涉，一路颠簸骨头都要散架了。

英宗的内心满是凄凉。他从太子到天子，万人之上，锦衣玉食，前呼后拥，妃嫔如云，何等的风光？尊贵的生活他是无比留恋的。况且自己如今才二十几岁，还青春年少，亲政才八年，还想大展宏图呢。

大漠的天气风雪交加，天寒地冻，一阵阵狼嚎近乎哀鸣，英宗蜷缩在羊皮被下，身子瑟瑟发抖。这环境跟皇宫大院相比，就是从天堂坠落到地狱。毡房内四处漏风，说是羊皮被，被上的羊毛几乎掉光，就剩一张光秃秃的皮板在御寒。英宗几时受过这样的折磨？他把冻僵的双脚缩了又缩，辗转反侧难以入睡。

袁彬听到动静，起身坐到英宗身旁，直接解开衣服，伸手把英宗一双冰凉的大脚放入自己的胸膛。英宗感动得热泪盈眶。英

第六章　土木之变，风云起兮观世界

— 159 —

宗推脱再三，袁彬也不肯放下，英宗在袁彬温暖的相拥下慢慢睡去。

患难见真情。喜宁贪生怕死，贪图富贵，不惜背叛出卖英宗，甚至不惜出卖大明江山；而袁彬忠肝义胆，对英宗不舍不弃，把英宗照顾得无微不至。他给予英宗的不仅仅是身体上的温暖，同时也给了英宗活下去的勇气。袁彬与英宗相依为命，盼望着有一天能重回大明朝。

土木堡之变后，英宗亲体流亡之痛，不仅生活条件艰苦，最难挨的还是漫漫长夜里对故土浓浓的思念。

7. 分析时局

御驾亲征本身就是个错误的决定。当时在朝堂之上，首先遭到兵部尚书邝埜、礼部尚书王直、兵部右侍郎于谦等人的强烈反对，奈何王振弄权，御驾亲征最终一锤定音。

莫说当时夏日炎热，缺水少粮等环境因素的不利，单说把军政大权交付给一个宦官，凡事听任王振的摆布，岂不是把关乎国家命运的战争作儿戏？

王振当权之后便鼓动英宗以武治国，他数次在练兵场上指挥练兵，以为带兵打仗简单，是一件很容易的事。没有一点实战经验，不懂一点兵法，王振连纸上谈兵都称不上，不过是无知者无畏罢了。

英宗内心里也尚武。英宗羡慕自己的先辈一生戎马，驰骋疆场，扫平敌寇，打下不世江山，那是多么豪勇，何等风光。而自己出生在皇朝内院，锦衣玉食，虽然当了皇帝，却始终没有什么建树。

英宗觉得自己也应该像先辈那样出征，做个马上皇帝才能更服众，才能更威风。英宗错就错在，不能正确估量自己，他哪有先辈们的才能与经历，不过是一位"目不辨旌旗，耳不闻鼙角"的皇帝。

于谦反对御驾亲征就是这个道理，他说："祖宗士马兵强，将相智勇，故可亲征取敌，威震边方。此时承平日久，民不知兵，况兼将帅不经战阵，如何可去亲征？必坏大事。"

邝埜亦是深谙当前形势，他猜测御驾亲征很有可能凶多吉少，作为兵部尚书，随行出征是责无旁贷的，所以兵部的事只能托付信得过的于谦。临行前，邝埜拉着于谦的手不停地嘱咐：国家大事要坏在王振的手里了，希望自己走后，于谦遇事要勇于承担，能够担负起保卫京师的重任。邝埜知道于谦的才能，将来能成为国家栋梁的恐怕只有于谦。

虽说亲征鲁莽，但于谦怎么也没有想到，大明浩浩荡荡的五十万大军真的就败给瓦剌，并且近乎全军覆灭。当北京城出现战败的残兵游勇后，于谦感到形势的严峻，"覆巢之下安有完卵"，于谦特别担心英宗的安危。

怎么会败得如此狼狈？于谦虽然没有伴驾亲征，但他从兵部战报以及一些听闻上一遍遍推演战争实况。

大军出征时就过于匆忙，朝堂上决计后，只准备些粮饷、衣物、武器之类的军备，三日后便出发了。一路上阴雨连绵，将臣之间矛盾重重；士兵连日急行军，不仅消耗体力是疲惫之师，更加心绪紊乱，士气低落，这是一大不利因素。

猫儿庄和阳和口败兵之后，出京时气壮山河的王振马上变得胆小，上演了逃跑主义。然而逃便逃吧，竟然不选择安全路线，还不停往返消耗自己将士的体力，做许多无用功。

敌人追来之后，既轻敌又无有效的作战指导。不懂得整军迎敌，也不结营自固，更不懂得占据有利的地形。严格说来，土木堡就是孤立的一个工事，原因有二：一来如果舍弃土木堡选择进怀来县城，坚城固守，不可能出现这种后果；二来，稍懂兵法的就应知道，土木堡没有水源，被困之后军粮也接济不上，两军对阵，没有军粮、水源，就犯了兵家大忌。

土木堡惨败，还有一个重要原因，就是将领不谙谋略，军士素质极差。猫儿庄也好，阳和口也罢，先行的几次战斗都是中了敌人的埋伏，土木堡还遭遇了敌人的突然袭击。也先当时过宣府追击明军，若是明军和宣府互为配合，前后夹击瓦剌军，瓦剌会面临怎样结果？区区两万的瓦剌军会不会被明军围困？再有，瓦剌军两万人，尖刀一样插进来，明军自己首先就慌了，将官没有明确的指挥，军士纪律散漫，结果队形被冲散，四处溃逃，自相践踏，不堪一击。

兵法上说知己知彼百战不殆。在土木堡之战中，于谦看到明军对于也先几乎一无所知，一次次地陷入也先的计谋中。

也先何等精明。初闻大军行来，也先首先撤退，主动避开几十万大军的锋芒，佯装败退，诱敌深入。待到明军苦于奔波，饥疲交加，匆忙撤走之时再追击。而也先的追击不是迎战前锋主力，采取了击其殿后的战略，而且也不是硬打硬，相反用的是突袭、伏击等战法对战明军。土木堡之战，也先首先围而不攻，然后派出使臣假装求和，一边谈判一边后移。也先不惜用上欺骗之手段引明军离开营地，然后突袭，横冲猛打，大获全胜。

土木堡之战，虽然明朝昏庸奸宦乱军，但尽观整个战事过程，可以看出也先在战略战术方面确有独到之处。

明军大败，尤其是英宗被俘的消息传到京城之后，朝廷之内开始出现动荡，众臣慌慌不知计将安出。郕王朱祁玉和后庭孙太后主政，遍寻能够安宁家国之能臣。

郕王朱祁钰身为监国，英宗出事其实他私下里是有很大期待的，但上有孙太后制约，还有钱皇后阻挠，他心里的想法究竟能不能实施，又怎样实施，他缺少方向感。

在营救英宗时，用十车金银财宝换回英宗的问题上，群臣避讳不语，唯有于谦大胆进言。于谦猜测也先贪心不足，不会满足于些许财物。当第二次也先要求四十车金银换回英宗时，也是于谦与钱皇后针锋相对，尽管孙太后做主，于谦劝阻失败，但于谦也提出自己的看法。在众人还对金银珠宝换回英宗满怀希望的时候，于谦断言李实只会空手而返。结果与于谦所料丝毫不差。当也先第三次索要宣州、大同时，触到太后底线，营救计划暂时搁浅。

瓦剌以英宗为要挟，贪心不足，步步紧逼之时，郕王与太后已经苦无良策。于谦性情耿直，已经全面的分析时局。他明白英宗暂时应该没有性命之忧，然若想断了也先无休止的要挟与勒索，只能废了英宗名号。但这样的话谁敢说：一来莫说英宗是孙太后亲生子，就单凭轻易更换万岁也不是小事；二来，这样做法惹怒也先后果谁能担负？

于谦大胆分析时局，但心中的想法是否能够付诸实施，大明朝今后又将面对怎样的惊涛大浪，于谦的心里亦是担忧不已。

第六章　土木之变，风云起兮观世界

第七章 保卫京师,挺身而出担重任

1. 朝臣打架

战败的消息传来,大明朝的朝堂之上就像天塌陷下来一样,群臣乱成一锅粥,甚至有人哭作一团。一来,他们是既痛心又担心皇帝;二来,这瓦剌军够厉害,战争会不会继续扩大,战火会不会蔓延到京城?

孙太后亦不是简单人物,面对当前形势,后宫主政稳定大局。她直接令吏部尚书王直宣读英宗写下的书信,公布英宗被俘的消息,避免群臣无意义的猜测、争执,与大家共同商讨如何收拾残局。

英宗被俘,为稳定军心民心,孙太后和大家商量之后,立皇长子朱见深为皇太子。朱见深年仅两岁,由郕王朱祁钰监国,商议一系列需要迅速建立起来的防御措施。

翰林侍讲徐珵[①]出班,他更抛出惊人之语,说:"京师所剩皆疲惫之兵,羸弱之马。倘若也先乘胜杀来,如何抵挡?臣夜观天象,

---

① 徐珵,苏州人。因土木堡之变后建议南迁,招致代宗不善用而后改名徐有贞。

查考历数，天命已去，只有迁都南京方可躲过此劫。"

一石激起千层浪。徐珵的话声一落，首先遭到于谦的大力反驳，于谦声色俱厉，说："京师，天下之根本，京师一动则大势去矣，为今之计，只有速招天下勤王之兵，誓死坚守京师。"

于谦的话得到大多数人支持，不到万不得已谁愿放弃京城？迁都南京等于直接认败溃逃。如果真的退走南京，也等于放弃英宗，断了英宗回归的路，英宗的下场就形如北宋徽宗、钦宗一样可悲。

郕王朱祁钰听了于谦的话频频点头。吏部尚书王直及几位忠臣一起力挺于谦。更有郕王身边的司礼监太监金英，直接出言怒斥徐珵，毫不客气地让他滚出朝去。

徐珵成为众矢之的，他不思己过，反而在心里记恨起于谦。那么这个小人，如何报复陷害于谦，都是后话。

此时，提起土木堡之变失败，众人无不痛恨王振。若不是王振鼓动御驾亲征，英宗岂能被俘？若不是王振独断又胡乱指挥，数十万大军岂能遭此横祸？这些都是王振造成的，一时间朝廷之上响起"嘎嘣嘣"的咬牙声。如今王振已死在土木之变中，若不然，众人此时恨不得食其肉喝其血方解心头之恨。

王振虽然死在土木堡，但是王振的一干余党还在。众人又嚷着让朱祁钰灭王振九族。就在群情激奋之时，东厂锦衣卫指挥使马顺一探头，说王司监生前连皇上都要称他先生，如今当算为国捐躯。

马顺的声音并不大，却成功引起大家的注意。都知道马顺是王振的死党，跟在王振身边没少干坏事，王振的许多主意都是马顺付诸实施的。如今，王振死了，众人这一腔怒气正没处发泄，马顺这一露头，可给自己惹了大祸。

给事中王竑早就对马顺恨之入骨，他第一个冲出去，一把抓住马顺，劈头盖脸地打去。打都觉得不解恨，他一边打还一边用嘴咬。群臣更是一哄而起，这个骂他助纣为虐，那个骂他罪该万死，又说乱臣贼子人人得而诛之。朝堂之上顿时乱成一团，有挥动手中笏板的、有抡起拳头的、也有脚踢嘴咬的，只一会工夫，马顺就不动了，竟然被活活打死。

这些平常文质彬彬的大臣们，打起架来竟然不甘示弱，貌似这样都没过瘾。偏偏这时有锦衣卫毛贵和王长随，二人扒着门口看里面到底发生何事，被人发现，说那边还有两个王振死党。哗啦一声，众人疯了一般，又把这平时以王振为靠山，作威作福、干尽坏事的两家伙围起来，一阵拳打脚踢，没一会儿二人也众人被活活打死。

朝廷之上发生百官群殴事件还是头一回，群情激奋，乱得一塌糊涂。眼看事情往不可控地步发展。因为此时朝堂外面有大批的锦衣卫，锦衣卫尚不知发生何事，若是看见马顺等被打死，一窝蜂地冲进来为其报仇，那就麻烦了，场面更不可收拾。

此时，朱祁钰都吓傻了，这还是皇宫大院吗？这是要干什么？他两股战战，让金英搀着自己就要开溜。于谦奋力从众人身边挤过来，挡住朱祁钰的去路。要求郕王站出来，主持大局。

朱祁钰有些六神无主。于谦晓以利害，朱祁钰点头称是。金英在朱祁钰和于谦授意下，清清嗓子，高声宣唱："郕王爷官谕百官，马顺该死，众臣无罪，锦衣卫退居殿外！"

于谦更高呼众人，既然王振这几个死党已经正法，就不要高声喧哗。朝堂之上终于慢慢静下来，一场更大的喋血事件被平息。

朱祁钰此时也冷静下来，明白这是自己安抚众人的好机会。

诛九族终过残忍，便命都察院右都御史陈镒抄灭王振一族，以慰人心。

王振府邸被团团围住，王振的侄子王山也是坏事做尽的败类，被捉住之后，朝廷之上众人又历数其种种恶行，被推出午门，凌迟处死，得到了应有的下场。王振一家以及部分余党同时被处死。

最令众人震惊的是，自王振家中搜出数目惊人的家资：金银宝库就有数十座，玉盘一百多个，珊瑚树高六七尺的有二十余株，各种各样数不上名字的奇珍异宝不计其数！如此可见，王振贪污到何种程度。这些财物全部充公，倒是正好解决阵亡将士的抚恤以及军需问题。

朝廷对于王振一家以及一干余党的处置深得民心，一时间京城百姓皆奔走相告，拍手称快。

百官群殴史无前例，对于这个临时爆发事件的处理，于谦临危不乱，处事不惊，处理得体，稳住了朝廷上下，深得朱祁钰以及群臣的佩服和信赖。若是没有于谦站出来，那么这一事件最终发展到什么地步，还真是难以想象。以吏部尚书王直为首的几大臣，特别敬重于谦的品行与处事手段。王直说多亏了于谦，直言就算一百个王直都比不上一个于谦。

朝廷之上群臣打架事情发生不久，内宫孙太后发来懿旨，于谦由原来的兵部右侍郎升为兵部尚书。至此，在风云变幻的时局下，于谦担起大任，走到历史前台。

2. 扶立新君

群殴事件虽然没有造成太大的不良后果，但这样的动乱从未曾有。于谦挺身而出协助朱祁钰掌控了局面。事后，于谦更加心忧。长夜难眠，他一个人苦苦冥想。

紫禁城的大殿是何其威严的一个地方，平素一班大臣皆是穿戴整齐、规规矩矩地站立两侧，拜见圣上，递交奏折，讨论国家大事。大气不敢喘有些夸张，但无论如何也不敢这般放肆，竟然不顾形象大打出手。

朱祁钰也知道这不成体统，但他无可奈何，只吓得两股战战，竟然要溜走。朱祁钰怕什么？为什么不能强势地稳定局面？因为朱祁钰只是以监国的身份总理朝政，毕竟他不是皇帝，没有皇帝的名分，自然也就缺少皇帝的威严，也就镇不住场子。如果是皇帝高高上坐，就不可能发生这样的事。那么，谁能保证类似的事件以后不会发生？

经土木堡一役，六师转眼间灰飞烟灭，京城的损失很大。如果内部再不稳定，一旦也先乘虚而入，很可能出现更大的乱局。没有稳定的军心民心，如何面对内忧外患？如何保卫京城？一旦京城失守，那便民心离散，大明的百姓会挣扎在无边的战火硝烟中，也将面临生灵涂炭。

英宗是一棵巨大的摇钱树，奇货可居，也先不可能轻易放回英宗。一些金银财物的勒索还属小事，也先很狡猾，挟英宗走宣府、临大同已经令边关岌岌可危。英宗是也先握在手里的一张王牌。有了这张王牌在手，也先可以无休止地勒索；有了这张王牌，也先可以有恃无恐，放心大胆地不断威胁。威胁边关之后，一步步就有可能威胁整个大明江山。

其实于谦早就知道，只有让也先手里的王牌变成一张废纸，失去作用后，才能不受其威胁，但谈何容易？刚刚册立的皇太子还是一个浑蒙无知的孩童，根本担不起国家大任。国难当头，国家需要一个能稳住阵脚，带领大家共御强敌的领军人物。

思之再三，只有英宗的弟弟，已是监国的朱祁钰最合适。如今形势迫人，于谦思虑再三，下决心把这件事提上日程。

孙太后垂帘听政，于谦联合陈循、高谷、王直、胡濙等官联名上疏，请求太后立郕王朱祁钰为帝，安定民心。

英宗尚在，直接不管不顾，重新扶立新君，这份胆量不可谓不大。孙太后是位智者，也久久不语。

于谦伏地泣奏："今士庶慌惶，莫知有主。倘有不测，其如宗庙何？乞太后念社稷为重，早定大计、以安社稷，以慰群黎，天下幸甚。"

吏部尚书王直也再次言明，这是眼下非走不可的一步棋了，虽然委屈了英宗，但是对整个大明江山是有利的。

堂下群臣附和。孙太后心里自是明白，已经没有更好的办法了，只能忍痛点点头，颁布懿旨：

皇太子幼冲，未能遽理万机。郕王年长，是宣宗皇帝亲子，宜嗣大统，以安家国。

若说英宗被俘后，郕王没有一点心动是假话，但这特殊时期，若真把他推上九五宝座，郕王反倒没了底气，再三推迟。

奉天殿上，于谦带领群臣山呼万岁。孙太后命朱祁钰务必担起如今重任，日后英宗若有微词由她一力承担。朱祁钰见群臣如此，圣母之命更不可违，只得点头应允。

正统十四年（1449年）九月，郕王朱祁钰称帝，即明代宗，后定国号景泰。景泰帝遥尊正统皇帝为太上皇，尊孙太后为上圣皇太后，尊生母吴氏为皇太后，册封汪氏为皇后。

或许出于讨好上圣皇太后，或许给群臣做做样子，总之景泰帝登基之后再三强调，当前第一要务是尽快迎太上皇还朝，命李实作为国使前往瓦剌，把朝廷如今的情况告知也先。为营造英宗已经不被重视的假象，朝廷不许李实给朱祁镇带去任何生活用品。

漠北天寒。朱祁镇在也先的驻地度日如年，孤独、寂寞、凄凉等等情绪一波波疯狂来袭。

闻说明廷又有使臣来，英宗喜不自禁。马上就要见到故国来人，一抹亲切感油然而生。母后应该不会放弃自己，是不是来迎接自己回朝呢？

刚一迈进门，英宗便听见也先歇斯底里地叫喊，再看地上一片狼藉，也先满脸怒色。也先嘶吼着让李实告诉英宗，说朱祁镇已经被废，是什么狗屁太上皇了。

李实的传话听得朱祁镇一阵恍惚。朱祁钰当了皇帝？自己不是皇帝了？母后废了他这个亲生儿子？英宗傻眼了。

也先貌似比朱祁镇还激动，又是摔东西，又是破口大骂。他有些不敢相信，皇上也能说换就换？攥在手中的这张王牌失去作用了？那宏图大计岂不是要全盘落空？

若英宗在瓦剌相当于只能吃干饭的废材，那么手里握着一块废材何用？也先怒火万丈。但也先终归没有杀英宗。朱祁镇毕竟曾是一国之君，或许将来无论大用小用，也许还有些用处呢？

朱祁镇回到住地遥望南天，禁不住怆然泪下。袁彬在一旁也是泪流满面。流落北国，最初身边还有一个太监喜宁，但喜宁怕死直接背叛，还贪图富贵不惜卖国，英宗恨不得千刀万剐了他。幸亏有袁彬这样的忠臣日夜陪伴，给他照顾，给他鼓励，给他活下去的勇气。

没有黄绫，英宗命袁彬要来白纸，拿来笔墨，亲自书写表文。还宰了一只羊，朱祁镇十六拜大礼，祷告天地，略表对祖宗的孝悌之情。英宗拜罢，回身扶起袁彬，也说天无绝人之路，一切会好的。

其实，朱祁镇心情十分复杂。曾经的热望，就像大漠此时的天气一样，令他感到冰冷彻骨。情况已然今非昔比，什么时候能还朝？还能不能还朝？朱祁镇倍感迷茫。此时此刻，朱祁镇担心的已经不再是也先，而是当朝皇上，也就是自己的御弟朱祁钰了。

3. 战前准备

鉴于当前形势，于谦临危受命升任兵部尚书，代宗把很大的权力交付于谦，京城所有兵力归他调度备战。于谦深知自己肩头的担子有多重。瓦剌进攻北京的脚步已经日日逼近，巩固京师迫在眉睫。

独石口、居庸关、紫荆关、宣府、大同等地都是重要的军事基地，这几处相当于数个点，连点成线，就圈成了北京城外围防御圈。牢不可破的防御才是北京城的强大屏障。

镇守宣府的是总兵杨洪以及副将罗亨信，二者皆是大智大勇之人。土木堡之后，他们坚守宣府，夜以继日不曾懈怠，并且敢于和也先交兵，保住了相当于一座孤城一样的宣府。于谦请封杨洪为昌平伯、罗亨信为巡抚并朱谦等继续镇守宣府。

镇守大同的是广宁伯、大同镇守总兵刘安和都督郭登。土木堡之变后，也先拥朱祁镇来到大同城下，郭登为人耿直，拒绝开门迎纳，因为他身担守城大任，不敢擅自开门，以免放瓦剌军进城。而刘安则主张迎接朱祁镇，把大量的库金送给也先。其实，出于对太上皇的营救也无可厚非，但后来刘安私心膨胀，以报告敌情为由，擅自离开大同。刘安来京师讨赏，遭到群臣的弹劾，受到于谦严厉制裁。大同仅留下郭登对抗也先三日之久，在这三日里，郭登带领大同军民奋力抵抗瓦剌军，不惜流血牺牲。出现伤亡之后，郭登亲自给伤员包扎，与城池共存亡，与百姓共生死，终于保住了大同。

于谦请封副总兵、都督郭登为总兵官，配征西将军大印，取代刘安镇守大同。

郭登果然不负所望，日夜秣马厉兵，加强大同军备整治，成为北京西北部的一道钢铁防线。

宣府和大同两处重要关卡大致是守将依旧，没什么大的变动。

其他几处军事重地，于谦直接选派将领。独石口选派的是监察御史程富；居庸关选派的则是广东东莞县（今广东东莞市）河伯所的闸官罗通，擢升为兵部侍郎；紫荆关选派了四川按察使曹泰，等等。这些人才的选用不拘一格，于谦没有按照通常标准，而是直接根据自己对这些人品格的考察决定的。同时，加强这几处重地的兵力部署，尤其居庸关兵力由原来的九千增到一万九千；紫荆关兵力也由原来的七千增至一万两千人。这几处防御力量的增强，无形中为北京保卫战的准备工作争取了一定的时间。

对于京师守卫的选拔，于谦的做法更是出人意料。镇守京师总兵营的总领石亨，是原来大同都督，因为在阳和口战败而单骑回京，被弹劾陷入大狱。于谦知道这是一员虎将，他力排众议，大胆启用，把镇守京师的重任交给了他，以及副总兵原辽东都指挥范广。在这之后的事实证明，于谦的做法是正确的，石亨、范广皆在以后的大战中表现出不凡的实力。

有奖有罚，在提拔了这批将领的同时，于谦也奏请代宗制裁了一部分无作为的各处守将，如忻城伯赵荣等，赵荣平素就治军不严，手下兵士懒散，一盘散沙，口碑极差。通过对这样将领的整治，使军中军纪更趋严明。

于谦就近招募精壮入伍，勤加操练，还日夜赶造武器，装备军队。同时，专门派出将领前往京畿、山东、山西、河南等地招募，并筹集火枪、火铳、火箭、火炮，甚至是战旗、兵服等物资。很快，于谦手下的大军达到二十万人，还有许多勤王的队伍陆续赶来。

北京城从永乐帝修建宫殿之时，城周四十五公里内，南开崇文门、正阳门、宣武门；东开东直门、朝阳门；西开西直门、阜成门；北开德胜门、安定门，九门皆修建了防御工事。到正统年间，防御工事又得到大大的增强。首先在从结构上，原来的土结构已经用砖石加固。其次，也继续修建了各种城楼（包括正门楼、月城楼、牌楼和角楼等）、城壕、以及石桥和水闸。为了防御瓦剌进攻，在城墙的堞口处设门扉，门扉多达一千一百多扇，并在东、西、南三面城墙上绑缚沙子栏木，增强防御功能。

防御重中之重，时间紧任务重。采用了群策群力的方法，于谦调动了全城的军民行动起来，把城内的木工、瓦工、石匠等抽调组成工程队，一边筹集大量砖石、木材、石灰等材料，一边逐一修缮加强各关卡的防御工事。所有九门内存在的土结构全部用砖石加固，挖深战壕。同时，各城墙堞口的门扉增设至一万一千余个，增加沙栏木五千余丈，进一步加强了北京城的防御功能。

这样，北京城在军事上形成了外部有坚固的防御圈，内部有强大的自身防御体系的一个高端设置。

于谦总结土木堡一战的失败经验，除宦官弄权指挥失利等原因之外，还有后勤保障做得不到位。比如，几十万大军长期在风雨中辗转，粮草、饮水等接济不上，官兵在人马饥渴的情况下如何打胜仗？所以，于谦深知在人力、物力、财力等多方面做好准备工作。最关键的一步，于谦放在粮食的筹备工作上。当时，京城的粮食储备主要集中在通州官仓，数量达到数百万石，可以直接供应城内军民一年的食用，但因为距离远，短期内很难全部运回，为了防止落入瓦剌手里，有人提议全部烧掉。于谦极力反对，粮食是大财富。于谦想到一个巧妙的计策。首先，朝廷用500辆大车昼夜运粮；其次，发动京城的官军、百姓帮助运粮。他的办法是：颁发给官员九个月俸粮，士兵六个月粮饷，皆需自己想办法去通州取；百姓凡能从通州运粮二十石，交给官府的赏白银一两。

调动全城军民积极性，大家热火朝天地投身到运粮的洪流中，日夜车马人流滚滚，不消几日功夫，就把通州粮仓里的粮食搬运到京城。有了粮食，就有了稳定的人心。

于谦为积极备战日夜操劳，殚精竭虑，家人很长时间想见于谦一面都难。于谦以忘我的付出，赢得京城所有军民的一致称赞与信任。更有于谦生病，景帝为其前往万岁山伐竹沥水之美谈流传于世。

4. 保卫北京

正统十四年（1449年）九月，就在北京的防卫紧锣密鼓地进行时，瓦剌军疯狂的马蹄声夹着塞外风寒声声逼近。

闻到大战风声的京师，兵部尚书于谦提督各路兵马统一指挥，并启用王通为中军都督府都督佥事、吏部尚书左侍郎杨善为都察院左都御史，一起负责京城的守备。大战关头，赦免广宁伯刘安，擢升为总兵官。

九月二十三日，于谦已经通知各关卡守将加强戒备。若也先挟英宗攻城，不要自乱阵脚，务必以"宗社为重"，不要轻易相信也先的话。假若只有几骑或十几骑来人，可以考虑他们是送驾归京；若有大队人马随行，那就是别有用心，不可轻易开城门。如果也先大军来时，应采取或从长计议，或袭击，或固守等策略，做到灵活应变。

瓦剌军进攻北京城，采取的是兵分两路。一路由也先亲自率领，经紫荆关迂回进攻北京；另一路由京师正面攻居庸关、白羊口配合。

九月二十八日，也先挟英宗来到大同叫门，总兵官郭登已经和也先几次交锋，深知也先的狡诈。他首先在城上埋伏士兵，然后请英宗下马徒步入城。也先怎肯让英宗下马，若英宗进了城，郭登再及时收起吊桥，他的大军就无法趁机而入。也先无奈，挟英宗弃北门又奔东门，东门只送了羊、酒等礼物给英宗。也先皆无法轻易进城。

十月初三日，也先又挟英宗奔阳和（今山西阳高），阳和守将只送出羊、酒等慰问。也先也是悻悻而归，没有收获。

就在各关卡积极防范的时候，没想到十月初四日，也先挟英宗来到堪称天险的紫荆关。十月初五日，在太监喜宁的阴谋下，紫荆关守将孙祥中了也先的计策，遭到也先和伯颜帖木儿前后夹击。督指挥韩青战死，孙祥与瓦剌军殊死巷战，最终战败被杀。

紫荆关是通往京城的咽喉重地，初闻战事，朝廷便有警觉，迅速命都督孙镗为总兵官、高礼为副总兵，点精兵两千六百余人飞出救援，同时命都督毛福寿、陶瑾率精兵前往策应，可惜刚刚出兵就传来紫荆关失陷的消息，部队只好驻扎北京近郊待命。

正统十四年（1449年）十月初九日，喜宁引也先大军过紫荆关，挟英宗经易州、良乡、卢沟桥，于十一日逼近北京近郊。同时，瓦剌另一路兵马大举进攻白羊口，守将吕铎逃走，通政使谢泽率众坚决抵抗，英勇就义。白羊口失陷。都督高礼、毛福寿迎敌彰义门（今北京广安门西），击退三百人的进攻，瓦剌军列阵西直门外。

坐拥红炉尚觉寒，边城况是铁衣单。
营中午夜犹传箭，马上通宵未解鞍。
主将拥麾方得意，迂腐抚剑漫兴叹。
东风早解黄河冻，春满乾坤万众安。

这是于谦夜半的随口吟咏，面对大军压境，多少人心惶惶？但于谦尚有自信，相信会迎来"春满乾坤万众安"。

十二日，也先挟英宗逼迫明廷就范，妄图朝廷屈服，兵不血刃地得到最大利益。

也先采用心理战术，首先挟持英宗出面令明廷投降，理由是当初土木堡一战，明朝的五十万大军都不堪一击，如今面对瓦剌的十万大军更无胜算。也先令英宗劝降明廷开门献城，未能如愿。

退而求其次，也先命英宗写信议和。可以不打仗，但是明廷用最大的诚意换回英宗。这是英宗期盼的，于是，一封议和信飞向北京城。

英宗被俘一直流落在外，如今北京城就在眼前，回归的心情自然十分迫切。而朝廷内部，朱祁钰私下里是不欢迎朱祁镇回朝的。英宗回归，自己拥有的一切会不会像梦一样飘散？孙太后作为朱祁镇的亲生母亲，怎忍心看着自己的骨肉受苦，极力主张迎回英宗。

孙太后下旨不惜一切代价换回太上皇。于是，轻车熟路的李实再次与中书舍人赵荣（晋升为太常侍卿）、通政司参议王复（晋升为右通政）组成三人使者团前往瓦剌大营议和。

也先故意刁难，嫌弃三使者官职小，要求必须兵部尚书于谦和礼部尚书王直、礼部尚书胡濙等亲来，并带着万计金帛等物，才肯谈及议和。这不过是也先的一个诱骗阴谋，议和最终失败，朝廷上下一致对敌。

于谦制定了"依城为堡，以战为守，分调援兵，内外夹击"的一个作战总策略，决定关闭九门率众出城迎战。

于谦的战略部署最初遭到很多人反对，理由是：一来，北京城坚固可守，守城而战有优势；二来，瓦剌兵是远道而来，后续补给处于不利地位，势必求战心切。所以耗敌数日，待他士气低落时再出击，势必解决北京之困。

于谦想法是：瓦剌心急，朝廷包括景帝在内也同样心急。虽然在备战时筹到足够一年多的食用粮食，但是久困之下军心民心都会受到影响。所以，于谦仔细分析利弊，大胆决定不能久候，要列队出击。为绝大家的反顾,坚定背城一战的决心,还规定凡出城的将士,不败敌军不得退回城堡,临阵脱逃者力斩!于谦决定破釜沉舟,誓与瓦刺军决一死战。

于谦命都督陶瑾列阵安定门;广宁伯刘安列阵东直门;武进伯朱英列阵朝阳门;命都督刘聚列阵西直门;副总兵顾兴祖列阵阜成门;都指挥李端列阵正阳门;都督刘德新列阵崇文门;都指挥汤节列阵宣武门,自己身披盔甲,与石亨率副总兵范广、武兴一起列阵德胜门,首当其冲。

也先开始攻城。他本以为明廷投鼠忌器。不敢让太上皇当炮灰,瓦刺的勇士就能放开手脚,继而攻进北京城。所以,也先命人押着英宗和袁彬走在最前面,向德胜门发起猛攻,轰轰烈烈的北京保卫战全面打响。

5. 击退瓦刺

德胜门。眼看瓦刺军迫近,已经架起云梯,城墙上的石亨焦急万分地、不停地请示是否开炮?

于谦"社稷为重君为轻"的主张,令明智的孙太后,即如今的上圣皇太后哽咽无声。于谦指出,其实只有敢打,太上皇才更有生还的希望。也先为了索取更大利益,不会真的让太上皇当炮灰,如此才能彻底地粉碎也先的阴谋。

于谦见瓦刺军一层层涌上来,直接从士兵手里夺过火把,将炮捻点燃。大炮轰隆一声发出冲天怒吼。瓦刺军顿时大乱,有成片的兵士倒下，吓得押着英宗的乃公扯着英宗不断后退。

第一炮打响，紧接着数门大炮轰鸣，并各种火箭、火枪一齐发射，炮声隆隆，火光冲天。瓦剌兵几次冲锋皆被打退，伤亡惨重。也先无奈，果然命人护着英宗暂时后撤。

也先见于谦、石亨镇守的德胜门炮火太猛，便采取新的战略部署，率两万精兵，挟英宗转攻西直门。

西直门守将是都督刘聚，刘聚见瓦剌兵一到就准备开炮，也先故伎重施推出英宗，刘聚胆怯，迟迟不敢出手。于谦乘马赶到，命令避开太上皇开炮，刘聚依旧畏惧，害怕伤及太上皇，关键时刻于谦再次提出"社稷为重君为轻"的口号，刘聚众炮齐鸣，也先无奈撤兵。

十三日。也先坐镇中军大帐，命胞弟孛罗集中兵力猛攻德胜门。于谦和石亨率众打退瓦剌兵一次次的进攻。见德胜门久攻不下，善战也善计谋的也先采取声东击西的打法。命伯颜帖木儿率精兵两万再次攻打西直门，也先的判断是于谦不会想到瓦剌军会再次攻打西直门。于是，命伯颜帖木儿率精锐主攻西直门，妄图拿下西直门，由西直门攻进北京城。

也先坐镇德胜门。孛罗的骑兵形如离弦之箭，冲过明军的拦截和狙击一路前行。孛罗很自负，他立功心切，大胆冲进两侧的民居街道内。突然间，一声炮响，民巷内火枪齐发，孛罗中了埋伏。近距离交战，瓦剌骑兵目标明显，明军在暗处埋伏了两千余名的神机营火枪手。火枪手枪弹齐发对瓦剌兵造成的伤害很大。更厉害的是，于谦命令神机营统领安排神枪手，目标主要针对带兵大将。孛罗中埋伏后，他大声喝令兵士后撤，结果暴露了身份，导致身中两枪，"扑通"一声摔落马下。

第七章　保卫京师，挺身而出担重任

— 179 —

与此同时，西直门的战斗再次打响。西直门总兵刘聚不在，都督孙镗率两万人马列阵西直门外，与伯颜帖木儿的两万精兵混战在一起。虽然兵力相当，但明军明显不是瓦剌军的对手，尤其伯颜帖木儿善战，孙镗渐渐不支，明军也出现了上千人的伤亡。孙镗一见，拨马就要退回城内。城内把守城门的是给事中程信，程信与孙镗无怨隙，但于谦已然有令，命出城的将士不败敌军不得退回城内，程信不给孙镗开城门。孙镗没办法，一咬牙反身又和瓦剌军打在一处。这绝对的生死一战，非生即死，都是拼了命的打法。明军知道没有希望退回城内，个个以死相拼。双方的激战更趋白热化。

　　于谦以诱敌深入之计打败孛罗，却不见也先的大动作，心下犯疑。忽然间灵光一闪，暗道不好。想想也先向来狡诈，这几个门挨个排查，刘聚被自己派往安定门支援，带走大半兵马，如今西直门应该是最薄弱的地方，也先会不会再次突袭西直门？于谦速度命石亨带兵救援西直门。石亨担心自己一走，留下于谦一个文官，万一遇见突袭会有危险。于谦这时候哪还顾及这些，命石亨领兵快马驰援西直门。

　　西直门真的坚持不住了。伯颜帖木儿一把弯刀甚是厉害，大明的兵士渐渐不敌。就在万分危急时候，石彪率部赶到，紧接着石亨率部赶到，两伙生力军杀向瓦剌军。孙镗及手下人士气大涨，前后夹击，伯颜帖木儿虚晃一刀败走，所率瓦剌军全线败退。

　　孛罗全军覆灭，也先很是震惊，但他并没有乱了阵脚。留下赛利王带一万人马继续对抗明军，实际上是做个幌子，自己亲率精兵偷偷直扑安定门。

　　安定门的守将是陶瑾。陶瑾闻得西直门方向的动静，心里正不安，因于谦料想也先会突袭安定门，已经命刘聚带精锐前来支援，那么西直门就力量薄弱了。陶瑾不能看着西直门出事，命副将石彪前去支援西直门。若安定门有变，大不了再杀个回马枪，前后夹击。

石彪刚走，也先就率部杀到安定门。安定门上陶瑾和刘聚严阵以待，火炮齐发，箭矢如雨。也先所率的瓦剌兵数量上没有安定门多，已经显出颓势。但也先所率是精锐中的精锐，虽然受阻，战斗力依旧很勇猛。尤其也先，他一柄巨斧奋战陶瑾和刘聚二人仍然绰绰有余。很快，明军竟然不占上风，死伤的兵士已经多于瓦剌兵。

西直门的局面稳固后，石亨、石彪兵合一处，转身快速杀向安定门救援。也先再次遭遇前后夹击。也先深知局势不利，为了保存实力带兵撤出战场。

于谦得知也先退败，率兵主动攻向瓦剌大本营，赛利王不敢应战，挟持英宗撤退，逐步向也先靠拢。

十四日。彰义门外都督王敬、副总兵武兴与瓦剌军交战。王敬和武兴的仗打得很有章法，首先神铳轰击，然后一排弓弩手，再短兵相接，瓦剌军被一拨拨击退。这时，一队监军太监率领人马出来抢功，不但不是瓦剌军的对手，还把自己人的队形冲散，瓦剌军反击，双方混战，武兴不幸中箭身亡。瓦剌军已经逼近，情况十分危急。

关键时刻，附近居民群起攻之，用砖石等武器自发抵御瓦剌军。虽是民众组织，但声势不小，阻止了瓦剌军的进攻速度，为于谦的援助赢得了时间。很快，佥都御史王竑、都督毛福寿带救兵赶到，瓦剌兵败退走。

十四日当天，居庸关附近也遭遇瓦剌别部的袭击，守将与民众组织携手御敌，击退瓦剌。在抵御瓦剌进攻期间，多处民众力量参与协助官军，支援了明军，还解救了部分官军战俘。

也先在多处战场的进攻屡屡失败，又担心后续勤王大军的到达，那势必切断自己退路，造成更大的劣势。

十五日，也先挟持英宗向紫荆关方向全面撤退。脱脱不花的后续部队闻听也先退兵，还未入关便直接退出。至此，北京城的守卫战宣告胜利。

6. 巩固外围

北京守卫战是一场振奋人心的大胜仗。它的胜利粉碎了也先抢占北京的奢望，使风雨飘摇中的大明江山得以稳固。

这场战斗的胜利不仅上下同心，战备充分，更主要的是于谦指挥得当，在战法与战术上都有独到之处。他的背城一战，以战为守的战法在当时是成功的。尤其在作战中，各城门之间的守将能够互相配合，一城遇到危险，他城迅速驰援。敌人来了，城上的火炮配合，城下的百姓也配合。同时，于谦也吸取土木堡之战的教训，敢于洞悉也先的战略战术，采取了诱敌深入等策略，巧妙利用火器优势等。在战斗中，明军的火炮、火铳、火枪、火箭等兵器同步配合步兵、骑兵、弩兵，发挥了很大优势。

北京城保住了。也先的三万瓦剌军撤向紫荆关、居庸关，这两处险地乃北京城的咽喉重地，若这两处失守，则直接关系北京城的安危,这是于谦不允许的。所以,战斗还未真正结束。

于谦兵分两路,一路由总兵杨洪等率五万人马向紫荆关方向追剿瓦剌军;一路命石亨、石彪率一万精锐驰援居庸关。石亨、石彪皆是虎将,不但石亨善战,石彪更加勇冠三军,万马军中尚可以来去自由,少有人敌。

十五日。也先挟持朱祁镇由良乡向紫荆关方向撤退。进入紫荆关后,瓦剌兵四出掳掠,骚扰边民。

二十四日,总兵官杨洪、左副总兵范广、右副总兵孙镗、参将陶瑾、张义、陈友、刘聚等率兵五万,分为两队,一前一后进行追剿。也先撤走。

二十五日,杨洪在霸州(今河北霸州市)与瓦剌残余交战,夺回被掳人口万余,马牛羊等无数,会同孙镗等把瓦剌兵全部赶出紫荆关。

撤出城的瓦剌军别部于十六日到达居庸关,很快,也先的大队人马也迅速到达居庸关。

也先不甘心就这样返回大漠,想要拿一个小小的边城出出气。望着高耸的居庸关,也先想拿下居庸关,掐住北京城的咽喉,可以再搏一次呢?

也先的大胆构想,首先赛利王是反对的,瓦剌军还有与明军决战的资本吗?伯颜帖木儿也怕了,提出避开居庸关尽快撤走保存实力,没有实力别说图谋北京城,恐怕在大漠里也站不住脚儿。

也先一不做二不休,直接命令大军向居庸关靠拢,并且派乃公等挟持英宗先行返回大漠求援。只要脱脱不花派出雄兵在黑松岭一带拦截住可能出现的明军,自己便可以与居庸关的守军对抗,进而夺取居庸关,再图谋北京城。

居庸关的守将是总兵罗通，手下只有三千人马，面对前方黑压压的瓦剌兵，罗通眉头深锁。

十月末的边关已是冰天雪地，豆大的雪花被凛冽的北方吹落，砸在地上发出刷刷的响声。

罗通登上城楼，看也先没有围城，而是把所有兵力集中在北面，虽猜不透他的意图，但一场恶战是迟早的事。

罗通正走着，城墙角处不知是哪个兵士撒了一泡尿，因为天冷冻成冰，罗通一个哧溜差点滑倒。罗通正想斥责谁这么随便，忽然就灵光一闪，喜笑颜开地喊左右将士："快快快，命所有人担水上城！"

哗啦啦，一桶桶的冷水顺着城墙浇下，很快便冻成冰。罗通让所有军民都行动起来，水流顺着城墙流淌，然后冻成一条条、白花花的冰道子。整整忙了一夜，第二天，居庸关就变成了一座水晶包裹的冰城。

也先刚想吩咐攻城，一走出大帐就愣了。一看这白花花、明晃晃的冰城，莫说是人，即便是猴子也爬不上去，想搭云梯也办不到了。

伯颜帖木儿又劝也先退兵，但也先真的不甘心，决定再等等脱脱不花的援军。冰总会化掉的，若脱脱不花的援军到了，尚可以对居庸关发起猛攻，所以成败还不是定数。

脱脱不花是也先一手扶植起来的傀儡，也先这个太师是实际的掌权人，脱脱不花做事也要看也先的眼色，他不敢公然和也先为敌。但，这次也先进攻北京城失败了，十万大军折损很大，也就是说也先的实力打了很大的折扣，一向被也先压制的脱脱不花认为这是一次机会，一次扳倒也先、恢复大汗威严的不可多得的机会。

也先也对脱脱不花存有戒心,就怕他不出兵,便命乃公带令牌给大将阿剌。也先没想到的是,因为自己平素骄横已经引起阿剌的不满,所谓墙倒众人推,也先望眼欲穿的期待在一点点地流失。

脱脱不花与阿剌一拍即合,他们决定不再听任也先的呼来喝去,联手一起反抗也先。脱脱不花决定联合大明朝,除去他的心头之患也先。于是,脱脱不花命阿剌为使,带着国书,前往大明示好。

也先这次确实犯了孤军深入作战的错误,有些轻敌冒进了。他不远千里深入北京,已经对他很不利。虽然也先所率瓦剌军足够勇猛,也先也有一定的应变能力,比如在战术上他声东击西比较灵活;在失败后为保存实力迅速撤走;甚至在撤退后图谋居庸关等等,都表现出也先的军事才能,但整个战斗中,后援不济,缺乏脱脱不花等其他部的相互配合,也是也先一个很明显的软肋。

罗通在居庸关城上看见远处旌旗招展,旗帜上清晰一个大大的"石"字,知道是石亨的援兵到了。罗通把关中所有大炮集在北面,几十门大炮对准也先的大营一阵发射。炮火连天,一片火海中罗通与石亨、石彪率部里外夹击杀向瓦剌军。一场混战,也先在万分不甘下又折损了近万人马,仓皇退向老巢。

北京保卫战又以后续局势的稳定,也先的全面败退宣告胜利结束。

7. 铲除喜宁

瓦剌大军能够迅速直抵北京城，这其中与一个人的叛国有直接关系。没有太监喜宁的阴谋，紫荆关不会轻易失陷；没有太监喜宁的引路，也先肯定会多费一番周折。喜宁是跟随在英宗身边的太监，和英宗一起在土木堡之变中被俘，他卖主求荣，走上与朝廷对立的道路。

也先要利用英宗，又对英宗不放心，需要在英宗身边安插一两个自己的耳目。派自己人在英宗身边，英宗不敢反对，但会有所戒备。英宗身边的太监变成内应最好不过了，所以也先才把喜宁留下并重用。

喜宁是软骨头，又有他自己的小心思。身为一个太监，这刑余之人不是没了所有欲望，有时某种阴暗心理作祟，会生出更加变态的心理。喜宁就是这样一个人，他也想出人头地。王振当权时，他只能一味地巴结王振，不敢让王振看出自己有所图。王振这座大山轰然倒塌，其实喜宁心里是很高兴的，眼看自己有出头之日，没想到却和英宗一起做了俘虏。要想活命，要想出头，喜宁选择抱上也先的大腿。

也先稍稍许以好处，喜宁就表达他的忠心，愿意为也先鞍前马后、肝脑涂地。想要得到也先赏识，就得在也先面前体现自己的价值。也先一次次勒索厚贿，然后让也先挟英宗攻打宣府、大同等等，都是喜宁给也先出的点子。

也先最初没有攻打大明朝的底气，只是想骚扰、报复明朝索取一些利益，但喜宁说经土木堡一役，京城已经没有精锐，三大营抽调之后，京城兵马应该不足十万，剩下的多是老弱残兵，甚至连粮草都不充足，这才点燃也先惦记大明江山的欲火。

宣府和大同两城险要坚固，易守难攻。守将杨洪、郭登等骁勇善战，有勇有谋，也先强攻智取都未能拿下。后来英宗被废成为太上皇后，也先心里憋闷极了，这时喜宁为了讨好也先，又策划了一个夺取紫荆关，进而转道直取北京城的阴谋。

紫荆关乃一处天险，没人想到也先会不经宣府、大同，而绕远道攻打"万夫莫开"的紫荆关。紫荆关守备都指挥孙祥，手下人马不多，但他觉得紫荆关凭天险已经固若金汤。

也先来到紫荆关自然不强攻，也是用计策。首先表明来此只是送英宗还朝，因为英宗此时已是太上皇，没有过大价值。为什么不走宣府、大同呢？也先说那里守将过于迂腐，所以才绕道紫荆关。孙祥自然不信也先的话，但太上皇就在城下，身为臣子又不能不理，孙祥让也先退出十里之外，才打开城门迎接太上皇。孙祥足够谨慎，但没想到的是，还是中了也先的计策。

孙祥刚刚接到太上皇，事先埋伏在半路的伯颜帖木儿带人马冲出来截杀，也先再杀个回马枪，两相夹击，孙祥不是对手，紫荆关很快失陷，英宗也重新落入也先手中。

立了大功，喜宁忘乎所以，甚至在也先面前也沾沾自喜。也先很反感，亦知喜宁为人的奸险，已经生出日后喜宁无用时，再除掉他的心思。

喜宁在作死的路上越走越近。也先萌生除他之心，大明朝也想杀他。于谦已经察觉喜宁的危害之大，几次令宣府、大同守将留意喜宁，奈何喜宁总是与瓦剌军共进退，明军找不到机会；而比也先和朝廷更想除去他的是英宗，因为喜宁不仅卖国，威胁大明江山，更一次次加害英宗身边人。

在大漠时，喜宁自己不愿服侍英宗，也特别不喜袁彬对英宗好。英宗身边后来又多了一个侍从叫杨铭。正统十四年（1449年）二月，杨铭随其父杨只一起出使瓦剌，他们代表朝廷赏赐也先、脱脱不花、伯颜贴木儿，因双方关系破裂，被也先扣留在瓦剌。英宗看他蒙文不错，要来留在身边。杨铭也是个很忠义的人，服侍英宗就像袁彬一样的尽心尽力。喜宁心生记恨，他恨不得除去英宗身边的袁彬和杨铭。

袁彬与英宗形影不离，一旦英宗有不配合也先的表现，喜宁便在也先面前搬弄是非，说英宗的很多主意皆出自袁彬，应该除掉袁彬断了英宗的依靠。其实也先对袁彬的忠义颇有好感，但架不住喜宁一次次吹风，喜宁以为也先默许。

一天，喜宁带领几个侍从把袁彬骗出去，然后五花大绑，剥去衣服，在寒冷的室外就要把赤裸裸的袁彬活埋。英宗及时赶到，见自己阻止不了，索性跳进土坑里。总不能把太上皇也一起埋了吧？英宗还求得伯颜帖木儿的帮助，才让袁彬捡回一条命。

经此事，袁彬和英宗说，留着喜宁就是一大祸害，指不定什么时候再生事端。这日，二人拟了一个除去喜宁的计划。

英宗借口母后准备大量珠宝想换回自己，让也先派使臣进京去取，并点名请也先派喜宁为使前往。也先问为何不直接送来还要去取？英宗说当今皇上并不想英宗回朝，因孙太后心疼亲生儿子才私下决定的，并且喜宁曾是英宗身边人，太后熟悉信任他。带上袁彬是为了陈述英宗的困境，太后更会下定决心。也先贪财，不疑有他，答应让喜宁出使。

朱祁镇秘密写下喜宁种种罪行，让袁彬藏在木片中，到达宣府时与总兵合作相机擒拿喜宁。

喜宁小人得志，如今的身份已经不是明朝太监，而是瓦剌的正使，骑在高头大马上满面春风。袁彬已经把密函系在随行总骑高斌的腿上，高斌因为回京奏事，才能一个人来到城下面见总兵官朱谦，朱谦了解实情后，吩咐右参将杨俊、都指挥江福依计而行。

喜宁狡猾，也知道自己干了许多坏事，所以推托不肯入城，只依墙而行。杨俊令高斌告知，都指挥已经在城下备了薄酒，聊表心意，请瓦剌使团务必赏光，喜宁才勉强来到城下。

就在喜宁端起酒杯的时候，城上火铳声响。瓦剌使团惊散，喜宁发现事情不好也想逃跑，结果被几人抱住，滚入战壕中，被大家合力擒住。

喜宁兀自强横，所谓两国交兵不斩来使，明军敢把他这个瓦剌正使如何？喜宁没想到的是，宣府以擒拿大明叛徒为名，将其押解进京。

喜宁被擒也先很意外，但也先已经没有能力保下他。卖国求荣的喜宁终没有落得好下场，进京三日后即被处死。

铲除喜宁大快人心。失去喜宁，也先失去了一个进军北京的向导，英宗也为自己日后的南归打下基础。

第七章 保卫京师，挺身而出担重任

第八章　夺门之变，风云再起北京城

1. 亦喜亦忧

　　北京保卫战的胜利令人备受鼓舞，作为总指挥的于谦重重地松了口气，但于谦的心情还是亦喜亦忧。

　　喜的自然是军民同仇敌忾，终于赶跑了瓦剌的入侵；忧的是太上皇朱祁镇又被劫持远去，孙太后（上圣皇太后）那里不好交代。

　　果然，奉天殿上没有预期的喜悦，相反气氛变得相当压抑。纵然打了胜仗，于谦也不敢居功，他一躬到地，为没能救回太上皇而请罪。

　　眼见着朱祁镇已经到北京城下，近在咫尺了，又被也先挟持远走，作为母亲的上圣皇太后自然生气，这不是做臣子的无能吗？她满含热泪地厉声责怪于谦，说于谦心里根本没有太上皇，在作战中还不止一次地提出"社稷为重君为轻"的口号，甚至还向太上皇开炮，致太上皇的安危于不顾。

　　于谦也知道孙太后大多气话，这是母亲对儿子的心疼，其心情可以理解。于谦也为未能迎回太上皇自责不已，再三表示一定尽最大努力,尽早儿把太上皇迎回来。

不言而喻,朱祁钰从内心来说是不希望朱祁镇回来的,土木堡之变自己坐上金銮殿,不是夺了哥哥的皇位,也是夺了哥哥的皇位,若英宗归来自己这个皇位还坐不坐?是不是应该礼让一把?但,这有着无上权威的金銮宝座,任谁坐上去也不愿走下来。所以,这次于谦没能救回英宗,朱祁钰的心中应该有点窃喜。当然,这份窃喜无论如何不能表现出来,甚至朱祁钰还要把戏份做足。

当着满朝文武,朱祁钰也学皇太后,他斥责于谦大放厥词,还假装质问于谦,是不是本帝被俘,你于谦也会喊社稷为重君为轻?这个耿直的于谦不假思索,直接表示一样对待。朱祁钰无语,同时也对于谦的耿直颇为不喜。

如此一场大型的保卫战取得胜利,势必要对有功之臣进行封赏。封赏自然要从主要指挥官于谦开始,但朝廷上于谦拒绝封赏,表示要等迎回太上皇之后再行领赏。

于谦的表现引起景帝不满,明面上说于谦公然抗旨,暗地里更气于谦,知道于谦是一个既然有了承诺,势必会尽快付诸行动的人。

景帝很生气,既然太后和于谦都主张尽快救回英宗,便下令发兵五万扫平瓦剌,救回太上皇。众人皆反对。因为一旦远征瓦剌,且不说胜败,恐怕也先一怒,英宗就有很大危险。那么,最好的办法自然是派出使臣与也先谈判,如今朱祁镇在也先手里已经没有太大价值,对也先晓以利害,或许就会放回。众意难违,景帝答应派礼部右侍郎李实组团前往瓦剌谈判。

组团前往可以,但如何谈判?假若也先提出条件,哪些可以答应,哪些不可以答应?景帝没有明确指示,李实有些懵,然而景帝只说明日再议，便不再多言了。倒是于谦快人快语，告诉李实务必和太上皇讲明白，回来后，这边大位已定，绝无更改之理，英宗只能做太上皇在宫院内安享天年。于谦的这些话让景帝偷偷地松口气。

第二日，景帝便借故避而不见，李实很是为难。景帝颁发的出使国书讲的只是两国议和，根本未提及迎回太上皇之事。况且，李实两手空空，如何和朱祁镇见面？

李实临行前来和于谦商量。于谦看过国书，也是一个头两个大。原来当今皇上真的不愿英宗回朝，这出使瓦剌不过是迎归的一个幌子，做个样子罢了。于谦嘱咐李实，国书没提的事，可以口头和也先商洽。但于谦知道，李实这次出使恐怕会无功而返。

也先的大帐里，李实奉上国书。国书上言明，两国可以重修旧好，不再兵戈相见。也先一见大喜，本来就是战败方，这国书岂不是正好给自己找个台阶下，也先很委婉地夸奖景帝英明，同意双方休战。

李实察言观色，不失时机地和也先提出，既然同意双方休战了，那么土木堡之战滞留的太上皇，是不是也应该送回大明朝？

也先推说国书上没有谈及此事。李实寸步不让。自己作为大明朝的使臣，正式提出这个问题，也先应该给以明确答复。也先假说太上皇留恋大漠风光，自己不肯回朝。

李实的努力最终没有达成愿望，只是把自己私下里准备的礼物送与英宗，告知英宗，于谦正在积极筹划，嘱静候佳音。

正当此时，脱脱不花私自示好明廷，引起瓦剌内部矛盾激化。为防止脱脱不花联手大明对也先不利，伯颜帖木儿强烈主张送还英宗，与明廷恢复"自祖宗以来，和好往来"的传统。

景泰元年（1450年）五月，阿剌知院遣使来京，首次表达了奉还太上皇的求和诚意。对于瓦剌的来使，礼部要求景帝善待，但景帝以也先素来狡诈为由，直接把瓦剌来使晾在馆驿内，久久不予回复。

此时，朝中大多数的官员主张议和迎驾，不希望与瓦剌兵戎相见，使百姓免于杀戮，希望转祸为福。

吏部尚书王直上疏：也先遣使请上皇还京，盖上下神祇阴诱其衷，使之悔悟。伏望皇上许其自新，遣使臣前去审查诚伪，如果至诚，特赐俯纳，奉迎上皇以归，不复事天临民，陛下但当尽崇奉之礼，庶天伦厚而天眷益隆。

景帝不悦，只说并非自己不愿迎回太上皇，一次次也送出很多的金银财帛，实在是也先狡诈，一次次贪得无厌。假若再派使臣前往，恐又中计。一旦扣留使者，再次来犯京畿，岂不是留下后患。

转眼月余，景帝一直不提迎回太上皇的事，致使瓦剌的使臣也迟迟不能北返复命，众人皆心急不已。

大殿之上，礼部尚书王直再次提出太上皇蒙尘日久，理应借此契机迎回，免得日后后悔。于谦从容上奏："天位已定，宁复有他。言和者，觊以解目前而得为别备耳。"

景帝在众人一再的提议下，终于答应重新派出使臣出使瓦剌。即便如此，于谦的心头依然悬着一片薄云，不知这次是否能顺利迎回太上皇。

第八章 夺门之变，风云再起北京城

2. 对话也先

随着形势的发展，也先意识到朱祁镇虽然沦为太上皇，但朱祁镇还是有利用价值的，无论是现在或者将来，只要自己想与明廷交好，那么，朱祁镇就还得罪不得。

为了讨好和拉拢朱祁镇，也先想到了联亲。只要联亲成功，就相当于与明朝确立了捆绑关系。也先派伯颜帖木儿去说媒，要把妹妹其木格嫁与朱祁镇。伯颜帖木儿一向对英宗比较友好，更多次主张送还英宗。私底下，英宗与伯颜帖木儿关系较为融洽。派伯颜帖木儿亲自去说媒，或许英宗就能给个面子，不至于反驳。其木格身为郡主，一向眼高过顶，所以到了婚嫁的年龄依旧待嫁闺中。即便朱祁镇如今不是大国皇帝，地位却也不凡，算是门当户对，总不至于辱没了其木格的身价。

英宗心知肚明，明确表示成婚可以，待回到大明朝后再下聘礼，再隆重地来迎娶郡主。似乎这样很庄重，很给郡主面子，但是也先知道朱祁镇这是委婉地拒婚，不同意在瓦剌成亲。

朱祁镇身为战俘还敢提要求，也先心里恼怒，但也奈何不得朱祁镇。毕竟这样的"奇货"杀不得，还用利用价值。

也先与大明的议和三番五次均没有得到彻底落实，继李实来瓦剌之后，脱脱不花又主动派使臣皮尔马黑麻进京议和。当时，景帝在众大臣的呼声下，已经答应再派使臣出使瓦剌。这时，以右都御史杨善①为首的几人慨然请命，愿随皮尔马黑麻同行漠北组成答谢使团。

景帝诏准右都御史杨善、中书舍人赵荣、指挥王息、千户汤胤勋等出使瓦剌，但敕书中依旧只谈议和，还是没有提及迎回英宗之事，并且只给了一千两银子，未允携带金银财帛等礼物。这足以看出景帝的态度，没有礼物岂不是空手去空手回，白白走一圈了事，如何迎回英宗？

于谦非常看好杨善，知道杨善在永乐年间就是受先帝赏识的人：

> 善伟风仪，音吐洪亮，工进止。每朝谒引进奏时，上目属之。（明史·卷一百七十一·列卷第五十九）

即是如此，凭借杨善的能言善辩，或许就能有大的收获。于谦在杨善出门前专心等候。

两人见面，于谦再三嘱咐杨善，此行务必把太上皇接回来，这是民心所向，况且也先有送还太上皇的诚心，所谓机不可失，不能让太上皇继续流落在外了。于谦直言即便万岁没有在国书中明确表示，杨大人也应该主动挑起迎驾归来的重任。况且这也是流芳千古的大功劳，是美闻，是佳话。杨善很受鼓舞，表示拼得一死也要力争迎回太上皇。

于谦的话给了杨善很大的触动，杨善慨然以自己掏腰包、向宦官借贷等方式筹集一笔钱，购买了给也先的贵重礼物，满怀信

---

① 杨善，字思敬，今北京市大兴区人。永乐年间任鸿胪寺序班，明仁宗年间任鸿胪寺寺卿，正统年间任礼部左侍郎，主要成就是迎回明英宗。

心地出发。

八月初一，杨善一行到达也失八秃。也先没有亲自露面，派去一个能言善辩的亲近田民迎接，一来拉近彼此关系，二来主要是借机刺探军情。

田民自称也是中原人滞留此地。月是故乡圆，自然就拉近了彼此的距离，彼此的交锋也悄然展开。

田民装出疑惑的样子，故意高声问杨善：土木堡之战，堂堂大明朝为何不堪一击？

杨善不甘示弱。声称土木堡当时出征的，不过是以王振为首的宦官自卫队，真正的六师都在南征。这些宦官队伍一来没有经验，二来没有准备，一时大意就落败了。如今，不会再出现这种情况了。因为南征大军回归，明廷的兵力大增，况且悉数都配神枪、火炮、药弩等装备。朝廷又吸取智者的改良建议，把火枪改良成大型双头火枪；火炮改成发射鸡蛋大的石子；药弩箭头图上毒药等，如此杀伤力皆增大很多。

听到这样的配置，田民吃了一惊。杨善故意很遗憾地表示，这样的发明已然没有用武之地了，因为两国议和之后，已无战事可言。田民无语。

八月初二，也先大摆酒宴隆重接待了杨善的使者团。这次的接待规格出奇的高，当然，也先也想给杨善来个下马威。

也先说不是瓦剌出兵挑衅，实在是之前明朝有很多过分的地方。比如进贡过程中，明朝为什么要降低赏赐呢？为什么擅自扣留我们的使者？为什么给我们赏赐众多断裂或者尺寸不足的劣等锦帛？

杨善解释说：最初来朝使者不过二三十人，后来达到两三千人，并且无论大小都有赏赐，怎能说赏赐减少了呢？扣留使者是不存在的事，使者中或许有作奸犯科的或遇害的都有可能，朝廷扣留使者做何用？至于锦帛，即便出现质量问题，那也是经办人的事，就比如瓦剌进贡的马匹不也是有优劣之分吗？也不是十全十美的，谁能说那是太师故意而为之呢？

也先无可反驳，又问太上皇回去后是否还有登基的可能？

杨善肯定回答，大位已定，代宗当政，不可能再更改了。

也先也懂得不少，说为什么不可能呢？明朝礼仪之邦，不是早有尧舜禅让的故事吗？

杨善说不错，英宗让位于代宗，正是兄让位于弟，恰是符合古训。

瓦剌暗自点头，心里对杨善的出色辞令佩服不已。又心有不甘，问杨善不带厚礼就想换回英宗是何道理？

杨善不慌不忙回答他，带厚礼岂不是让世人皆知太师贪财；若是没有重利便释放英宗，才突显太师的仁义。太师是顺应天道、顶天立地的真汉子，这样才能史册留芳，令后世敬仰。太师因此博千秋美誉何乐而不为？

杨善不愧是出色的谈判者，巧舌如簧的对答滴水不漏，句句在理。也先无可辩驳。直接表示之前有使臣来接驾，没有奉还太上皇是不守信誉，这次一定讲诚信，乐送太上皇回朝。

八月六日，杨善和英宗启程南归。也先摆宴盛情款待之后，仍率众渠帅送出半日路程，还命伯颜帖木儿再送两日。

八月八日，众人来到野狐岭，伯颜帖木儿献酒辞别。英宗与之竟然依依不舍，落泪不止。转眼一年，英宗在漠北没少得到伯颜帖木儿的关照，二人也俱是真情实意。

一别年余，终于踏上回归的路途，朱祁镇感慨万千。故园犹在，然多少世事成非？真到此时，英宗颇有些近乡情怯了。

此刻开心的莫过于杨善了，凭借自己三寸不烂之舌，干了一件轰轰烈烈的大事！这次对话也先，真所谓旗开得胜马到成功。聪明的杨善怎么也没有想到，回朝之后，群臣都说他有功，但景帝未加厚赏。在群臣的要求下，杨善的官职只由原来的右都御史稍升迁为左都御史，依然管鸿胪寺诸事。杨善心里因此衔恨，这也为后来他参与英宗复辟埋下伏笔。

3. 迎驾归来

景泰元年（1450年）八月九日，杨善快马驰递京城，告知太上皇朱祁镇南归的消息，一时轰动京城上下。

朱祁镇作为一国之君主，远离故土不是出门游猎，而是策马远征，虽然成了战俘，他也是为国家和百姓的利益而战。如今，京城保卫战胜利后，经过与瓦剌的和谈迎回自己的君主，这是件大好事，百姓无不欢喜雀跃。

几人欢喜几人忧。喜者自不必说，忧者自然是代宗朱祁钰。土木堡之变发生后，在特殊情况下，朱祁钰才被推为皇帝。英宗的回归，会不会威胁到自己的至尊地位呢？

景帝不仅仅是不开心，甚至有些愤怒。派使臣出使瓦剌，几次都只谈议和，故意避开奉迎之事，没想到在这么不积极的态度下，不花几多钱，竟然把英宗给接回来了？他感觉很憋屈与无奈。

太上皇归来，不管怎么说也得出迎。关于出迎之事，朝廷上下又乱成一锅粥。工部尚书高谷以及给事中刘福，先后表示迎接仪式不能简陋，相反应极其隆重。礼部主要负责迎接仪式，但意见也不一致。有人对太上皇的还朝有些质疑，就这样回来了？这里面有没有阴谋？按说以也先一向贪婪的性子，不是索要金银财帛，就是索要土地城池啊？但不管怎样，礼部经过几番争议，最终拟定了一个迎接方案：

一、礼部堂上出上官一员，亲至龙虎台接驾。

二、锦衣卫差上官一员，带领官校执丹陛仪仗并抬辇轿至居庸关迎接。

三、光禄寺差官牌校卫抬酒饭至龙虎台以及清河两处侍候。

四、各处衙门官至上城门外迎接，行叩头礼。

五、都督以及各营总兵官俱至校场门口迎接，行叩头礼。

六、太上皇车驾从安定门至东安门外，于东上北门南面坐，皇帝出迎，文武百官行五拜三叩大礼之后，太上皇由东上南门进入南城大内。

礼部的安排表拟得很细，仪式也足够隆重。甚至，千户龚遂荣还投书高谷，说太上皇归来，圣上应该避位恳辞，然后再复位，弄个谦让的仪式，否则就会为后世人讥笑。

景帝大不悦。把所有的安排直接推翻，理由是也先一向狡诈，不能轻易相信，一旦大张旗鼓地迎接，恐怕落入圈套。所以，景帝批复只准用车马迎接，居庸关用轿子一乘，马两匹，将丹陛驾仪仗移到安定门。这样的迎接仪式有些令人接受不了，实在过于从简。

其实，英宗对于自己的南归亦喜亦忧。终于回来了，故土情深是自己日夜渴望见到的。骨肉至亲，是自己日夜思念的。可是江山依旧，终归旧梦难温，自己的弟弟真的希望自己回来吗？

归心似箭。八月十一日，马过万全左卫演武厅。十二日，驻宣城南城，有太常少卿许彬来迎。十三日驻跸宣府。十四日抵达怀来。近乡情怯，英宗的心情越来越复杂，思虑再三，他提笔修书两封。一封是给文武群臣的避位诏书，是这样写的：

> 朕以不明，为极奸所误，致陷于虏庭。已尝寓书朕弟嗣皇帝位典神器，奉钦宗祀，此古今制事之宜，皇帝执中之道也。朕今幸赖天地祖宗之灵，母后、皇帝悯念之切，俾虏悔过，送朕还京。郊社宗庙之礼，大事既不可测；国家机务，朕弟惟宜。尔文武群臣务悉心以匡其不逮，以福苍生于无穷。朕到京日，迎接之礼，悉从简略。布告有位，咸体朕怀。

一封是给群臣的谕旨，是这样说的：

> 去年秋，丑虏傲虐，忘恩负义，拘我信使，率众犯边，有窃神器之意。朕不得已亲率六师往问其罪，不意天示谴罚，被留虏中。屡蒙圣母上圣皇太后、皇帝贤弟笃念亲亲之恩，遣人迎取，上赖天地大恩、祖宗洪福，幸得还京。尔文武群臣欲请重以迎接之礼，朕辱国丧师，有玷宗庙，有何面见尔群臣，所请不允。故谕。

朱祁镇的两封书信写的是时候，也很有必要，正是这两封书信给景帝吃了两颗速效定心丸。

八月十五日，英宗一行到达唐家岭，北京城已经放眼可见。英宗再次遣使回京，昭告京师一切从简。

一路上可以从简，可是到了北京城该有的仪式也得有，总不能一声不响地悄悄进城吧？礼部尚书王直主张文武官员出城十里，北京城净水泼街，百姓夹道欢迎。景帝不允，如此这般岂不比登基大典隆重？况且太上皇有旨迎接仪式不得劳民伤财。

各执一词之时，于谦出面。于谦说一切皇帝说了算。但是，于谦又说了，太上皇回归必定是举国欢欣的大喜事，皇帝必须出城相迎。若是不出城相迎恐怕颜面上过不去。于谦对这件事特别坚持，景帝拂了王直，不好再反驳于谦。恰此时上圣皇太后驾到，景帝只好答应出城相迎，但本来要在金殿之上举行的仪式就全免了。

上圣皇太后心里颇为不悦，接着询问景帝，问太上皇归来住在哪座宫殿合适？

当然不能让出景帝的正院，经王直举荐，南宫建筑高端大气，内部奢华且有花园等地，适合颐养天年。景帝点头，因为南宫就在皇宫的对面，来往之人一目了然，说白了便于监视。

八月十五日，英宗进入北京城。百官迎驾安定门，朱祁镇自东安门入，景帝出迎。

景帝看见英宗下车辇，迎了上去。只见英宗少了曾经的倜傥精神，有的只是满脸的沧桑与疲惫，不由也感心酸。

英宗看向景帝，自己曾经的御弟，分明是与自己当初的模样一般无二。如今两人地位交换，所谓人在屋檐下不得不低头，英宗喊出一声"万岁"后，再无语凝噎。

兄弟相见，两手紧紧相握。英宗感谢景帝，为国事操劳还亲自出迎；景帝对英宗嘘寒问暖，祝贺终于脱离颠沛流离之苦。不管出于真情抑或假意，温良谦恭是必不可少的，至于各怀心腹事亦是难免。

南宫的崇质殿里，钱皇后终于盼夫归来。但此后，英宗不再是皇帝，钱皇后也不再是执掌内院的当权人。经过许多变故，钱皇后明显的显老，不再是曾经的花容月貌，甚至心性上已走向极端。不管怎么说，英宗终归是回来了，一切都还好。

朱祁镇从荒凉的大漠、从四面漏风的瑟瑟大帐，又回到了奢华的皇宫大院，以后又是锦衣玉食的生活，在许多人眼里是幸福的。又有谁能料到，朱祁镇作为太上皇，从此过上了七年寂寥难耐的幽禁日子。

4. 景帝易储

景帝终究不放心英宗，南宫派自己的亲信纪广日夜看守，任何人不得私自接近。因为严格的限制，太上皇接触的人越来越少，影响力越来越小，景帝的地位越来越巩固。

古时候讲究"父传子，家天下"。也就是说，皇位是父亲传给儿子，儿子再传给自己儿子，这样代代相传。

土木堡之变时，孙太后（上圣皇太后）亲下懿旨，立只有两岁的皇长子朱见深为皇太子。后来出于形势所逼，孙太后不得不忍痛舍弃朱祁镇，改立朱祁钰为皇帝。朱祁钰成为景帝，但太子依然是朱祁镇的长子朱见深，而非朱祁钰的儿子朱见济。

随着皇位的巩固，景帝起了易储之心。景帝就朱见济一个宝贝儿子，他也想百年之后把皇位传给自己的儿子，让自己的骨血一脉相传。

易储可不是一件小事，因易储引起的宫廷争斗历来不断。景帝知道一个把握不好，就可能引发时局动荡，造成无可挽回的后果。景帝日日为易储之事心焦，几近寝食难安。

金英是景帝身边的司礼太监，每天不离左右的侍候着景帝。这天，景帝故意说太子的生日快到了。金英说还远着呢。景帝说太子生日是七月初二日，转眼间就到了。

能做到皇帝身边的贴身太监，那都是极其通透的，最擅长的就是察言观色。皇帝每说一句话，不仅能明白，还能听出弦外之音。

金英知道，七月初二日是皇子朱见济的生日，而太子的生日则是十一月初二日，这样的日子景帝如何记错？

金英心里一惊，易储可是件了不得的大事，涉及皇位的更替、时局的稳固以及动乱与血腥，金英不敢参与，也不愿参与。

金英回复景帝一句："皇上您记错了，太子的生日是十一月初二日。"景帝意味深长地看看金英。金英因此失去了景帝的信任。之后，景帝把目光投向了司设监太监曹吉祥。

曹吉祥私下里多方奔走，替景帝收买贿赂各阁官员。虽然皇帝贿赂大臣乃千古奇闻，但一来惧怕皇威，二来又得实惠，这一招明显很有效果。就连内阁六大臣也相继被重金收买。景帝的心思不胫而走，并悄然运作。有很多大臣被封了口，以至于反对之声越来越弱。

也有敢说的。景帝的易储之心首先遭到汪皇后的反对。汪皇后是位端庄贤善之人。她认为，本来朱祁钰的皇位就得自兄朱祁镇，即便朱祁镇归来不便禅让，那么百年之后，皇位就应该还给朱祁镇的儿子。她认为景帝这个皇帝当得幸运，然后又把人家儿子也罢黜，这样做终归不厚道。况且储位是早已昭告天下的，轻言易储怕引发事端。

景帝闻言大怒，直气得青筋暴起。这汪皇后一来揭了景帝的伤疤，是嘲笑自己是个便宜皇帝吗？二来，朱见济不是汪皇后所生，景帝便认为汪皇后自己不出，反倒生了嫉妒之心。景帝大声呵斥汪皇后妒火太盛，不配为中宫之后。景帝拂袖而去之后，从此不登皇后寝宫。

皇后执掌后宫也有很大的权势，奈何景帝不顾念多年的夫妻之情，贪恋爱妃杭氏，日日歌舞，百般宠爱。很快，落魄的汪皇后辞位。景帝反倒欣喜，不顾众人反对，直接把朱见济的生母杭妃立为正宫。

时机渐趋成熟，如何掀起易储之事呢？就在景帝发愁的时候，有一个叫黄竑的人跳了出来。

黄竑是原广西四明州的一个守备，因贪命案被下大狱，判为秋后问斩。虽然定了案，但黄竑心有不甘，嘱其亲信变卖家产打通层层环节四处求救。终于有人出面指点，让他上书景帝支持易储。

黄竑一纸奏疏从狱中飞向朝廷。这奏疏是请了高人代笔的，写得文采飞扬，洋洋洒洒。首先写了太祖百战得江山的不易。然后写了太上皇受宦官蒙蔽轻易出征，导致流亡塞北，瓦剌大军逼近京师，几近危及社稷。是当今圣上力挽狂澜保住了大明江山，如此可见当今圣上才是天命之人。最后又以悲天悯人的口吻，从稳固天下，稳定人心的观点出发，倡议景帝收起不忍遽然更易之心，顺应天意。劝说"天以不取，反受其咎"，提醒景帝早易东宫，以定中外之心，以绝觊觎之望。

一篇奏疏深得景帝赏识，景帝大赞人才，大夸忠臣。景帝马上命人替黄竑翻案，不但释放黄竑，还将其家人及一干涉事者皆赦免。后因为其首倡之功，黄竑还被授予前军都督府同知，并在京城赐府邸，可谓一朝飞黄腾达。

黄竑的奏疏来得正是时候，就像瞌睡来时有人及时奉上枕席一般，景帝特舒心。他马上将奏疏交于礼部，命礼臣决议。

礼部尚书胡濙紧急召开会议。他把奏疏念了一遍，然后一一看向手下，目光所到之处人人低头不语。都知道这是关乎国之根本的大事，一言不慎，就有可能遭来杀身、灭族之祸。整个会场落针可闻。

皇帝有命，不拿出个意见也不行。最后，迫于司礼太监兴安的压力，大家陆续签名同意，并表示黄竑所奏符合中兴之道，当今皇上是天命之人，皇位自然由皇子一脉相传。

景泰三年（1452年）五月初二日，景泰帝颁诏，废朱见深太子之位，封沂王，立皇子朱见济为皇太子。

景帝随后大赦天下，设定东宫官属：吏部尚书王直、礼部尚书胡濙兼太子太师；文渊阁陈循、兵部尚书于谦兼任太子太傅；大学士仪铭、王翱等为太子太保；萧镃、王一宁等为太子少师。

易储几经波折，终于尘埃落定。景帝成功地把儿子推上太子宝座，自己血胤世代流传的心愿得以实现。他哪管南宫的太上皇朱祁镇如何想呢？

第八章　夺门之变，风云再起北京城

5. 复储风波

天有不测风云。景帝易储顺心如意之时，变故突生。景泰四年（1453年）十一月，新立仅仅一年的太子朱见济，因重病不治身亡。

真如晴天霹雳。虽然后宫佳丽如云，但景帝只有这么一个儿子，这般沉重的打击令景帝痛不欲生。景帝含泪把太子葬于西山，起谥号"怀献"。

与"国一日不可无君"一样的道理，太子关乎国之根本，太子之位一旦空虚下来，朝政难免产生波动。景帝仅此一子，所以一些大臣欲重新把沂王推到前面，认为沂王仍是太子最合适的人选。监察御史钟同、吏部郎中章纶二人首先上奏疏，请求景帝复立沂王为太子，以定国本。

景帝大怒。费尽心思地把皇太子朱见深罢黜，难道还要把朱见深复立？好不容易把英宗变成太上皇，幽禁在南宫，难道还要让他的子孙重掌大权？钟同与章纶二人无形中触到景帝的逆鳞。

景帝命锦衣卫直接把二人抓捕入狱，严刑逼供。景帝严重怀疑此主意出自南宫，是不是有人背后指使？是不是某人还觊觎大明江山，还惦记自己的皇帝宝座？

锦衣卫大狱是形如人间地狱，各种酷刑惨不忍睹，更何况有皇上的钦命，钟同、章纶被打得皮开肉绽、九死一生。二人拒不承认受人指使，都说是自己内心的真实想法。

景帝本有丧子之痛没处发泄，更不依不饶。为撬开二人的嘴，命人找来一根几十斤重的六棱大棒，钟同直接被打死，章纶昏死醒来后被判终身监禁。

南京太常侍少卿廖庄在奏疏上，稍稍放出应善待太上皇、复立汪氏的口风，就被景帝杖责八十，贬到边荒。无论是谁，只要有复立沂王的意思，景帝便命锦衣卫严刑逼供，似乎一定要揪出后台，找到主谋，一起治罪。

景帝重拳出击，狠辣的手段给群臣很大的震慑，一时间朝廷上下人人自危。那么，此时，王直呢？于谦呢？别人不敢说三道四，这两位国家重臣对此事没有一点意见？

当时，有一位叫杨集的进士，曾经冒险给于谦写了一封质问信，信的内容是这样的：

> 奸人黄竑献计易储，不过为逃死计耳，公等竟成之。公国家柱石，独不思所以善后乎？今同、纶等又下狱矣，脱诸人死杖下，而公等坐享崇高，如清议何？

一封信虽有对于谦等人的敬重与认可，但也满含责备之意。意思是，如今的国家形势，只有你们这样的国家重臣才能说得上话，可你们一言不发，坐享崇高，岂不是愧对大家的信任？

于谦看罢，心里也不是滋味。于谦看过杨集的书信也有触动，也有过犹豫。于谦很欣赏杨集的胆识，破格安排杨集当了安州的知州，而景帝这边他终没有规谏。

其实，于谦的做法与之前的刚直忠烈是有违的。所以，后来也给政敌提供了口实，把自己置身于险地。

于谦为什么不进谏呢？于大人这次也选择了明哲保身？这不是于谦的性格。其实，在于谦的心里，他是默认景帝易储的。景帝当政，势必不甘心别人的儿子做太子，一旦百年之后，新皇即位，那注定一切都得重新来过，就有可能祸起萧墙。于谦要的只是国家的平稳过渡，要的只是百姓不遭遇灾祸。当然，景帝对于反对易储之人的强势镇压，于谦是不认可的。

于谦本以为景帝易储成功，一切就按部就班的正常发展，起码不会给国家和百姓带来祸事。于谦也没想到，朱见济竟然重病身亡，朝政又起波动。

朱见济的身亡，令景帝备受打击。但，景帝毕竟还未老，后宫嫔妃如云，就生不出一子半嗣延续自己的骨血？或许是为了再生个儿子吧，不排除这个可能，景帝每每退朝之后，开始沉迷于酒色，在花香国里消磨大把光阴。

景帝最喜欢的还是曾经的杭妃，也就是如今的皇后。但朱见济的去世对杭皇后打击也很大，杭皇后不久也染上重病。或许还有别的原因，当然即使有别的原因，当时的太医也没查出来，只道寒热交侵，虚火过旺，久治无效，皇后最终命归黄泉。这是景泰七年（1456年）的事。

皇后的去世就像抽走了景帝的魂魄，整个人都变得精神萎靡。后来，他开始荒废朝政，纵情娱乐，比如造龙舟，他不分时节，命人打造了很多又大又豪华的龙舟，然后兴师动众地比赛；建"燕室"，也就相当于宫廷音乐室，是专门为了安乐享受的地方。无论是造龙舟还是建燕室花费都极大，劳民伤财。

监察御史倪敬等五名御史，一起上书建言，劝谏景帝库府的银两不能随便挥霍，像造龙舟、建燕室这样偏于娱乐的事，皆不会给皇上带来多少好处。

忠言逆耳，景帝把奏疏转给礼部，希望礼部处理这几人。礼部这次对几个御史很维护，说他们不过是出于对圣上的关心与爱护，景帝没法强行制裁。但是，到了对御史考核的时候，景帝还是让都御史萧维祯找这几位毛病，以不称职为由，把几人降职到边远地区当差。

不复储便不复储，太子的事没人敢再提，大不了走一步看一步。毕竟景帝还壮年，有景帝坐镇，暂时也不至于出什么大的动荡。谁又能想到，不知是因为积郁成疾，还是淫乐透支了身体，在景泰八年（1457年）正月的一个早朝上，景帝突然就病倒了。

伴着景帝病情的不见好转，朝廷上下人心不稳，随之被按下的立储之事，又一次浮出水面。

莫说别人，于谦这次也沉不住气了。如果说之前景帝易储，于谦是暗地里保持默许的心态，那么这次于谦是如何想的呢？

于谦这次选择了支持复储。之前提倡复储的人遭到景帝的残酷镇压，已经是几缄其口，不敢再提。但景帝再无子嗣，于是有人甚至提出过继藩王的儿子。当然，更有多人出于某种目的，支持朱见深复储。此时，于谦也选择支持朱见深复储。

于谦支持朱见深复储没有别的目的，他还是从国家安定的角度去考虑。南宫已经有涉政的意思，如果朱见深复立，太上皇就没了复位之心，无形中就会避免一场腥风血雨。

于谦深知，这样的建言会触怒景帝。局势将如何发展，复储又会惹动怎样的风波，于谦心里格外担忧。

第八章 夺门之变，风云再起北京城

6. 南宫争霸

南宫即是延安宫，在紫禁城的东南方向，故称南宫。南宫虽小，建筑结构却与紫禁城一般，也有首门、二门以及两掖门。南宫内有花园，装潢也称奢华，若英宗在此颐养天年，安心做个锦衣玉食的太上皇还是不错的，但事实上，情况并非如此。

景帝一直担心南宫复辟，心里不落底，所以对南宫看守极严，由自己亲信都指挥纪广亲自看守，不仅外人进不去，即便是上圣皇太后来看望亲儿子也被拦阻。至于锦衣玉食更是谈不上，英宗的日常饮食皆由少数几个太监定时送，况且今非昔比，小太监也有故意少送，甚至不送的时候，堂堂太上皇就连吃饭都有断顿的时候。景帝唯一还算说得过去的是，允许钱皇后带贴身侍女住这里，而生活开销，据说还靠几个人的女工活贴补接济呢，这样的处境比起流亡生涯倒也强不太多。

因为生活困顿，朱祁镇无奈之下便讨好身边的太监。有个御用太监叫阮浪，对英宗的服侍很用心，生活起居，吃饭洗澡，都是他亲自动手，英宗感激，便送与一个镀金绣袋留作纪念。皇家无俗物，阮浪把绣袋给一同当差的王瑶看了，王瑶很羡慕。英宗知道后，又赠送给王瑶一把镀金刀。王瑶喜不自禁，颇为得意，便拿给一同当差的锦衣卫指挥卢忠看，偏偏这个卢忠和锦衣卫太监高平交厚，高平就把这件事恶化，想借此无端生事，为自己平步青云铺路。于是，高平密告景帝，说太上皇欲谋反行刺。景帝把阮浪、王瑶抓捕入狱，严刑逼供。审讯过程中，二人死不承认太上皇有谋反的异心，最后王瑶和阮浪皆丢了性命。至于卢忠和高平最终被磔死，这是后话。

其实一把镀金刀不过中指大小的装饰物，岂能作为行刺工具，分明是被人利用。最后于谦不得不出面，和景帝说明情况，才把这件事平息。经此一事后，景帝对英宗愈加不放心。

景帝起了戒心之后，废黜朱见深的太子位，立自己的儿子朱见济为太子，希望借此斩断英宗的念想。没想到，新立的太子一年后病重去世，景帝的计划被彻底打乱。

杭皇后死后，景帝开始沉迷女色，希望再得继承人。渐渐地，景帝在女色方面有了不好的舆论。

风月场所有个妖冶女子叫李惜儿，色艺双绝，在江南一带很有名气，后来辗转来到京师，因受到京师纨绔的追捧，很快引起景帝的注意。景帝把她收入内宫，烟花柳巷出身的李惜儿，侍寝时百般招法，景帝与之承欢枕席，逐渐被迷得忘乎所以。

日久得宠，李惜儿欲望递增，开始索要名分。一支野花如何摆得上台面？自然遭到众人发对。况且帝王上苑不是百姓人家，景帝也不可能对女性专一，他有后宫佳丽如云，讲的是雨露均沾，爱的是日复一日的新鲜刺激。最终，景帝对李惜儿弃之如履。

景帝大肆选妃，泱泱大国，千万里之疆，岂能少了绝代佳人？曾经杭皇后是景帝的最爱，没想到杭皇后之后，又来一位梦里寻她千百度的美人，她袅如拂柳，轻如燕莺，貌美端庄，春风一度之后，景帝封此女为唐妃，很快又封为唐贵妃。唐贵妃深得景帝宠爱，鞍前马后出行游猎等等，景帝都把唐妃带在身边。造龙舟，选良马，形影不离，玩得不亦乐乎。一次，唐贵妃在骑行时不小心崴了脚，所有侍者全部被打个半死。

景帝学唐玄宗，把三千宠爱置一身。这位唐贵妃要风，景帝

第八章 夺门之变，风云再起北京城

便行风；要雨景帝便施雨。她最爱花草，景帝便命人大建御花园，广集天下的名花到京。整个花园里琳琅满目，富丽堂皇，不亚于人间仙境。花园内建琼室，景帝日日拥美人在怀，更美酒盈樽，好不逍遥。

景帝过度沉迷女色荒废了朝政。最愁人的是，终没能生出一个半个子嗣出来，反倒很快掏空了身体，朝堂上景帝突然病倒。病倒之后，他的身体状况一日不如一日。

万岁身体违和，上朝的次数越来越少，人心开始动荡。曾经谈之变色的复储风波再度大浪叠起。

这次，南宫内也刮起阵阵风声。孙太后总觉得自己老了，似乎也该给自己儿子铺铺路。他用重利拉拢纪广，悄悄送进南宫十数箱的金银珠宝。英宗用这些本钱，又在纪广的默许下，开始打点内外大臣。

英宗不说自己有什么目的，只言这些人都是自己看重的，都是对自己有过善待的，重金相赠只是图个关照，以便自己能够生活得安逸。

太上皇也是皇，每逢生日庆典或者年终岁末，礼部都安排众大臣去南宫行五拜三叩的大礼，以示朝贺，这些规矩景帝全部免行。景帝的小气表面上没人敢说三道四，背地里都稍有微词。时间长了，景帝知道不能做得太过分了，于是在英宗的影响力越来越小的前提下，允许英宗与后妃及儿女生活在一起。这期间，英宗在南宫还得了三个儿子，即五子见澎、六子见泽、七子见浚。

有钱能使鬼推磨。后来，就连太监曹吉祥、左副都御史杨善以及武清候石亨等，都先后接受英宗的好处。在立储提上日程之后，这些人结成团伙，都是朱见深复储的支持者。

景帝很少早朝，可见病体依旧没有康复的迹象。立储已经成为大多数人的呼声。

景泰五年（1454年），刑科给事中徐正曾经提出建议，让景帝别选宗室亲王之子育于宫中，当时遭到景帝的怒火，把他调离京师贬往云南当个经历，后来怒火依旧难消，找个理由抓捕入狱。时过境迁，如今眼见得景帝难续龙种，朝中以陈循、高穀等为首的大臣，又开始主张天下藩王皆朱家血脉，可以商量过继立储。

另一部分人，就是以收了英宗好处的石亨等为主，力谏沂王是最合适人选。其时，于谦已经得到纪广身边御前兵马副都督程中的密告，说近来南宫活动频繁。树欲静而风不止。其实，此时的于谦有能力做些什么，但帮哪一方呢？他深知，无论是哪一方一旦有事发生，都会牵连无数的人头。看来只有复立朱见深才能化解危机。

南宫争霸的势头已经渐渐显露，形势变得越来越复杂。于谦有些坐卧难安，他和一干大臣频繁探望景帝，希望把立储的事情早日定下来。景帝无奈，终于答应立会决议此事。于谦下定决心支持沂王复储，至于成功与否，他是真的没有把握。

7. 夺门之变

石亨虽然一身骁勇，但最初不过是镇守大同的都督，在阳和口战败之后单骑逃回北京，被下了大狱。因与瓦剌开战，于谦向朱祁钰请免，把他提拔为京城总兵官。北京保卫战胜利后，石亨被封为武清候，并管理十团营。位高权重，石亨的野心迅速膨胀。

按照明朝惯例，每年正月都要进行祭祀大典。

景泰七年（1456年）末，景帝已经病重，享太庙就是武清候石亨代行的。景泰八年（1457年）元旦，景帝强挺着来到奉天殿接受百官朝拜。初六孟春，按例也要到太庙祭祀列祖列宗，无奈也遣石亨代行，但十三日怎么办，这一天可就特殊了。

十三日这一天是祭祀天地，乃大祀礼中的第一大祀。没有极特殊情况，皇帝要亲自带着文武百官前往天坛祭天地，为国祈安，为百姓祈福，祈祷新的一年风调雨顺，诸事顺利。

祭天这一大事，皇帝需要提前三日进斋宫，在那里沐浴、斋戒、清心并且远女色，以表虔敬。斋宫的环境自然不同于乾清宫，难免有些清冷。景帝亦很要强，他拖着病体坚持住进斋宫。

以为挺一挺就过去了，没想到病魔不饶人，刚刚住进去，景帝就大口吐血，身体摇晃站立不稳。

石亨为护驾郊祀之事前来请命，看见病榻之上的景帝面色焦黄，两腮与眼窝身陷，全然没有一点精气神，说话间呼吸急促且细若游丝，吓了一跳。本来传出英宗身体违和的消息后，文武百官很少有人见到皇上。石亨也只知道皇帝病得严重，哪知道病成这般模样。虽然不是医生，也晓得人到了这个地步，恐怕已经时日不多。

石亨认为机会来了。他回到家中带着石彪直奔十团营。一路上看着石彪，石亨忽然间就想起早年在山东时，曾经遇到过一个相士，那相士看着他二人的容貌不住地啧啧称奇，还神叨叨地写了两首诗。全部内容石亨记得不是太清了，只记得最后的两句，说自己"睹此仪容诚可贵，后来品爵极尊荣"；说石彪"边塞他年人畏服，元戎掌握显身名"。石亨忽然觉得自己当了武清候，没准这次石彪也能借此事飞黄腾达。

石亨到了十团营，马上召集都督张凯、左都御史杨善、太监曹吉祥秘密筹划。石亨告知当前景帝的状况，并且提出不如直接请太上皇复位，若事成便是开国元勋。

几人一拍即合。于是兵分三路，由太监曹吉祥秘密进宫取得孙太后的支持；石亨自告奋勇去联合镇守南宫的都指挥纪广；另外杨善就具体的谋略去叩问太常卿许彬。

孙太后那儿没有反对意见。石亨秘密约谈纪广，纪广也认为鲤鱼跳龙门的机会来了，愿意一起行动。倒是太常卿许彬虽然同意，却认为自己年老，推荐了徐有贞。

单说徐有贞，前文提到过此人，也就是在土木堡之变后，北京保卫战之前建议都城南迁的徐珵，后改名徐有贞。

徐有贞是宣德八年（1433年）的庶吉士，后授编修。他身材矮小却精明干练，工于心计。对天文、地理、兵法、水利、阴阳五行等方面的学问都有涉猎。在主张南迁时，曾言夜观天象，但南迁建议失败后，他遭到很多人的讪笑，以至于很长时间得不到提升。

徐有贞后来讨好阁臣陈循，再后来收买于谦的门生，希望他们进好言，让自己得到于谦的举荐。其实，于谦很注重人才的选拔，确实曾经向景帝举荐过徐有贞，但因为景帝对其印象深，只道他是那个主张南迁的人，一直心下不喜，所以不予重用。于谦曾经因为南迁的事与徐有贞在朝堂之上针锋相对，徐有贞误认为于谦对其有成见才不予推荐，心里对于谦嫉恨不已。

景泰三年（1452年），徐有贞升任右谕德，当时黄河决口灾情严重。景泰四年（1453年），徐有贞升左佥都御史，被派往张秋（今山东阳谷）治理黄河。徐有贞素来对水利方面有涉猎，他对治理水患有颇有见地，用开闸、开支流、疏通等多种措施，组织民工建工程，终于消除水患。因为治理黄河有功，徐有贞被晋升为左副都御史。

徐有贞是个有野心的人。机不可失，他要赌一把，直接与自己的妻儿诀别，功成则功在社稷，享尽荣华富贵；事败哪怕相会黄泉。

徐有贞是几个人的主心骨，又拿出自己的威风，夜观天象，说三日后便是良辰吉日，到时一起行动。

其实并是夜观天象的结果，徐有贞知道景帝在十七日要早朝，立储之事肯定要最后拍板，所以要赶在十七日之前，计划因此定在十六日晚。

十六日晚四更左右，石亨带领一千多名手下直奔长安门，以接到边报、有盗寇入京为由，骗开城门进入内宫。

一进内宫，徐有贞便从石亨手里要过钥匙直接扔掉，表示有进无退，非生即死的决心。

徐有贞留下一部分人守皇宫，和石亨一起直奔南宫去接太上皇。一到南宫发现南宫大门锁死，因怕事情有变，徐有贞立即下令用巨木撞开大门。一干人奋力，大门墙轰然倒塌后直接冲了进去。

英宗早已接到纪广的消息，正翘首以盼。接到英宗后，一行人奔东华门，想经东华门进入奉天殿。天未亮，都指挥纪广前去叫门，守城的兵士不敢开门。徐有贞请出太上皇，言称进宫有大事，阻拦者定斩不饶。城门大开，一行人顺利拥向奉天殿。

天光微凉。知道十月十七日万岁要早朝，一大早宫门大开，一排仪仗在殿外等候。可上朝的不是景帝，却是穿戴整齐的太上皇。锦衣卫的一众武士刚刚反抗，很快全部被制服。时隔八年，英宗再次进入奉天殿，再次坐到高高的龙椅之上，望着眼前熟悉的一切，不由五味杂陈。

奉天殿外钟鼓长鸣，一干大臣纷纷从朝房起身走进大殿，抬头一看全部目瞪口呆。怎么个情况？怎么换了皇帝？景帝呢？也没驾崩啊？此时，徐有贞走出来，大声喊道："太上皇复位了，百官进谒！"

群臣这才知道发生了什么？怎么办，景帝一病不起，明眼人都知道已经时日无多，英宗已经坐上龙椅，再看前后左右石亨的精兵把控了局面，大家知道一切已成定局。

第八章　夺门之变，风云再起北京城

第九章　浑然正气，一身清白留史册

1. 直面危机

景泰八年（1457年）正月十七日，以石亨、徐有贞、曹吉祥等人为首的一行人，拥立英宗重新坐上皇帝宝座。这件也堪称改天换地的大事，整个过程没有什么惊天的大动作，只是在十六日晚，用巨木撞开南宫大门时发生响动，南宫大门和部分城墙坍塌也算有了声势，宣告复辟事件的开始。所以，这一事件被定名为"夺门之变"。

伴随着徐有贞一声大喊，"太上皇复位"，所有人如梦方醒，英宗朱祁镇轻松复位了。

于谦还打算早朝力谏景帝呢。他反复斟酌利弊，觉得沂王确实最适合做东宫太子。形势所逼，这是亟待解决的、迫在眉睫的大事。然而，于谦准备了一宿的《复储书》还没来得及呈上，景帝在病榻上没来得及出来早朝，夺门之变便上演了。

于谦面对国家安危可以成就"救时宰相"之名，岂是这般麻木、迟钝之辈？作为军务总督，面对十万瓦剌军，他亦能叱咤风云、足智多谋，对于夺门之变没有一点感觉和防备？

其实不然。在南宫争霸之心微微显露之时，于谦就有感觉，并有人给于谦通风报信。在石亨最初找上南宫时，在石亨与纪广第一次秘密接头时，纪广身边副将程中就已经告知于谦，于谦嘱咐程中暗中留意南宫动向。就在石亨和纪广有可能生事的时候，程中也来过，提醒于大人及早作防备。

于谦身为兵部尚书，直接掌握京中兵马大权，若于谦提前进行周密的部署，若于谦调动京城的守卫力量，就凭石亨的一千人马，就算徐有贞再善谋，也不是于谦的对手。

于谦为什么不这样做？这些人一旦得势，势必危及自己的利益乃至性命，这些于谦不晓得？

其实，于谦也是身处两难之间。若对太上皇出手，势必造成血流成河的局面。到时被问斩的不仅是太上皇，就连沂王以及所有朱祁镇这一脉都会被牵连。而景帝病重又无后，这大明的江山谁来执掌？若是迎立其他藩王之子，更加会引起国事动荡。

于谦还想到了宣宗皇帝朱瞻基，与朱瞻基这位主上之间的交往，又一幕幕电影一般的呈现。朱瞻基特别欣赏于谦，从金殿策论开始的心仪，从怒斥汉王得到的认可，从巡按江西的赏识提拔，到十数载巡抚晋豫的支持，可以说没有宣宗的在背后做靠山，于谦很难强势崛起。于谦所有成绩的取得，恍惚中都能看到宣宗的影子。

想起宣宗，愁眉紧锁的于谦便笑了。仿佛中，于谦正在朝廷之上侃侃而谈，"谦音吐鸿畅，帝为倾听"，宣宗皇帝正粉丝一样笑眯眯地看着他。

所谓"士为知己者死"。宣宗虽是一代帝王，却是个重情重义的人，对于谦有着知遇之恩。宣宗在位十年，他开创了明史上有名的"仁宣盛世"，他殚精竭虑保下的大明江山，于谦怎忍心让他的一脉彻底退出？

于谦的顾虑很多。于谦在夺门之变发生前，只盼着沂王能顺利复储，然后景帝病故之后，沂王继位，一切按部就班地循正常轨迹发展。

英宗心情激动，颤颤巍巍地坐上宝座，然后宣布顺应时势得以复位。告知群臣不必惊慌，一切照常，各司其职。一干大臣又在徐有贞的威逼之下，皆山呼万岁。

当日中午，奉天殿披红挂绿，午门外准备了大型的仪仗，钟鼓齐鸣，英宗穿上龙袍带上龙冠，接受百官朝拜。

正月二十一日，英宗正式颁布复位诏书，公示天下。改景泰八年为天顺元年，英宗当上了历史上罕见的"两朝天子"。

诏书公示内容如下：

朕昔年恭膺天命，嗣承大统，十有五年，民物康阜。不虞北房之变，唯以宗社生民之故，亲率六师御之。而以庶弟郕王监国。不意兵律失御，乘舆被陷。时文武群臣即立皇太子以奉之，岂期监国之人遽攘当宁之位，既而皇天悔祸，房首烙心，奉朕南还，既无复辟之诚，反为幽禁之计，旋易皇储而立己子，唯天不佑，未久而亡，杜绝谏诤，愈益执迷，矧失德之良多。致陈疾之难疗。朝政不临，人心渐愤，乃本月十七日，朕为公、侯、驸马、伯及文武群臣、六军万姓所拥戴，遂请命于圣母皇太后，祗告天地、社稷、宗庙，以今年正月十七日复即皇帝位，躬理机务，保固家邦。其改景泰八年为天顺元年，大赦天下，咸与维新。

英宗能够重新坐上宝座，功在石亨等发动夺门之变，自然要对夺门之变中立下大功的人进行封赏。

徐有贞担任内阁首辅兼兵部尚书，晋升武功伯加华盖殿大学士、赐号"奉天翊卫推诚宣立守正文臣"。石亨封忠国公。都御史杨善封兴济伯。太监曹吉祥本来按照明例不能封官，也把他的养子曹钦封昭武伯，还有曹吉祥很多近亲皆封官职。

石彪授封定远伯并出任大同副总兵。原大同总兵郭登被削去定襄伯的爵位，改任南京都指挥签事。再有就是参与事件的相关人，连许彬也进了文渊阁。授封赏最多莫过于石亨的手下人，他的家人、弟侄、部下等等，借参与夺门之变为由，因有功受赏者达到上千人。

有受封的自然就有受罚的。这些人分别是少保于谦、大学士王文、陈循、萧镃、商辂、尚书俞士悦、江渊以及都督范广等，均是与于谦走得近的，全部抓捕入锦衣卫大狱。

自古一朝天子一朝臣，每一个上位的帝王都会扶植自己的势力，对于那些旧臣及不喜的人进行彻底镇压。于谦一干人在英宗复辟之后马上被抓入狱，等待他们的又将是怎样的命运呢？

2. 不白之冤

徐有贞直接升任内阁首辅，可谓平步青云。四下无人之时，他甚至忍不住偷偷掐自己一把，看是不是身处梦中。

徐有贞之前就觉得自己满身才华，上晓天文下知地理，乃英雄无用武之地。他恨于谦。自己当初想尽办法讨好，为的就是希望得到举荐，一定是于谦不肯为自己美言。他恨景帝，提起徐珵就鄙视，害得自己只好把名字改了，才稍稍有所作为。如今，徐有贞高兴，甚至得意，走路都昂首挺胸，意思是说你们都看看，看看我徐有贞有了高官厚禄不是？

一时的高兴过后，徐有贞又忧心忡忡了。说句实在话，无论是才干、人品、功劳等等方面，自己这内阁"第一人"和于谦是无法相比的。想起这些，徐有贞就坐立不安。于谦今天被下了大狱，可是于谦没叛国、没徇私枉法，反倒是于国有过大功劳的人，没有死罪。即便今天贬职了，说不定哪天就重新被启用了。有于谦在，自己的位子能做得稳吗？

于谦是徐有贞心腹大患，怎样才能一劳永逸？怎样才能彻底解决这个危机？徐有贞想破脑壳，终于想到了一个置于谦于死地的罪名。

于谦都没有想到，徐有贞给他安了一个"谋立外藩"的罪名，即阴谋立襄王朱瞻墡的儿子为太子。

朱瞻墡是明仁宗朱高炽的第五个儿子，是宣宗朱瞻基的同母弟弟，是景帝和英宗的五叔。朱瞻墡在永乐二十二年（1424年），被册封为襄王，封地在长沙。他为人谦逊，深得张太后的喜爱，在宣宗驾崩时，他婉拒张太后的意思，拥立年幼的朱祁镇继位。土木堡之变后英宗被俘，因为朱瞻墡有"贤明"的好名声，孙太后也欲招其回宫，但襄王上书请求立沂王为太子，朱祁钰为监国，支持营救英宗。后来，孙太后听取于谦的建议，立朱祁钰为帝。世人对朱瞻墡的评价是"庄重警觉，颇有令誉"。

朱见济病逝后，景帝已无子。于谦虽然出于对大局的考虑，也支持沂王复储，但毕竟《复储书》没有公开。那么，当时有没有人欲立襄王之子为皇储的？确实有。

前文提过，刑科给事中徐正，曾经给景帝上书，建议把沂王迁置封地，别选宗室亲王之子育在宫中。那意思很明显，就是有朝一日把藩王之子立为东宫。当时景帝并没有立藩王之子的想法，于是大怒，把徐正又是贬职又是下狱。这件事与于谦没有丝毫关系，但强加在于谦身上未尝不可，起码会给不知情的人多添一丝猜忌，或许于谦有过这样的想法呢？

说于谦叛国没人信，于谦与瓦剌势不两立，曾经把十万瓦剌大军打得落花流水，怎么可能通敌叛国？说于谦徇私枉法也没人信，都知道于谦是个清官，性情刚烈耿直，不为钱财所动。景帝儿子朱见济死后，景帝没有第二个儿子，为何迟迟不同意沂王复储？那么，景帝有没有选藩王之子立储的想法？于谦在朝中说话有分量，于谦"谋立外藩"是有一定可信度的。

徐有贞阴险至极，是一个极有手腕、极有见地的大阴谋家，虽然别有用心，但不可否认其才智出众，给出的这个罪名最可能出现，是是非非几个能辩？同时，又能给于谦致命一击。

只有"谋立外藩"这样的罪名才能够置于谦死地，别的罪名都没有这样的力度。

也只有"谋立外藩"这样的罪名，才能够令英宗接受。当年英宗南归，曾经誓言旦旦地写了避位诏书，声称"国家机务，御弟惟宜"，自己绝不再参与，那么今天景帝尚在，为什么还复辟呢？岂不自相矛盾？岂不言而无信？在世人心中莫不是没了好名声？只有"谋立外藩"的罪名成立，英宗才能名正言顺，才能为自己坐上皇位找一个充分的理由。

谋立外藩就得和外藩有接触。按照明例规定，藩王及其世子受封于外，是不可轻易进京的。调藩王或者藩王继承人进京需持有尚宝司的金牌。从长沙到京城路途遥远，一路上用到驿站的马匹，还要到兵部领取马牌。所以，大学士王文直接提出，可以去内府和兵部查金牌和马牌，如果牌子被领走，现有的牌子对不上数，那就说明问题了，否则岂不是信口诬人？

大学士王文意思是说，定罪得有让人信服的证据，没有证据怎能定案？但王文还是低估了徐有贞。徐有贞不屑一顾地说："事尚未成，自无动用牌符之理，由此用心亦罪在当诛，无妨定罪。"

话说到这个地步，于谦彻底明白了，徐有贞这是非要自己这些人的性命不可了。

主审于谦等人案子的是徐有贞，再有就是都御史萧维祯。这萧维祯就是个见风使舵的人。当初徐正案子就是萧维祯经办的，这是个毫无底线的人，也很难坚持自己的主见。

萧维祯见于谦劝王文多说无益，竟笑着点头说："于公看得明白。事出朝廷，供死，不供亦死，何必枉费口舌？"

堂下众人闻此禁不住纷纷摇头，心说看来于谦等真的是冤枉。但碍于堂威只能小声议论。徐有贞无奈，随后把"谋立"二字换成"意欲"，又诬陷当初黄竑上疏易储的事，皆受于谦指使。徐萧二人整理出一份审讯报告，送交英宗御览，要求置于谦等人死罪。

英宗对于谦的斩与不斩是有些犹豫的。心里知道当年于谦力退瓦剌大军，为保住大明江山立下了汗马功劳，这样的重臣真的一刀砍了？但耐不住石亨、徐有贞等的死磨硬泡。又说当年战场上，于谦提出"社稷为重君为轻"的口号，几次不顾英宗的安危，如何的居心不良，难道这些事情也能轻易忘却？提起往事，英宗禁不住满腔怨恨，漠北吃了多少苦，南宫忍了多少恨，似乎真的都和于谦有关系。

当年秦桧给了岳飞"莫须有"三个字，而如今徐有贞给了于谦"意欲"两个字，这奸臣残害忠良的罪名何其相似？谁能想到一代"救时之相"，竟蒙受了这样的不白之冤。

3. 于谦遇害

徐有贞和石亨等人一心想置于谦于死地，又恐夜长梦多，在英宗的面前不断搬弄是非。咬住于谦的"社稷为重君为轻"，咬住于谦参与易储，把于谦说成罪不可赦的大奸大恶之人。

况且不斩于谦，就连夺门之变都师出无名。没有于谦这帮人的"意欲迎立外藩，图谋社稷"，那么景帝病故后，大明天下就是沂王和英宗的，本来顺理成章的事，为什么还大张旗鼓地"夺门"呢？这一点英宗是赞成的，英宗也想把自己打造成一个有好声名的威武大帝。

天顺元年（1457年）正月二十二日，是一个令无数人难忘、又泪雨纷飞的日子。兵部尚书于谦、大学士王文等受刑于西市。

大学士王文心有不甘，更是不停声讨：以莫须有的罪名、像秦桧陷害岳飞一样诬陷受死，天理何在？

于谦已经看清形势，劝说大家不必再说了。何为"谋立外藩，图谋社稷"，这样的罪名何其可笑？想当初土木堡之变后，皇帝蒙尘，朝廷不稳，数十万精兵皆在手中掌握的时候，都不曾图谋社稷。如今垂垂老矣，难道还有这样的打算吗？千秋功过任评说，相信日后一切自有公论。于谦临刑前请人代笔，留下一首辞世诗：

村庄居士老多磨，成就人间好事多。
天顺已颁新岁月，人臣应谢旧山河。
心同吕望扶周室，功迈张良散楚歌。
顾我今朝归去也，白云堆里笑呵呵。

于谦已经没有过度的悲伤，唯一生惟问心无愧，何尝不是一份成就、一份心安呢？所以，于谦自怀一份洒脱亦从容赴死。围观的群众忍不住，老幼无不垂泪，有举家号哭，更有为他披麻戴孝者。

都指挥范广也是一同受刑之人。范广就是当初瓦剌围困京城时，在德胜门下率神机营打败也先的将领。那一仗，他在炮火中勇猛冲锋，就连也先的弟弟孛罗也命丧当场。范广当时是石亨的副将，与石亨一起守卫德胜门。石亨封侯后野心逐渐显露，范广对石亨很多作为不满，屡次劝诫，遭到石亨的记恨。范广还和十团营的副将马凯不合，石亨、马凯二人诬陷范广是于谦的支持者，这才被一同问罪。

范广昂首挺胸亦是临危不惧，声称于少保这样功在社稷、有着一世清名的人物都遭屠戮，范广一介武夫，死有何憾？况大丈夫曾经驰骋沙场，曾经提兵救驾，已经不枉此生了。范广更目含不屑，言说不像某些人胆小怕死，战场上陷万岁于不顾，自己单骑逃生。直听得一旁的石亨脸色数变。

范广有一红颜知己，极其爱慕范广的品行。刑场上，她披麻戴孝来为范广送行。在范广被砍头之后，亲手用铁线缝起头颅，然后嘱咐家人替范广收尸。她自己趁人不备擎出短刀，大声说"主君死冤，贱妾死烈"，然后自刎于范广身侧。场面之悲壮，妾之忠烈，令人感叹不已。

适时天昏地暗，阴风凛凛。兵部尚书于谦，大学士王文等被枭首示众，家属皆戍边。

于谦被害，京城百姓无不失声痛哭。于谦是谋逆的大罪，谁上前祭拜谁便是同谋，残暴的锦衣卫不许行人上前。于兴号啕大哭着扑上前去，数次被锦衣卫打得头破血流，昏倒在地，被老家人强行抬走才捡回一条命。闻说于兴之后颇受打击，呆呆痴立，数日不吃不喝。于家人感其忠诚，亦怕遭连累，赠送衣服银两，之后命人将其送回河南老家。

可怜这位曾经位高权重、功高盖世的于大人，一朝被冤杀，死后竟然不许祭拜且暴尸街头。

此时，很多忠义大臣被赶出朝廷，内阁首辅陈循、尚书俞士悦、江渊被遣送戍边，至于萧镃、商辂已被削职为民，而老吏部尚书王直、礼部尚书胡濙等全部退居二线。

所谓人走茶凉，朝中也有不少对于谦的声讨者，他们主动对徐有贞、石亨谄媚，以图升官发财。也有一些平素和于谦关系不错的同事，生怕受到于谦的牵连，自是噤若寒蝉，不敢发声。

平常受过于谦恩惠的人，可谓不计其数，但此时不敢挺身而出，不敢替于谦说句公道话的比比皆是。当然，也不乏忠勇之人。单说，从皇宫大院的宦官行列中就站出来一位，他平素与于谦并无太多交集，却冒着拼得一身剐的危险，赶来为于大人送行。

此人名叫朵耳，是大太监曹吉祥手下的一名指挥。很多人都很纳闷，不见朵耳平素与于谦有什么交集，为什么会冒死前来祭拜？朵耳确实与于谦没有任何交往，但朵耳对于谦一向敬仰，知道这是一位为国为民的大臣，这是一位被人冤枉的好人。出于崇拜和愤恨，朵耳不顾危险，带着酒和祭品来到刑场哭祭。

朵耳的行为可把曹吉祥气坏了。曹吉祥痛杖朵耳，打得朵耳又滚又爬，不准他再去。可是第二天朵耳又去了，一边酹酒于地，一边大哭不止。

朵耳这一举动立时引起众人共鸣，一个与于大人不相干的朵耳尚且如此，受少保恩惠，因于少保才留得性命的，不感觉惭愧吗？

于是，很多人带着酒和祭品一齐涌上街头。用美酒祭拜，用锦衣覆尸，号哭连连，声动数里。

徐有贞和石亨闻之，竟然心中畏动，也不深究。不久，有都督同知陈逵①买通守兵，收于公尸骸，暂时葬于西山。

于谦入狱后，他的家人全部押送边远地区去戍边，就连一直不在身边的儿子于冕也未能躲过。那日，于冕在押送途中，梦里见到父亲身首异处，却来嘱托他不要悲伤，说上天感其恩德，已经就任京城城隍。于冕知道父亲遇害了，哭醒后几度昏厥。后来得知父亲被陈逵收葬，嘱义兄前往拜谢，并扶柩回杭，葬于西湖边的三台山上。

---

① 陈逵，明应天府六合人。景泰时任都指挥佥事，以严刑树威，强横为之敛迹。于谦被杀后，收尸殓葬。后官至都督同知。

4. 石亨谋逆

石亨，陕西渭南南至道里（今渭南市临渭区官路镇）人。石亨长相奇异，不仅身躯高大，四方大耳，且有明显特征是胡须长，长可及腹。据说，石亨早年在山东一酒肆，曾经遇到一个能人异士，见他长相奇特，特地送他一首诗，诗是这样写的：

眉如剑楞眼如虹，凛凛身躯体貌丰。
耳大相方汉昭烈，须长堪比美髯公。
时来仗勇诛千骑，运至凭威破万雄。
睹此仪容诚可贵，后来品爵极尊荣。

这首诗大赞石亨仪容不凡，且勇猛异常，将来可以靠一身豪勇享尽荣华富贵。

石亨确实武艺出众，擅长骑马射箭，一柄大刀舞得出神入化，少有人敌。

石亨最初继承父职任宽河卫指挥签事，之后确实凭借自身武艺冲锋陷阵，尤其早年在对瓦剌的作战中，是有过良好战绩的。

瓦剌军在正统年间开始大肆犯边。正统元年（1436年），石亨率众在黄牛坡击败瓦剌军，夺回大量马匹，立下战功升任都指挥签事。

正统三年（1438年），石亨率众追剿瓦剌骑军于关山下，再次取得胜利，擢升为都指挥同知，开始辅佐朱冕守卫大同。

石亨有勇有谋。在守护边关要冲的时候，多次上奏提出治军戍边方略，有很多从实际情况出发解决了军中顽疾，受到上下一致好评与重视。

正统十四年（1449年），石亨打败兀良哈的军队，晋升为都督同知。当时，边关守将除杨洪外，石亨是数得上名的智勇双全之帅才。

正统十四年（1449年）七月，明军与瓦剌大军拉开战幕。阳和口一战，由于太监郭敬从中捣乱，明军中了敌人的"空城计"，大败后，石亨逃回京城被下狱。

石亨真正露脸是在京师保卫战时。多亏了于谦的保荐，石亨从狱中出来后，直接掌管五军大营，升任京师总兵官。京师保卫战中，石亨与都督陶瑾、高礼、孙镗等人奉于谦之命守卫京师九门。在德胜门，石亨率部在民房设伏，待也先追到，神机营火器齐发，伏兵四起，配合范广的冲锋大败瓦剌军。石亨率部继续驰援西直门等，在整个京师保卫战中，石亨战功赫赫，敕封为武清候。

北京保卫战最大功劳应该是于谦，因为太上皇又被掳走，于谦反没有石亨得到的封赏多。此时的石亨心里是特别感激于谦的，是于谦把他从狱中捞出来，给他戴罪立功的机会，让他功成名就，成为景泰重臣。

于谦不以为然，他认为这些都是应该的，对石亨的一味讨好不予理睬。为报答于谦的恩情，石亨在于谦拒封的前提下，在景帝面前为于冕请功。说于冕也参与战事，请求景帝重赏。景帝也想给于谦面子，欲加封于冕为总兵将军。没想到耿直的于谦，不但不领情，直接否认此事，还不依不饶地要求景帝追究石亨欺君之罪。景帝罚了石亨半年的俸禄，令石亨很是尴尬。此后，石亨对于谦的感恩之情化为乌有。石亨认为于谦自高自大，不把自己放在眼里，感恩戴德从此化作嫉妒怨恨。

景泰八年（1457年）正月十七日，石亨与徐有贞、曹吉祥等发动夺门之变拥英宗上位。天顺元年（1457年）正月二十二日，于谦以"意欲"罪名被害身亡。石亨被封忠国公，地位极为尊崇。

朱祁镇复位后对石亨特别恩宠，石亨说给谁升官加职，英宗言听计从。从此后，石亨权欲膨胀。

石亨修建府邸，其富丽堂皇的程度已超王府标准。一日，朱祁镇路过，惊问这是谁家的府邸，才知道是忠国公的。石亨还请求朱祁镇修建他家的祖墓，立碑撰文，条件愈加苛刻。

石彪仗着石亨的权势也是多有妄为。当时有个巡抚叫年富，他上书弹劾石彪。石亨大怒，命石彪倒打一耙，诬告年富阻挠军机，然后令徐有贞捉拿问罪。偏偏年富与徐有贞交厚，石亨威逼徐有贞，两下生出隔阂。

其时，朱祁镇也耳闻石亨的一些妄为之事，便就年富一事询问阁臣李贤。李贤证明年富在边关革除宿弊，是一个口碑很好的行事公直之人。于是，年富无罪释放官复原职。

石亨存怨，开始联合曹吉祥在各处罢黜巡抚等军务官员，以方便自己无拘无束。其时，石亨已经掌握半数左右的兵权。石亨在地方侵占民田，声名狼藉，并且开始联合曹吉祥陷害徐有贞。

于谦被害的消息传至瓦剌后，也先大喜，又开始挑衅进而威胁大同。大同最初是郭登把守，如今是李文和石彪镇守。石彪全然不把李文放在眼里，借石亨的势在大同欺压官民、克扣军饷，导致兵心涣散。

瓦剌军又一路烧杀抢掠直逼京城。朝廷上下人声鼎沸，纷纷言说"若于谦在，安得至此"！

此时，英宗已经对石亨越来越不信任，令石亨心中不安。石亨带兵往来于紫荆关与大同等关御敌，兵权在握，石亨渐起歹心。

天顺三年（1459年）二月，石亨召集心腹卢旺、彦敬、杜清、童先等二十余人秘密开会。用宋太祖陈桥兵变的事件进行鼓动。又说近日有小儿谣言："四方叛乱俱可摇，唯有石人摇不动"，是在暗示石亨大事可成不能摇动之意。于是，一干人等秘密筹划，欲伺机而动。

在延绥征缴落败之后，石彪遭到众大臣的一致弹劾，状告石彪凶暴贪狡，包藏祸心。在镇守大同阴伤主将等等恶行一一显露后，朝廷将石彪下狱。石彪下狱务必牵涉石亨的一些事，正在石亨坐卧不安之际，石亨身边的一个随从因为受到石亨虐待，借机检举揭发了石亨。

石亨万没想到，还没有举事就被捕下狱。同时，朝廷在石亨家中不但搜出家资万余、财宝无数，最主要的是，搜出私书数封，其中有与各镇军官心腹的往来密信，约定次年正月十五日举事。石亨谋逆罪名坐实，不到一月就死于狱中，石彪等全部被押往刑场斩首。

再想起相面先生的那首诗，确实应了"后来爵位极尊荣"的先知先觉，却谁料想石亨不久就葬送了这大好性命？想必也是他陷害忠良的报应。

5. 曹钦造反

曹钦是大太监曹吉祥的养子。曹吉祥与石亨、徐有贞都是夺门之变的主要参与者，夺门之变后，因为明朝按例不能给太监升官封爵，于是朱祁镇封曹钦为昭武伯。曹钦就是曹吉祥的代言人，一举一动都尊曹吉祥的指示。

石亨、徐有贞和曹吉祥平步青云之后，高高在上的权势并没有令他们满足，反而权欲不断地膨胀，后来逐步演化成彼此间的争权夺势。

石彪任大同副总兵时十分骄横，多为不法之事，被大同巡抚年富弹劾。在石彪与年富一案中，徐有贞偏向年富惹恼石亨，曹吉祥选择站在石亨一边，三人形成两派阵营。

御史张鹏、杨瑄等在河间府返回京城的一路上，亲眼得见石亨、曹吉祥的家人仗势欺人，侵占争夺农田，在当地引起积怨，回京后上书弹劾。

英宗据此事询问徐有贞和阁臣李贤。李贤直言难得御史敢说，应该责成户部查实。户部复核，张鹏偕十三道御史再次弹劾石亨等凭借官爵多行不义，致使朝廷内外百姓寒心，上下官员慑惧，希望英宗早作惩处。

石亨得知消息怀疑是徐有贞和李贤主使，遂联合曹吉祥一同反诬张鹏。朱祁镇无奈查处张鹏，石亨授意锦衣卫拷问，亦有微词连累徐有贞、李贤。朱祁镇责二人办事不力，降职为参政。

没过两日，李贤被朱祁镇启用，转为吏部左侍郎，但徐有贞仍为参政。曹吉祥与石亨担心徐有贞也被官复原职，便一起设计谋害徐有贞。

朱祁镇最初最看重徐有贞,升徐有贞为内阁首辅兼兵部尚书,凡事都和徐有贞商量,甚至朝廷中的一些秘事只有二人知晓。石亨对此很嫉妒,曾经打发心腹人刺探,结果就挖出几件。于是,曹吉祥和石亨把这几件事透露给徐有贞手下教授马士权,此人耿直,对徐有贞陷害于谦一直不满。马士权果然捏成一疏请给事中李秉彝上奏。英宗震怒,曹吉祥借机挑拨,说徐有贞对降职一事不满,所以宣泄内廷之语,诽谤朝廷。英宗知道这些事确实只和徐有贞讲过,不疑有他,遂抓捕徐有贞入狱。

朝廷多事,朱祁镇渐对处死于谦心有不安。一日,他问曹吉祥和石亨,于谦迎立外藩的事谁能知见?二人都说不知道,是徐有贞一个人说的。英宗不悦,遂把徐有贞谪戍云南。从此,徐有贞在与石亨、曹吉祥的争权斗争中彻底淡出,最后在老家杭州病故。

天顺三年(1459年)石亨意图谋逆,被检举揭发之后下大狱,事发不出一个月便死在狱中。

曹吉祥和曹钦的野心比石亨有过之无不及,在石亨出事之后,曹吉祥已经兔死狐悲,胆战心惊。

曹钦也感到危机,他心想自己和石亨一样,经常遭到寇深、逯杲、孙镗等大臣的弹劾,一旦哪天皇上震怒,说不准自己父子就会落得和石亨一样的下场。曹钦不甘,他认为石亨疏于谋划才落败;而自己手下也有大军,假如自己计划周密,没准就能成事,起码不会坐以待毙。

曹钦与自己的兄弟曹铉、曹璿,还有童先以及门客冯益等密谋于室。一致认为京城的掌兵官只有孙镗、孙继宗、马昂、逯杲几个人是仇敌,应该先设计诱杀,然后拥兵与曹吉祥举火为号、里应外合举事。

曹吉祥问冯益，自古有没有宦官子弟登基的？冯益说有。比如，据说曹操就是太监曹节的后代。曹吉祥大喜，决定铤而走险。

天顺五年（1461年）七月初三日，曹钦邀来侄婿恭顺侯吴瑾。吴瑾在城中掌管禁门钥匙，曹钦打算让吴瑾到时打开禁门，放千余精兵入内。吴瑾听罢一惊，虽说平时两人多有往来，但这是谋逆的大罪。吴瑾不敢直接拒绝，只说如今非常时期，禁门很难放千余人进内，好歹也得等到四更之后。

转眼过了一鼓，吴瑾巡夜心里焦急，假若四更不见打开城门，曹钦一定会攻打，万一人多攻进来，曹吉祥在内部放火接应，这祸事可就大了。正想着来了一队人马，是都指挥完者秃亮带人巡查，吴瑾告知今夜曹钦、曹吉祥同谋作乱。完者秃亮飞马疾奔，向大明门上守军往内报告此事。吴瑾又怕口传不到，自己又急往锦衣卫都指挥逯杲家报信。逯杲与吴瑾飞身上马，一同前往马昂处。此时，孙镗已经接到内廷飞旨，急急调兵拒守杀敌。

三更刚过，曹钦不见吴瑾有什么动静，又发现异常，才知吴瑾出了问题。曹钦大怒，直接命曹鈜等带兵五千抵达西长安门攻打，自己率五千精兵攻打东长安门。

吴瑾和逯杲走到半路就听得杀声四起，情况危急。二人兵分两路，逯杲看紧西长安门，吴瑾快马去马昂处求救。逯杲见曹鈜等已经砍门，挺枪而上，奈何曹鈜人多，逯杲被乱枪刺死。

曹钦放四五处火，一边攻打，一边拘来尚书王翱、学士李贤，勒令二人写本，巧辩此举受逯杲、寇深所逼。寇深赶到，大骂曹钦为曹贼，拘系大臣，残害百姓，叛乱京城。曹钦怒杀寇深。广宁伯刘安怒斥曹钦，也被曹钦杀害。这时，吴瑾、孙镗赶到。曹钦见吴谨大怒，斥责吴谨的背叛。双方大战到一处，战中吴谨不敌被杀。

此时会昌伯孙继宗与曹璿大战到一处，工部尚书赵荣听闻曹钦叛乱也披甲上阵，号令街上千余好汉一同杀敌。曹璿不敌败向曹鈜处，兵部尚书马昂率兵杀来，曹鈜见情况不妙，杀出重围，只带百十人马逃窜。

曹吉祥在内廷正带着一些心腹堆积放火之物，忽见内臣金英、怀恩等带人匆匆赶来，曹吉祥被捕。

孙镗与曹钦大战，这时曹鈜、曹璿也被四处兵马赶至一处。勤王之师杀气如虹，很快孙镗把曹鈜斩于马下，孙继宗把曹泽杀死，曹璿被马昂杀死，曹钦带领残兵败将逃回家中。大军追杀，曹钦见大势已去，紧闭大门，跳井身亡。

曹钦造反被满门抄斩，曹吉祥被凌迟处死。

至此，夺门之变中的主要参与者全部身亡，没有一个落得好下场。于冕从龙门关放回，仰天大呼"吾父之冤得白矣！"

6. 真相浮出

石亨、徐有贞把于谦的罪名填上"意欲"两字呈上来的时候，朱祁镇对杀不杀于谦是有过很长时间犹豫的。

谁不知道于谦在大明朝生死存亡时刻挺身而出，力挽狂澜，打跑瓦剌大军，才换来这安稳盛世？虽然皇帝金口玉言、说一不二、没人敢反驳，但毕竟杀大功臣会惹来百姓不满。

石亨、徐有贞再三说于谦非杀不可,不杀于谦就没有"夺门"的理由,名不正言不顺的,岂不更加惹人猜忌?况且这"意欲"谁能说没有呢?英宗的心里也拿不准。

　　在拷问迎立外藩的时候,大学士王文极为不服,他大声质问迎立外藩有何凭据?有何人见证?差遣何人去迎的?既然迎立外藩就必须有金牌信符,那么,去内府查看是不是金符还在?去兵部去看是不是马牌数目相当?这才是证据。

　　徐有贞本来就是编造的理由,如何敢去查看?连忙给罪名前加了"意欲"两个字。不管是不是事实,只要心里这样想了无妨定罪,谁能知道他心里有没有这样想过?所谓欲加之罪何患无辞。

　　在于谦被捕时候,朱祁镇曾命人去查襄王的金符,结果遍查王府金牌,还独独缺少襄王金牌。虽然兵部的马牌没有派发记录,但是英宗心里也表示怀疑,外加石亨、徐有贞的恶意猜想,就误认为是于谦窃取了。

　　不管怎么说,于谦的罪名是"意欲"未经查实,所以于谦被斩之后,英宗总觉得心有不安。有一天,承天门无端起火,火借风威烧得很旺。英宗亲自到场命令内使救火救人。众人正在忙乱,英宗抬头猛然间就见闪闪的火光中有个人影,英宗揉揉眼睛,发现像是于谦连连叩首,似有诉冤之状,嘴里还说"臣之孤忠,上帝已爱怜赐爵,今特诉之陛下。"英宗连连点头,心惊不已,再抬头,哪里有什么人?

　　英宗一连几日恍惚,还把这事和徐有贞讲,徐有贞说皇上不过是见火恍惚失神而已,这种事不足信。

　　徐有贞等有复迎大功,英宗对他极为器重,可谓言听计从。听到徐有贞如此说,英宗也不再往心里去,又给石亨、曹吉祥等加俸二百石。英宗忽然想起监察御史钟同和吏部郎中章纶二人，那都是心向南宫的人，于是下旨追复故御史钟同，赠大理寺正卿，并升长子为知县，次子为通政司知事。升章纶为左侍郎，升其子为鸿胪主簿。

英宗没有想到的是，随着石亨等人的爵位愈加显赫，几人竟然权欲膨胀，彼此间争权夺势，几乎不把英宗放在眼里。

再说当朝孙太后，太后本来已经年迈体弱，但自从朱祁镇复位之后，她的精神反倒越来越好。自己亲生儿子终于稳坐金銮宝殿，太后也就彻底放心，所以每日里养花逗鸟乐得清闲，也不像之前那样关心朝政了。

这一日，英宗来朝见太后，行人臣之礼。孙太后在闲谈时，偶然间就问起于谦来。她问英宗复位已经两月有余，于谦表现得怎么样啊，是不是经常有手札上奏？

英宗知道瞒不住，只好据实以告。孙太后一愣，两眼空空，半天没说话。过了许久，老太后才黯然说道：于谦有大功于国家，怎么就杀了？当年国家有难，若无于谦，不知道国家如何？当年皇上蒙尘，亦是多亏了于谦！

孙太后说着说着不觉泪下，又捶胸跺足问英宗，即便于谦有大罪，你可以把他放归田野，怎么忍心非得置之死地呢？

英宗吓得战战兢兢，小心翼翼地说于谦迎立外藩，图谋社稷，并且寻不到襄王金符。孙太后不信，土木堡之后，数次与于谦交锋，亦深知于谦的性格，要谋反早就反了，何至于谋立外藩图谋社稷？

说这话时，一个曾经侍奉太皇太后张氏的老宫监禀告，说曾经在张太后的宫中见过此符。急忙去寻，结果发现襄王金符果然在，并且静静地放置在一个角落，已经沾满灰尘。原来，宣宗驾崩时，英宗不过八岁，还是一个懵懂的孩童，张太后一时出自私心，很想扶立襄王为帝，想用金符调襄王进宫，后来权衡利弊，才决定把皇位传给英宗。正统七年（1442年），张太后病故，这面金符就一直留在张太后的宫中。

又一日，英宗翻阅景泰期间的文书奏折，无意中看见襄王上书景帝的两篇奏折：一篇是土木之变后，襄王请立朱祁钰为监国，朱见深为太子，并招募忠勇务必营救英宗；一篇是英宗南归后，襄王嘱景帝要常去南宫问安。英宗看到奏折禁不住心潮起伏，知道自己误会襄王。后来英宗褒奖了襄王，特召襄王入朝，待遇优厚，闲谈数日。期间英宗问襄王，于谦、王文可曾差人到王府递交折子？襄王说确实没有。

经过这两件事，英宗已经对于谦大为愧疚。

于谦被害的消息传到瓦剌，也先又开始起兵犯边，直扑大同。石彪不敌，百姓人人自危。朝廷上下到处沸腾，都在传说"安得再生于少保，为国救苍生"，英宗心里很不是滋味，也自叹息错杀于谦。

此时，英宗已经把石亨、徐有贞乃至曹吉祥的行为看在眼里，已经逐渐疏远、防备和限制三人，并且重用胆识过人的李贤。在二人谈及夺门之变时，李贤直言说迎驾即可，怎么能公然用"夺门"二字？当时，景帝病危，皇上光复宝位是很正当的一件事，那是天命所致，人心所向，就名正言顺地当皇帝，谁敢不服？何必来个"夺门"？况且那是自家的京城禁门，怎么还"夺"，一个夺字就不是美名。再说，幸亏那晚事成，假若景帝一旦先知，又该如何对待皇上？后果不堪设想。

英宗闻言顿悟。才知"夺"字不是顺理，这要是流传后世，岂不被人笑话？这时，英宗彻底明白石亨等人的用心。

天顺三年（1459年），石亨谋逆，险些酿成大祸，英宗拿石亨、石彪等入狱。天顺五年（1461年），曹吉祥伙同养子曹钦造反，拥兵围困京门，恭顺侯吴谨、锦衣卫都指挥逯杲、广宁伯刘安等丧生，最后孙镗等合力剿灭叛乱。石亨与曹吉祥的狼子野心暴露无遗。

至此，于谦遇害的所有真相彻底大白于世。

7. 沉冤昭雪

在当年承天门失火事件后，英宗总觉得对于谦心存愧疚，曾降旨赦免于冕，但于冕为防奸臣迫害，一直寄居关中。关中百姓感念于谦的恩德，对于冕关照有加，衣服财务等多有周济。

北京保卫战，瓦剌军已经看到明军的强势，主动议和，一直不敢来犯。闻听于谦死后，认为时机又至，开始大胆再犯。边境又生事端，那时民心惶惶亦群情激荡，高呼"恨不再出于少保"。英宗闻之长叹不已，几欲为于谦平反，当时被徐有贞劝阻。

兵部尚书官爵后来落在石亨的同党陈汝言头上。陈汝言贪欲膨胀，在不到一年的时间里就大贪特贪，贪污数额过万。陈汝言被人告发，被抄家之后，英宗惊异不已，当朝问众大臣：于谦当了那么久的官，死后家无余资，陈汝言的资财何来那么多？

后来金符出世，权奸谋逆等等事情发生之后，英宗已是悔不当初。时常呆立，一宗宗一件件地想起于谦的好。但他顾忌颇多，有心无力，只希望后世子孙能为于谦昭雪。

天顺八年（1464年）二月二十三日，英宗驾崩。太子朱见深继位，改年号成化，即明宪宗。

一干权奸相继去世后，宪宗初年，于冕千里迢迢从边荒返回，为其父向朝廷代陈功疏。

于冕的奏疏笔墨淋漓，洋洋洒洒倾情陈述了于谦从正统四年开始，为官期间的各种"微劳"：

正统四年也先败盟，圣驾北巡。于谦受任于危机之秋，治兵于溃散之际。他招募军士、义勇民壮、修守城池、整束人马。在南迁之声汹汹之时，他力谏，主张保国之根本，组织和参与了轰轰烈烈的京城保卫战。在京城保卫战中，他虽是文官却身披盔甲，身先士卒亲征德胜门。他有胆有谋率精兵奔走九门，保全了京师，安稳了社稷。

看到中原兵备强势，也先革心向化，遣使请和，在朝廷对迎驾南归狐疑不决之时，于谦力谏景帝，君臣之义不可违，兄弟至情不可失。才有后来迎回英宗，令万姓欢呼雀跃。

于谦在兵部十年，劳疾更是人所共知。因为战事，当时各地皆有散乱游勇，于谦分批穿插安置，绝了朝廷心腹之患；也先围犯京师之后，在边关之地依旧猖獗，人心惶惶，于谦亲到边廷计谋毙敌，遣将遥援，伐谋制胜保全边境，当时独石、马营等边城八座，均是于谦方略得当才得以固守。

浙江、福建、湖广、四川、贵州、两广等地，盗贼蜂起，毒害生灵，告急朝廷。是于谦挑选五军神机营三千精锐，立十二团操练之法亲自训练，不出三四年各处征缴得胜。此内修武备，外慑强敌，于谦为朝廷经营四方。

于谦在天寿山首创城池，迁徙军民入城，保护陵寝。在京师咽喉要道之处，筑立城池，置设军卫，守护运河，这是他守护山陵，并保障要地之劳苦。

一折奏疏难以一一枚举，于冕简述于谦功绩，然后字字泣血，哭其父死之惨烈。又举王骥、岳飞的例子，念王骥征麓川有功被封赏，其父有功未必逊于王骥；岳飞"莫须有"冤死，今其父"意欲"蒙屈，于冕请求朝廷，其父冤情也应该和岳飞一样被昭雪，赐以赠谥，以彰显朝廷之恤典，以慰天下之人心。

成化帝看罢奏疏感慨良多。他召回前阁下商辂、陈循等，侍郎王伟、项文曜等，都是当时石亨指为奸党之人。又恢复王文、于谦、范广的爵位。他对满朝文武说，于谦的功劳和冤屈，其实先帝知道，几次想复官封赐，都被徐有贞等蒙蔽，以致延迟至今。如今怎忍心再置之不理。

成化帝英明仁厚。先帝英宗复位后，把景帝贬回郕王，幽禁偏殿，死后还取消帝号，以亲王之礼葬于西山。朱见深亦不忍，不顾景帝当初废掉自己太子之位的怨隙，以德报怨，恢复景帝帝号，追谥"恭仁康定景皇帝"，重修景帝陵墓，令矛盾缓和。

成化二年（1466年），成化帝朱见深谕祭于谦：

> 卿以俊伟之器，经济之才，历事我先朝，茂著劳绩。当国家之多艰，保社稷以无虞。惟公道而自持，为权奸之所害。在昔先帝已知其枉，而朕心实怜其忠，故复卿子官，遣人谕祭。

成化帝为于谦昭雪。同时，恢复于谦原有官爵，并擢升于冕为应天府府尹，将北京崇文门内西裱褙胡同故居，改为"忠节祠"，并命人前往钱塘三台山祭奠。成化帝的这一做法，得到许多人的支持，更令百姓拍手称快，颂声不绝。

成化二十三年（1487年）成化帝驾崩。朱见深之子朱祐樘继位，改年号弘治，称明孝宗。弘治二年（1489年），孝宗朱祐樘下诏追赠于谦特进光禄大夫、柱国、太傅，谥"肃愍"，并在西湖边三台山的墓旁为于谦建祠纪念，题额"旌功"，赐诰谕。孝宗的谕书是这样写的：

> 朕惟功大者褒典宜隆，行伟者扬名必远。惟显忠于既往，斯励节于方来。古今攸同，岂容缓也。故少保兼兵部尚书于谦，气禀刚明，才优经济，兼资文武，茂著声猷。当我皇祖北狩之时，正国步艰危之日，乃殚竭心膂，保障家邦，选将练兵，摧锋破敌。中外赖以宁谧，人心为之晏然，回銮有期，论功应赏。不幸为权奸所构，乃陨其身，舆议咸冤。恤恩已赐，兹复赠特进光禄大夫、上柱国、太傅，谥肃愍，命有司立祠致祭，用昭旌崇之典。于戏！执羁靮，守社稷，劳盖功焉；表忠宜，愧回邪，理则明矣。诞敷嘉命，永贲幽扃。灵爽如存，尚其歆服。

孝宗皇帝这一做法更得到百姓拥戴，外加孝宗宽厚仁慈，躬行节俭，勤于朝政，他在位期间营造了历史上有名的"弘治中兴"。

于谦一代名臣，一身风骨为后人千秋敬仰。

第十章　高风亮节，优良品质传千古

1. 与妻挚爱

千里姻缘一线牵。于谦与妻子董氏的姻缘，还是董氏外公、外婆牵的线。董氏的外婆家姓何，在苏州也算书香门第。

于谦有一次和朋友到姑苏游学，无意中与何公产生交集。何公一眼便看好于谦，相貌儒雅，谈吐不凡，料定将来是个有作为之人。何公有意结交，奈何一女早已婚配，想起自己的外孙女董海欣端庄有福，其父董镛又是进士出身，两家门户相当，便欣然前往于家提亲。

于彦昭对于谦的亲事要求不高，只希望是一端庄贤淑的良人。闻听董镛为人耿直，因直言忤逆得罪权贵被贬为山东教官，于彦昭觉得这人的品性值得信赖，出于这样家庭的女儿必定知书达理，一支银钗做信物就定了亲。

永乐十六年（1418年），于谦迎娶董氏。董氏入了门之后，果然孝敬公婆，深得街坊邻里称羡。

最难得，董氏与于谦二人非常合得来。董氏出身名门，不但守妇道会各种女红，且天生灵慧，能诵读诗文。她对于谦吟诗作赋很是喜欢，偶尔二人还能彼此切磋。关于这一点，在于谦后来的《祭亡妻淑人董氏文》中提到过，称董氏"女红之暇，诵读诗文，每有所得，辄为文辞"。

董氏是于谦的贤内助，她全身心地支持丈夫的事业，让他安心工作，绝不拖后腿。

永乐十九年（1421年）于谦中进士，他们在京城安家落户。永乐二十一年（1423年）于谦去湖广地区犒赏官军。永乐二十二年（1424年）于冕出生，于谦在京候任不到二年，于谦奉命巡按江西，此宣德元年（1426年）。

于谦在江西的工作是忙碌的，他清理积案，雪冤数百，深得百姓称颂。董氏知道于谦为民谋福，难免辛苦劳碌。因为江西巡按有功，宣德五年（1430年），于谦踏上漫长的巡抚晋、豫两省之路。董氏没想到，于谦这一去就是十八年，带给她无数思念与牵挂。

于谦的十八年巡抚晋、豫是最艰苦的岁月。三十三岁至五十岁，他从意气风发、神采奕奕，一直挨到霜花染鬓、满面沧桑。

山西、河南是两处大省，地域辽阔，却是灾情严重的两个有名的贫困地区。山西地处黄河中游峡谷与太行山之间的高原地带，海拔都在千米以上，是干旱高发区。同时境内许多盆地，如运城盆地、大同盆地、忻州盆地、太原盆地等也都是旱灾多发区。同时，旱情严重还容易引起蝗灾，过去山西地界的蝗灾、霜灾、雹灾等很常见。

河南最严重的是洪涝灾害，因为黄河横亘河南。过去，黄河的泛滥、决堤常有发生，给百姓的生命财产带来很大灾祸。

于谦上任后，终年栉风沐雨，一匹瘦马往返于陡峭的山川道路之上，去山西抗旱，又去河南治水，一年至少两次往返巍巍太行山。

晋、豫两地百姓生活的困苦令于谦殚精竭虑，他马不停蹄地奔波忙碌，因此上很少回家。

只有不定期的匆匆几日回京述职，夫妻二人才能见面。董氏看到于谦已经累得齿落发白，心疼不已。多想让于谦留在身旁，但董氏从来没有开口过。他知道这是于谦的使命，这是于谦为民谋福的夙愿。于谦也知妻子的辛苦，一个人在家支撑家业，抚育孩子。这时，于谦已经有了女儿于璚。

只要从京城返回，临行前董氏总是默默地为丈夫打理行囊。每一次董氏倚门而望，于谦都不敢回头，怕那一缕柔情若丝一般缠绕，难以割舍。明明是春光荡漾的好日子，却被离愁别绪萦绕，这一走几时回，让两人更添牵挂。于谦在《春日吟》一诗中说：

东风浩荡吹花柳，春气熏人如醉酒。
草生满地绿敷茵，桃李无言也笑人。
笑人年年常是客，底事欲归归不得。
归不得，可奈何？
太行南北千条路，不似离肠婉转多。

于谦在晋、豫一心为百姓做事，后来因为两地灾情严重，即便回京述职也被耽搁。宣德十年（1435年），于谦就曾因此事被给事中卜祯弹劾。到正统年初，于谦不光为民情奔波，边境各种军务也牵涉了于谦大部分精力。在内困外忧的情势下，于谦更没想到的是，正统十一年（1446年）董氏撒手人寰。

董氏的辞世给于谦造成很大打击。他首先愧对董氏这么多年的辛苦付出，更心痛的是耽误了对董氏的治疗。于谦在之前书信中知道董氏病重，没想到她病得如此严重，并且当时正值河南水患，于谦没能与之临终送别，这成了于谦心里最大的遗憾与负疚。白天忙碌还好，夜半无人的时候，于谦总是泪流满面：

  别来音问每蹉跎，两地关情感慨多。
  我欲承恩还北阙，子先归化梦南柯。
  空闺镜破余残粉，断杼尘蒙失旧梭。
  痛汝老怀谁与诉，临风唯有泪滂沱。

  于谦对董氏的爱是刻骨铭心的，他们数十载不仅甘苦与共，还志同道合，相知相爱。于谦写了很多悼内诗文。董氏在世时与于谦也常有书信往来，可惜都没能流传下来。
  每年董氏的祭日，于谦都会郑重地祭拜，为董氏写祭文，从不间断。他的祭文情真意切，若奔流一泻千里：

  哀哀吾妻，既淑且贤。归于我门，二十余年，柔婉贞顺，委曲周旋。上奉舅姑，下睦姻族，庭无闲言，家道雍睦。女红之暇，诵读诗书，每有所得，辄为文辞。吾家素贫，日用节俭，子能安之，澹而弗厌。吾忝国恩，列官朝行，巡抚两闽，久阅星霜；子居京师，弱女相随，幽闲之操，人所共推。子当盛年，忽构气疾，发作无时，动经寻日。去岁之秋，疾势破张，以书告我，我以为常。意者天相吉人，当不久而康复，胡造物者之不然，遂遽然而风烛。呜呼！死生世之大故，夫妇人伦大纲。子之疾也，吾不得为之诊视；子之逝也，吾不能与之永诀。生死异路，天各一方，虽有子而不得见，遗弱息兮谁与将？翳秋雨兮残灯，掩春风兮洞房。妆台静兮月冷，缣帏悄兮夜长。讣音远来，摧裂衷肠。吾今年濒五旬，须发苍苍，聪明弗及于前时，视听日就于渺茫。既往之日多，方来之日少，而罹此不幸，愈加痛伤。旦夕男冕来京，当扶柩以还故乡。庸择吉地以妥灵光，待吾瞑目而后，与子同穴而藏。此则吾之本心，而亦人道之常。子如有灵，当于冥冥之中阴骘子女，而盛而昌；俾吾老不失所，子于春秋祭祀，亦有所望。吾以使命未即还京，因遣璃英奠此一觞。言有尽兮哀无穷，身虽远兮情弗忘，淑灵不昧。来格来尝。

于谦四十九岁失去挚爱，六十岁辞世。即便后来官拜兵部尚书，位高权重，可自从董氏辞世后，他孤身一人，一直未再纳娶。

2. 教子有方

于谦的长子于冕于永乐二十二年（1424年）出生。永乐二十一年，于谦以监察御史的身份往湖广犒赏官军，兼招抚瑶僮。于冕出生时，于谦刚刚从湖广回京复命。

于冕的出生，给于谦带来很多快乐。但于谦在家陪伴妻儿不到两年，就奉命巡按江西，紧接着又巡抚晋豫，与妻儿过着聚少离多的生活。于谦离开家乡后，感觉愧对自己的父母，又觉得把他们留在家不放心，于是，妻子生了女儿于璚后，于谦就和妻子商量，把于冕送回杭州老家，让父母二老能体会孙子环绕膝下的快乐。

虽不能陪伴在孩子身边，亲自看护其成长，但于谦对孩子的关心和教育一直不曾缺席。于谦一有闲暇就写信给家里，尤其对于冕，于谦一直关注他，鼓励他。这一点从于谦的《示冕》一诗中看得很真切：

阿冕今年已十三，耳边垂发绿鬖鬖。
好亲灯火研经史，勤向庭闱奉旨甘。
衔命年年巡塞北，思亲夜夜想江南。
题诗寄汝非无意，莫负青春趋自惭。

这首诗起笔写出一个十三岁少年的可爱模样，流露出一个父亲对孩子的喜爱之情，更多的还是于谦对小于冕的思念之情。接下来嘱咐于冕，应该在灯火下努力读书，还要经常侍奉祖父母，尊敬长辈，代自己尽孝。提起常年公务在身，表达自己不能陪伴的歉意，但也是"夜夜想江南"，从来没有忘记。最后，希望孩子好好珍惜年华，不负青春不断努力，将来做个对国家有贡献的人。

这首《示冕》诗，感情真挚充沛，字里行间有浓浓的爱，有对自己后辈的言传身教，从这一点上看，于谦也算是一个合格的父亲。

其实，老于家的家风好，这才是主要的。于谦小的时候，于彦昭就把文天祥的画像供奉在家里，教育于谦成为像文丞相一样有风骨有志向的人。于冕被送回老家之后，于彦昭同样教育孙子，也给他讲文天祥的故事，也给他很好的家庭教育环境，这对于孩子的身心成长打下了极为良好的基础。在这样的家风熏陶下，于冕长大以后成为一个品行端正的人。

于谦非常注重对孩子自小的培养，他认为只有自小懂得时间的珍贵，不负光阴，努力进取，打下良好的根基，长大后才能有所作为。于谦在这方面的诗词很多，他还有一首《落花吟》是这样写的：

昨日花开树头红，今日花落树头空。
花开花落寻常事，未必皆因一夜风。
人生行乐需少年，老去看花亦可怜。
典衣沽酒花前饮，醉扫落花铺地眠。
风吹花落依芳草，翠点胭脂颜色好。
韶光有限蝶空忙，岁月无情人自老。
眼看春尽为花愁，可惜朱颜变白头。
莫遣花飞江上去，残红易逐水东流。

这首诗有对落红成殇青春易老的感叹，更多的还是告诫大家珍惜时光，趁大好青春发奋自强。

正统十四年（1449年），北京保卫战爆发。于谦升任兵部尚书，率领十几万大军打退瓦剌军的进攻，保住了京师，成就"救时之相"的美名。于谦的功劳很大，但于谦不居功不领赏。总兵官石亨是于谦从狱中解救出来并一手提拔的，因北京保卫战的大功绩被封侯，可谓平步青云。石亨很感激于谦，在于谦不受赏之后，向皇上提出于冕有功，希望让于谦的儿子得到封赏。

于谦不但不领情，还很不满，认为石亨有欺君之罪，怎么能为了讨好而颠倒是非黑白呢？于谦因此为自己埋下了祸端。在于谦的心里，儿子应该凭借自己的努力去拼搏，而不是靠别人的功劳来承接。他认为自己的政绩不能成为儿子当官的根本。

对于谦的做法，于冕开始也有些不理解，于谦耐心地给他讲其中的道理，让他把名与利都要看轻。

于冕谨记父亲的教诲，在父亲遇害身亡后，只身在龙门关清贫度日。成化初年（1454年），于冕代父申冤。父亲沉冤昭雪后，于冕官复千户，但于冕不喜武职，又改任兵部员外郎，后来累迁至应天府尹。于冕整理父亲遗稿，又撰写《先肃愍公行状》，他一生尊父训恪守名节，不愧为忠良之后。

宣德四年（1429年），于谦的女儿出生。于谦希望自己的女儿冰清玉洁，给她取了一个好听的名字叫"璚英"。"璚"即琼，是一种美玉。

于谦对女儿更是爱护有加。璚英聪明可爱，可是自从女儿出生，于谦就开始往来于晋、豫之间，工作十分辛苦，根本没有时间陪伴她成长，于璚英的培养全部落在董氏身上。

于谦每每想起璚英更是心疼不已，他在《忆璚英》一诗中这样写的：

> 璚英一别已三年，梦里常看在膝前。
> 婉娩性情端可爱，娇痴态度亦堪怜。
> 诵诗未许知音节，索果惟应破俸钱。
> 白发双亲在堂上，关心为尔更凄然。

作为一个父亲，于谦对自己的儿女有浓浓的亲情，更希望他们能够有很好的发展。

于谦后来位高权重,但是于谦从来不让自己孩子恃宠而骄,在品性的培养上,于谦是下了力气的。

璚英大了,于家门庭若市。有很多提亲的都是高官家的子弟,但于谦做出了令人不解的选择,他给女儿选了一个自己手下的小官做夫婿,也就是锦衣卫都指挥朱骥。这个朱骥虽然长得一表人才,却因家贫一直未娶。朱骥在于少保的手下当差,为人诚实,做事仔细,于谦很喜欢。就打算把女儿嫁给他。当时,朱骥吓坏了,哪敢高攀?就连董氏也觉得有些委屈女儿。但于谦执意把璚英嫁了过去,成就了一段佳话。这个故事在《锦衣志》[①]中有过记载。

朱骥后来官至指挥佥事,虽然后来受于谦牵累奉命戍边,但回来后累迁都指挥使,治锦衣卫二十余年,璚英的生活一直很安稳幸福。

于谦的一双儿女都品性优良,没有辜负他的期望,于谦对儿女的教育值得后人学习借鉴。

3. 正气为民

于谦自永乐二十一年(1423年)以督查御史身份步入仕途,一直到正统十四年(1449年)获封太子少保,无论官职大小,于谦的心里时刻想着百姓利益,他一生不畏权贵,正气为民,是所有为官者的典范。

---

① 中国史类书籍,明朝,王世贞著。

永乐二十一年（1423年），于谦奉命到湖广犒赏官军，招募瑶僮，他心里便装着最底层瑶民的生活疾苦，解决了当时官军妄杀的现象，令瑶民、壮民的生活得到很大改善。他获得上下一致称赞，行事风格以廉干著称。

宣德二年（1427年）于谦任江西巡按。在连续两年的时间里，于谦所有目光都关注最底层的百姓。他轻骑简从，微服私访，走遍江西大部分土地，接触无数的父老乡亲，为他们清理数百积案，解救了许多备受冤屈折磨的人，被当地百姓称作"神明"。他澄清吏治，革除了许多扰民之举，以及对宁王府的抗争等等事迹，深得江西百姓的爱戴，他们奉祀于谦生主于郡学名宦祠，这便是百姓的口碑。

宣德五年（1430年）于谦巡抚晋豫，这一去便是十八年。十八年沐雨栉风，十八年呕心沥血，他为晋、豫百姓做了太多的事。

他今朝太行南，明朝太行北，一匹瘦马，两三随从，不停地翻越，往来于晋、豫两地之间。

山西大旱，他夜间在灯下疾书，向朝廷汇报灾情多番减负，令那些被赋税压得喘不过气的百姓得到喘息；白天劝籴粮米，在各地设置"尚义仓"和"平准仓"，考察灾情，安置灾民，带领大家共渡难关。于谦没有巡按大人的架子，山西蝗灾泛滥，于谦没日没夜地撸起袖子和大家一起捉蝗虫，谁能看出这是一个高高在上的朝廷官员？

河南临近黄河，时常有水灾发生。宣德五年（1430年）和宣德六年（1431年），黄河连续两年泛滥。河南开封所属的祥符、中牟、阳武、通许、荥泽、尉氏、原武、陈留等县的民居、土地、庄稼几乎全部被淹，百姓流离失所。于谦心急如焚，他上书请求朝廷减免赋税，救济粮食，并采取多种办法安置灾民。

为了治水，于谦和百姓一起加固堤坝，种植树木，当时有很多记载，于谦在任期间在晋豫修筑了许多的壕沟、两侧种植很多的榆树、柳树，树木粗可环抱；沿途还修建很多的凉亭、水井等，极大地改善了环境。

山西、河南都有过大旱，当然山西旱情最为严重。看着大地干裂，看着河流干枯，看着地里枯萎的庄稼，于谦心急如焚。黄河决堤可以筑坝、植树等，但是烈日当空久不见雨水怎么办？于谦不惜为民祈雨，他希望能用自己的诚心感动上帝，拯救百姓。

于谦的祈雨次数多到无法统计，从他的作品中可以知道，于谦为祈雨吃斋饭、戒酒、沐浴，写祈雨文，十分虔诚。降雨了，于谦和百姓一起欢呼庆祝；雨不至，刚烈的于谦不惜怒写《祭蛤蟆石文》，向其质问，讨要公道。他爱民之心苍天可鉴。

在民间，流传最多的还是于谦治水的故事。

黄河水自古多泥沙，容易淤堵，经常决口。于谦带领一干官员亲到抗洪第一线。他衣服上经常挂着泥浆，被水泡得臃肿的身体甚至还有带血的伤口。有一次，水浪滔天，眼看着一处堤坝被毁，水龙就要冲破防线。于谦急了，他三步并两步上前，起身便跳进水里，用身体去堵住缺口。河水不住地冲击他的身体，但于谦奋力挺直不动。他向天祈祷，只要能度过险情，他于谦愿意以身代罚，替百姓蒙受苦难！无数的百姓冲向于谦的身侧铸成一道人墙，仿佛是在向涛涛的洪水宣战。雨停了，风小了，最终化险为夷。

正统十一年（1446年），黄河再次决口。于谦面对汹汹黄河水，看着一双双呆滞无助的眼睛，他的内心十分复杂。不是人定胜天吗？又是开濠引水，又是筑堤植树，做了很大努力了。于谦不甘心，想起古时候很多传说，他下决心打造镇河铁犀。

铁犀俗称铁牛。用它治水，一说铁为金，乃水之母，子不敢与母斗，所以蛟龙水怪惧怕；二说犀为神牛，牛能耕田，属于坤兽，坤在五行中为土，土能克水。既然人力有限，那就请示神明。于谦亲自撰写《镇河铁犀铭》刻在牛背上。铭文大致如下：

> 百炼玄金，溶为金流，变换灵犀，雄威赫奕，填御堤防，波涛永息。安若泰山，固若磐石，水怪潜行，冯夷敛迹，城府坚完，民吾垫溺，雨顺风调，男耕女织，四时循序，百神效职，亿万阎闾，施之衽席，惟天之俯，惟帝之力，而亦有庸，传之无极。

镇河铁犀高 2.04 米，围长 2.66 米，坐南向北，通体乌黑，独角向天，双目炯炯，造型雄健有力。镇河铁犀鼓舞了百信战胜困难的信心。黄河水来水退，人们坚持不懈地与自然灾害做斗争。

人们还建了回龙寺庙。到天顺元年，为了追记于谦，还在回龙庙旁修建了一座庇民祠。后来越岁月沧桑只留下镇河铁犀，一直保存至今。

镇河铁犀如今在河南省开封市东二公里的许铁牛村，当地人们把于谦奉为水神，供奉朝拜祭奠，感谢于谦的拳拳爱民之心。

于谦在山西、河南巡抚十八年，深得百姓爱戴。正统年间，于谦为民请命得罪了宦官王振，被下了大狱要问斩，两地的百姓汇成一道人潮涌向京城，他们上书于谦为民的功绩，高呼把"于青天"还给他们。

在北京城生死存亡的关头，于谦出任兵部尚书，他位高权重，仍然把百姓的利益放在第一位。在皇权至上的年代，他敢于喊出"社稷为重君为轻"的口号。

景帝初登基时，经常派人到真定、河间采野菜，到直沽去钓鱼，于谦提出这会扰民，向景帝进言停止。莫说大事，就是这样平常小事，于谦首先想到的就是百姓的利益，说明于谦时刻把百姓的利益装在心里。

于谦离世很多年，然于谦正气为民的故事，还一直被后人千古传颂着。

4. 忠心报国

于谦家里常年供奉文天祥的画像。于谦出生的时候，父亲于彦昭就梦见文丞相转世，于彦昭给于谦起名的"谦"字，就是"以致梦中逊谢之意"。于谦长大后，一直把文天祥"人生自古谁无死，留取丹心照汗青"的气节，作为目标与方向，并激励自己为之努力奋斗。无论是从于谦的《石灰吟》还是《咏煤炭》中，都一眼能看出于谦从骨子里就是一个有爱国情怀的人。

于谦走向仕途之后，处处把国家和百姓的利益放在第一位。尤其，正统十四年（1449年），瓦剌大举进犯，英宗出师土木堡失败，北京城形势十分危急时，于谦挺身而出，率领大家力保风雨飘摇中的大明朝，使国家免丧国之痛，使百姓免遭屠戮之灾，成就了一代"救时之相"的美名。

当时，面对剽悍的瓦剌大军，有人主张南迁，放弃北京城。

在以于谦为首的主战派胜出的时候，大多数人的意见，就是躲在北京城内防守。升任兵部尚书的于谦，不但以一介文官之身披甲上阵，还把精锐直接拉出九门之外，置生死于不顾，以战为守，不向敌人示弱。

于谦从自己做起。他和石亨亲自守卫德胜门，以当冲要。规定：临阵将不顾军者斩，军不顾将先退者，后队斩前队。明确告诉大家：于谦后退了斩于谦，石亨后退了斩石亨。于谦一腔豪勇为报国。

于谦严明军纪，只要将士出了城，在没打败敌人之前就不准回城。西直门主帅孙镗，被敌人围困，力战不支的情况下欲返回城中，给事中程信严令不许开门，只在城上配合火器猛攻，于谦再调派援兵。孙镗带领手下拼死杀敌，才保住西直门。

北京保卫战，于谦带领大家以大无畏的精神取得胜利，于谦也因此成为百姓心目中的民族英雄，这是于谦忠心报国的最好体现。

北京保卫战之后，于谦主张迎回英宗。毕竟是曾经的一国之主，怎忍心让他流落异地他乡？他没有去想，在北京保卫中自己提出的"社稷为重君为轻"的口号；他没有去想，在战争中，自己不顾英宗在城下大喊开炮，英宗会不会记恨？他心里想的是，为了保住大明朝，为了不受也先的胁迫，必须这样做，自己问心无愧。若于谦有一点私心，就不会力主迎回英宗，也不会给自己日后埋下一丝一毫的祸端。

景帝强势立储，于谦暗地里是勉强默认的，因为这有利于国家的安定。自古很少有皇帝贿赂大臣，曹吉祥在代表景帝拉拢大臣时，也使出溜须拍马的技能，夸奖于大人深明大义。于谦则毫不客气地说："下官为国着想，为苍生谋福祉，不是为自己。"怎奈天有不测风云。于谦没想到后来朱见济病逝，景帝又病重。这时复储之风盛行，于谦不是墙头草，迫于形势，他也支持朱见深复储，甚至写了《复储书》，只是还未等拿出来，便发生了"夺门之变"。

于谦处处出于大局考虑。后来石亨、徐有贞等与英宗一起发动"夺门之变"，其实于谦也并非真的一无所知。

英宗重新当上皇帝势必对于谦不利，况且石亨、徐有贞、曹吉祥等人都是与于谦站在对立面上的人，于谦没有危机感吗？于谦没有想过自己的命运吗？于谦身为重拳在握的兵部尚书，没有能力阻止夺门之变的发生吗？其实，睿智的于谦都想过，他只是什么也没做。所以，于谦后来走向断头台，甚至可以说，是自己把自己推向了断头台。

当英宗坐上奉天殿的金銮宝座，当上朝的钟声敲响的那刻，在病床上的朱祁钰曾经问左右，朕还没有上朝，怎么就敲鼓撞钟呢？这是谁啊？是于谦吗？

景帝为什么会问是于谦呢？因为于谦当时手握重权，景帝害怕于谦会像董卓、王莽、司马懿一样把持朝政。景帝虽然是以小人之心度君子之腹，但起码说明于谦有这样的实力。

景帝听说不是于谦，而是英宗时，竟然连连点头，说是自己哥哥就好。他心里想的是大明江山没有落在外姓之手。岂不知，于谦的一腔肝胆只为忠心报国，何曾有过丝毫的别意？他为了国家的安定，为了百姓的安稳，不忍看血流成河，不想出一点点的动荡，哪怕自己最终成为皇室争斗的牺牲品。

自从走上仕途，于谦不辞辛苦的奔波为什么？为的就是国家昌盛、百姓生活幸福。他何曾顾及过自己的安逸？回头想想，十几年的基层生活，于谦风里来雨里去，殚精竭虑，呕心沥血。于谦的心中装的是旱情，是洪水，是山路，是夜以继日，是不眠不休。

他在《立春日遣怀》一诗中写道：

年去年来白发新，匆匆马上又逢春。
关河底事空留客，岁月无情不待人。
一寸丹心图报国，两行清泪为思亲。
孤怀激烈难消遣，漫把金盘簇五辛。

这首诗既有对岁月催人老的无奈，更有对国家的一腔忠诚，也有对亲人的思念，读来感人至深。于谦怀着对国家的一腔忠诚，愧对了自己的父母妻子儿女。都说忠孝难两全，父母死的时候，他不能膝下尽孝；妻子临终时，他不能亲自送别，只道此身许国难许卿！儿女成长的路上，他也比别人少了无数陪伴。

百姓不会忘记心中的英雄。山西河南百姓把他叫作"于青天""于龙图"，于谦生前，他们就把他当作神明一样参拜；于谦死后，他们为其建祠，世世代代香火不断。

于谦不愧是一代忠臣，他性格刚直从来没有私心，他总是拍着胸脯说，不知自己的一腔热血要洒向何处。于谦的所作所为不愧《明史》中所说的"忠心义烈，与日月争光"。

5. 清白留世

于谦为官清廉。

前言中提过"两袖清风"的故事。宦官王振当权，别人为了巴结、讨好、甚至出于不结仇之目的，纷纷送上金银财物时，于谦却诙谐地送上"两袖清风"。他的那首《入京诗》也为许多人熟悉与称道：

绢帕蘑菇与线香，本资民用反为殃。
清风两袖朝天去，免得闾阎话短长。

这是成语"两袖清风"一词的由来。《明史》上也记载于谦"每议事京师，空囊以入，诸权贵人不能无望。"

于谦特别痛恨贪官污吏，斥责他们是吞食民羊的虎狼之辈。于谦在他的《犬》一诗中写道："护主有恩当食肉，却衔枯骨恼饥肠。如今多少闲狼虎，无益于民尽食羊。"于谦一身清正，不会与这样的人同流合污。

做官是为民谋福利，不是为了自身的名与利。于谦在《无题》一诗中，表达了自己把名节看得比山重，把利益看得比羽毛轻的高尚情怀。

名节重泰山，利欲轻鸿毛。
所以古志士，终身甘缊饱。
胡椒八百斗，千载遗腥操。
一钱付江水，死后有余衰，
若图身富贵，胶剥民脂膏。
国法纵未及，公论安所逃？

于谦为人正派，不巴结别人，也不接受别人的好处。他知道，天下没有免费的午餐，有了利益挂钩，就有可能丧失自己的名节。

石亨在景帝面前为于冕求官，于谦不但拒绝还直言"无功不受禄"，令石亨很尴尬。其时，于冕对自己父亲的做法有些不理解，谁不愿升官？又不是自己讨要的，父亲是不是太过耿直了？于谦自然明白于冕的心思，就用这首诗仔细地给儿子讲道理。言传身教是最好的课本，有于谦这样优秀的父亲，才形成了于冕优秀的品质，后来于冕也没有令于谦失望，无愧于忠良之后。

于谦后来做到兵部尚书，获封少保，随着于谦地位的逐步提高，给于谦送礼的人自然也不少。

于谦不收礼，也不给别人送礼的机会。但就在于谦将近六十岁时，许多人自发地来送寿礼。于谦这时正位高权重，想要示好的人怎么会少？门前送礼的人络绎不绝。

于谦不露面，嘱咐管家一概不收，诸多送礼之人没办法，只能摇头离开。于谦忠心报国，战功卓著，皇帝为了表彰他也派太监前来送礼。皇帝听说给于谦送礼不好送，太监听到后不以为然，心想难道万岁爷的礼，于谦也敢拒收吗？

没想到太监打着送礼的旗号来，真就被于谦的管家挡在门外。这位太监很不高兴，就咬文嚼字地让人传话，说你于谦劳苦功高，但也不能连万岁爷的面子都不给，这于理不通。于谦挥笔写了四句话：为国办事心应忠，做官最怕常贪功。辛苦本是分内事，拒礼为开廉洁风。

太监一看没办法，只好回去复命。这是民间流传的一则于谦拒礼的故事，真假无从考证，但很符合于谦的脾气和一贯做法。

于谦生活节俭。

北京保卫战之后，景帝非常重视于谦，知道于谦家里生活拮据，给于谦发放双俸，于谦坚决不受。后来，景帝知道于谦家"所居仅蔽风雨"，就赐给他一座大宅院。于谦也不收，他认为有地方能住就可以了，简单舒适就行，何必那么繁华。于谦还引用霍去病不贪功劳的故事，为自己做榜样。景帝让于谦务必收下。于谦没办法，收下后也始终不住新宅，只把景帝所赐的玺书、袍子铠甲、弓箭、冠带等安放在那里，并且加上封条，每到年节时才打开看一看。

景帝时期于谦权力很大。景帝有很多事都和于谦商量，惹得许多大臣私下里议论纷纷。皇帝身边有个太监叫兴安，被于谦的品行深深折服，他大声责问众臣，说："日夜为国分忧，不要钱，不要爵官爵，不问家计，朝廷正要用这样的人，可寻一个来换于谦。"众人听后，一个个哑口无语。

于谦虽然是国家大员，但一家人的日子过得很清贫。英宗复辟之后，于谦在权奸的陷害下被害身亡，事后皇帝派锦衣卫查抄于谦的家产。

于谦做官多年且身居高位，他家里一定家资丰厚，即使不敌王侯，也应该以万数计吧？令人意外的是，那些人翻遍所有房间，包括大大小小的箱箱柜柜，家产仅仅是维持家里正常的开销，根本没有多余的钱。当时，石亨等人不服气，命令锦衣卫大力搜查，哪怕掘地三尺也要搜出点东西来。后来，查抄一干人终于发现一间上着大锁的正房。众人松口气，以为发现于家存放金银细软的库房了。砸开大锁，推开房门，只见里面只有一些加封的大小包裹。打开包裹一看，都是景帝多年来赏赐的蟒衣、战袍、铠甲、刀剑和玺书等，并且记录着何年何月因何而赐。

于谦家里最多的就是书，随处都是书，除了书籍很难有值钱的东西。这样的官员谁见过？那些查抄的官员以及锦衣卫军校都禁不住黯然泪落。

石亨的亲信陈汝言，后来做到兵部尚书一职时，不到一年就被人告发，贪赃万计。有人把陈汝言贪污数目呈上，英宗大惊，还十分不解，他问左右大臣们：同样作为兵部尚书，于谦在这个位置上坐了许多年，况且在景泰一朝得到极大信赖，权力很大，结果家无余资。反观这陈汝言，仅仅坐了一年的兵部尚书，他从哪儿得来这么多的资财呢？

此后，英宗对问斩于谦很是后悔。尤其遇到边境有事的时候，大家都十分想念于谦，痛惜于谦。

于谦墓在浙江杭州西湖畔的三台山麓，每年都有大批量的人来此拜谒，尤其杭州、山西、河南都地，对于谦祭祀不绝。清代著名诗人袁枚来拜谒岳飞和于谦墓后，吟出了"赖有岳于双少保，人间始觉重西湖"的千古名句。

6. 文学成就

提起于谦的诗，很多人马上能吟出那首《石灰吟》，实在是一首脍炙人口的千古名作。可能有的人也会吟出与"两袖清风"相关的《入京诗》，还有就是与《石灰吟》堪称姊妹篇的《咏煤炭》。后面这两首诗，即便有的人不能像《石灰吟》一样一字不落的吟咏，而"清风两袖朝天去，免得闾阎话短长"和"但愿苍生俱饱暖，不辞辛苦出山林"这名句，相信很多人亦耳熟能详。

其实，于谦的诗有很多很多。可以说观于谦一生的轨迹，无处不在的就是诗词。有诗随行，用诗表达所有的爱恨情仇，这是于谦多年养成的习惯，也是他令人称羡不已的才气。

"春风堤上柳条新，远使东南慰小民"，在一个春光明媚的二月，于谦意气风发地走马上任。他要穷自己一腔热血去筹报国为民的壮志。

于谦上任督查御史后，马不停蹄地奔走在湖广、江西、山西、河南等地。没有八抬大轿、没有前呼后拥，他喜欢轻车简从、喜欢微服私访，他的足迹遍布各处。

在这期间，于谦见到了太多的最底层百姓的艰辛困苦。所以，在于谦的诗词中，有很大一部分都是悯农诗。他的《悯农》一诗是这样写的：

无雨人怨咨，有雨农辛苦。
农夫出门荷犁锄，村妇看家事缝补。
可怜小女年十余，赤脚蓬头衣褴褛。
提筐朝出暮开归，青菜挑来半粘土。
茅檐风急火难吹，旋燕山柴带根煮。
夜归夫妇聊充饥，食罢相看泪如雨。
泪如雨，将奈何，
有口难论辛苦多，嗟而县官当抚摩。

一首《悯农》读来令人黯然泪下。于谦亲身体会这些身陷水深火热中的百姓们的困苦，更坚定了为民谋福利的决心和信念。在他的《收麦诗》中，这样写道：

有司牧民当体此，爱养苍生如赤子。

庶令禄位保始终，更有清名播青史。

他的《田舍翁》《采桑妇》《村舍耕夫》《路旁老叟》等等，有人统计，仅《忠肃集》里这样的悯农诗就有34首之多。

于谦的一匹瘦马日夜不辞辛苦地奔走在山路上，从他的诗中，更能直接了解于谦的行踪。

"三晋冲寒到，中州冒蜀回。山川元不改，节候自相催。"这是炎热的夏季，河南正暑热难当，山西已是天寒地冻，于谦正走在河南返回山西的路上。诗中，能看见诗人正往返于太行山，一边是越走越热，一边是越走越冷，这样的巡视路多不容易。

"两鬓霜华千里客，马蹄又上太行山"，于谦正行走太行山上；"信马天将暮，离山路转平。穿萦太行驿，树绕泽州城"，于谦已经到了泽州；"鸿沟迢递接荥阳，芳草弥漫古战场""茫茫烟树绕孤城，千载犹存孝义名"，转眼间于谦又从荥阳到了孝义县，真的是马蹄匆匆。而"月落日未出，东方隐又明"于谦从晚到早巡境内各县，晓行夜宿，又上路了。

山西闹大旱，"村落甚荒凉，年年苦旱蝗"，于谦看在眼里急在心里，他不惜向天祈雨。"好挽银潢作甘雨，溥沾率土润苍生。"天还没亮，于谦披星戴月到晋祠去求雨，希望自己有一把银瓢舀满银河水，把它们一瓢瓢洒向大地，化作甘霖滋润禾苗，获得丰年以拯救苍生。

雨来了，于谦像孩子一样欢呼雀跃，"花外锦鸠啼，催来雨一犁。眼前生意足，头上暖云低。红透花枝重，青涵草色齐。明朝出城郭，走马踏春泥。"于谦写了《喜雨三首》《郑州喜雨》等许多首这

— 265 —

样盼雨、喜雨的诗。

河南发大水,于谦和大家一起治理。他挖沟壕,植绿树,甚至造铁犀,写碑文,以笔为剑怒指苍天。

巡抚晋、豫两地时一年至少两次翻越太行山,那时的交通条件极其艰苦,于谦这样的奔波持续十八年。在漫长的岁月里,于谦心系两省百姓,苦中作乐。于谦的山水诗大多创作于巡抚晋豫的这些日子。

于谦的《太行山中晓行》《夏日行太行山》《秋晚山行》《雨中山行》《上太行》《太行途中杂咏》等,记录了一路上的风景以及感受。当然,这期间行走在太行山上思念家乡风景的诗也很多:《夏日忆故乡风景》《夏日忆西湖风景》等等。"涌金门外柳如烟,西子湖头水拍天",这时的家乡景致多美,这些蕴含着思念之情的山水诗,真真别有一番审美境界。

于谦最伤怀的诗词也是创作在这一时期。正统十一年(1446年),于谦巡抚晋、豫两省,妻子董氏病逝。于谦十八载风霜雪雨吃尽辛苦,然而十八载于谦愧疚、思念和牵挂最多的也是自己妻子。"别来音问每蹉跎,两地关情感慨多""老眼昏昏数行泪,客边从此恨无穷""肠断不堪回首处,两行清泪万重山""痛汝老怀谁与诉,临风唯有泪滂沱"……

于谦的《悼内》挥笔就是十一首。一旦挚爱去,年年是相思。于谦从此不再纳娶,每临董氏的祭日,都会为她写诗写祭文,从不间断。

十八年,于谦愧对父母,愧对妻儿,唯一不曾愧对的就是大明百姓,他说"一寸丹心图报国,两行清泪为思亲!"

于谦为国为民付出了很多,但他无怨无悔,他时刻以儒家思想自省，反思的诗有《自叹》《自咎》《初度》等，皆充满了自律、自省、自责、自咎的可贵精神。

　　作为一生讲求敦品修道、砥砺节操的诗人，于谦虽然并非是以诗成名，但据统计，他现存的诗就有六百多首。其中，劝诫人们珍惜韶华努力读书的"书卷多情似故人，晨昏忧乐每相亲"（《观书》）；希望苍生吃饱穿暖饿"但愿苍生俱饱暖，不辞辛苦出山林"（《咏煤炭》）；表达忠心报国思念亲人的"一寸丹心图报国，两行清泪为思亲"（《立春日感怀》）；以及表达清白留世的"粉骨碎身浑不怕，要留清白在人间"（《石灰吟》）等等，这些都是励志经典，直抵心窝的千秋名句。

　　诗词深受人们的喜爱，不仅仅是一种文学上的审美体现，更主要在于诗言心声，能与时代的气息相呼应。我们对于谦这些诗词津津乐道，更因为他是一位才华横溢的爱国诗人。

7. 军事奇才

　　于谦自小喜欢读书，虽然那时大多是四书五经之类，但于谦阅读范围广。于谦青年时期就对兵法有涉猎，后来走上仕途之后，他对兵书兴趣依然很浓。关于这一点是有事实为证的：在于谦死后，朝廷对其查抄家资时，他家无余资，但多的就是书，其中有很多兵书。

　　于谦很有战略眼光。在巡抚晋、豫两省期间，他意识到瓦剌的威胁，开始着手整顿军务，训练兵马及修筑边墙等。正统初年（1436

年)和正统三年（1438年），于谦先后上书朝廷，提出强边方略，呼吁朝廷务必重视。刑部尚书魏源看见于谦治理军伍以及镇守边疆的才能，建议朝廷将于谦改任副都御史，镇守宣府、大同，并且参与机务，整顿兵马。但朝廷认为于谦巡抚山西、河南尽心尽力，又无人替代，所以驳回。此时，于谦的军事才能开始显露。这是十余年于谦在基层发展，得以实现的从文人到实干家的蜕变。

土木堡之变后，于谦深入研究明军在土木堡失败的原因，包括瓦剌军的作战风格以及也先的作战战术等，于谦都进行了仔细的分析。这是于谦于兵法上"知己知彼百战不殆"的先知先觉。

正统十四年（1449年）北京保卫战爆发。北京保卫战取得的胜利，是于谦在各种不利条件下，创造出来的一个战争奇迹，充分展示了于谦的军事才能。

北京保卫战存在不利条件：其一是缺兵。明军五军、三千、神机三大营的精锐在土木堡之战中几乎全部覆灭，北京城内仅有预备役、抗倭军以及从各地抽调的勤王队伍，堪称老弱残兵。其二是少粮。粮草短缺，战争没有足够的物质基础做支撑。其三是缺统治者。英宗被俘后，郕王朱祁钰监国，朝廷没有实质上的统治者，导致人心不稳。在此三个不利因素下，北京保卫战面对一贯能征善战、如狼似虎的瓦剌军，自然表现得人心惶惶。难怪徐有贞（当时叫徐珵）提出南迁的主张。

于谦没有畏惧，在危机之秋挺身而出，在孙太后与朱祁钰的支持下出任兵部尚书，率众御敌。

在皇权至上的年代，于谦推出没人敢想敢做的"拥立新君"，大胆提出"社稷为重君为轻"的口号，粉碎了也先"挟天子来犯"的阴谋，令朝廷上下同仇敌忾，一致对敌。

于谦征兵时，兼用了一条集粮的妙计，命所有来京兵勇从通州入京，并自行携带军粮。使大量粮食迅速集结，免落敌手，解决了军粮的运输问题，把一支运粮军纳入守卫力量。

于谦迅速集齐二十二万人马，对这支相当于"后勤部队"的武装力量，于谦着手进行军制改革。

土木堡之战，兵营机制出现混乱。于谦在原来的"五军、三千、神机"三大营中挑选十万精壮，分五营团操，取名"团营法"。把团营士兵增加到十五万，分编为十营。每营一万五千人，每一营任命一个都督；都督之下设三个都指挥，每个都指挥统领五千人；下设五个把总，统领五百人；指挥之下又设管队官两人，各领五十人。

团营机制，意在淘汰老幼，集齐精锐，使队伍更具凝聚力。同时，统属关系更明确和编制更明确，整个军队系统分工明确，等级严格。

以前每逢战事，是由五军都督和兵部统调，事毕军士要回到各自卫所。这里面的弊端是，一则军队的统帅主要靠承袭的官职和爵位，在战斗中很难担起统帅职能；二则战斗力低下，役占过多，有兵不知将将不知兵的情况。而于谦用十团营的模式是成立一支独立的镇守京城的军事力量。各级将官都是在这个编制里筛选的，便于统一指挥，统一训练；同时一层层传达，不至于在将帅传递命令时出现错乱，且在交战时，每个部门跟紧自己的头目就好，目标更清晰，达到上下统一的目的。

于谦加大力气实施的军制改革，有效地提高了队伍的战斗力。"团营法"革新得到后世的尊崇和重视。

在十团营的训练上，士兵不仅要熟练掌握各种兵器、火器的运用，于谦还要求兵士能看懂阵法，在战场上要有随机应变的能力。

在以前的作战中，于谦发现明军时常自乱阵脚，造成被动，导致溃散。所以，于谦在训练上强调兵士对战术的理解。

北京保卫战，于谦采取了以守为攻、背城一战的战法。在明军军士数量占据优势的情况下，这个战术战法是正确的。同时，作战中相互配合，一路被攻击，他路前来援助；敌攻城下，城上配合。还针对敌人的战术，也采用相对应的夜袭、诱敌深入、主动出击等战略战术，这些战术在战中用得很巧妙。

北京保卫战，还有一个指挥亮点就是火器的巧妙运用。德胜门一战，于谦用诱敌深入的方法把敌人引进民巷，然后神机营的神枪手高效地发挥了火器的作用，先歼灭敌首，再全歼敌军。战中火器的重大价值不止一次地体现，火铳、火枪、火炮，配合步兵、骑兵、弩兵的攻势，高度发挥自己的优势，有效地抑制了瓦剌军的骑兵优势。

整个保卫战，于谦针对也先的阴谋，展示了果断的决策力。也先的佯攻及也先的暗战，都在于谦敏锐的观察下，果断的指挥下，一次次地化险为夷。他保住了北京城，打退了强势的瓦剌军。

九门防守取得胜利后，于谦没有被胜利冲昏头脑，透彻地分析局势。为巩固京师，明军强势追击，粉碎了也先占据宣城、大同、居庸关等重地，再次虎视北京城的阴谋。冰封居庸关，里应外合，数十门大炮汇合援军一举把瓦剌军轰回了老巢。

也先彻底怕了。直到天顺元年（1457年），于谦身死之后，才敢再兴觊觎北京城的野心。否则，有于谦在，外敌岂敢来犯？不可否认，于谦是一位素有军事奇才的民族英雄。